愛と心理療法

完訳版

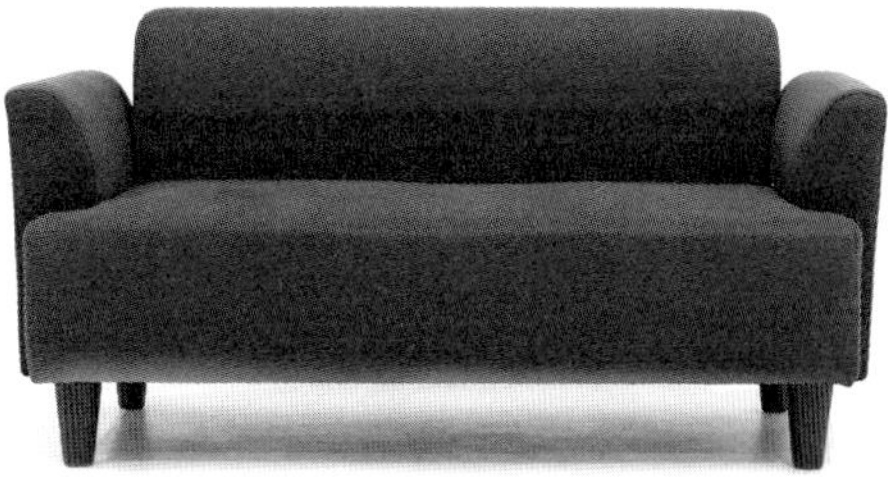

THE ROAD LESS TRAVELED

A New Psychology of Love, Traditional Values, and Spiritual Growth

M・スコット・ペック
M.Scott Peck

氏原寛／矢野隆子訳

実務教育出版

両親であるエリザベスとデヴィッドへ
ふたりのしつけと愛が恩寵へと開眼させてくれた

THE ROAD LESS TRAVELED

A New Psychology of Love, Traditional Values, and Spiritual Growth

by

M. Scott Peck

二五周年記念版に寄せて

あすになると見も知らぬ人が、始終われわれの考えたり感じたりしつづけてきたとおりのことを、みごとな理解力を働かせて表現する。

——ラルフ・ワルド・エマーソン「自己信頼」(酒本雅之訳、岩波書店、一九七二年)

本書に対して読者からいただいたお便りでもっとも多かったのは、私の勇気に対する感謝であった。何か新しいことを言ったのではなく、みんながしょっちゅう考え感じており、ただ口に出すのを怖れていたようなことを書いてくれた、ということである。

勇気とは何か、よくわからない。一種の生まれつきのうかつさ、と言ったほうがよいかもしれない。本書が出版されてまもないころ、患者のひとりがあるカクテルパーティーにたまたま居合わせ、私の母ともうひとりの老婦人との会話を小耳に挟んだ。この本のことに触れて、老婦人が「息子さんのことをきっと誇らしく思っていらっしゃるに決まってるわ」と言った。それに対して母は、中年すぎの辛らつさで答えた。「誇らしい? とんでもない。だって私とは関係ないんですもの。あれはあの子の心なのよ。生まれつきのね」

関係ないと言うのはおかしいと思うが、あの本がいろんな意味で生まれつきのおかげ、と言うのは正しい。
　そういう生まれつきは昔からである。妻のリリーと私は若いトムと友人だった。同じ避暑地で大きくなった。夏のあいだトムの兄弟たちと遊んでいたので、彼の母は私を子どものころから知っていた。本書が出版される数年前のある晩、トムがわが家に食事に来た。当時母親のところに滞在していたのである。前の晩、彼は母親に言った。「明日の晩、スコット・ペックのところでごちそうになるよ。彼のこと、憶えているだろう？」「もちろんよ」と彼女が答えた。「ふつうの人が話さないようなことを、しょっちゅうしゃべってた男の子ね」。これでそういう生まれつきが昔からのものと、おわかりだろう。そして私が同世代の若者文化の「はみだし者」だったことも。

　私は無名だったので、この本が鳴りもの入りで出版されることはなかった。驚くほど売れるのにはずいぶん時間がかかった。一九七八年に出版されてから五年間、ベストセラーのリストに載らなかった――そのことを私はとても感謝している。もし一夜でベストセラーになっていたら、突然の名声に対処できるだけの分別があったかどうか、たいへん疑わしい。とにかくそれは掘り出しもの、業界で言う「口《くち》コミ本」だった。はじめは口コミでいくつかのサークルにゆっくりと知られていった。そのひとつが自助グループ《アルコホリック・アノニマス》（ＡＡ）である。実際、そもそも初期にもらったファンレターは、「ペック先生、あなたもアルコール依存症にちがいない！」で始まっていた。こんな本を書くなんて長らくのＡＡ会員で、アルコール依存症に苦しんでいたからとしか思えない、と言うのである。

この本が二〇年早く出版されていたら、売れていたかどうか疑わしい。AAが順調に滑りだしたのは、一九五〇年代なかばである（読者の大半がアルコール依存症と言うのではない）。もっと大切なのは、心理療法の実践についても同じことが言えることである。

その結果、この本が最初に出版された一九七八年までに、アメリカの多くの男女が心理学的にも精神的にも洗練され、「それまで口にすべきでなかったことがら」について、深く考えるようになっていた。誰かがそういうことを声に出してくれるのを、文字通り待ち望んでいたのである。

というわけで、本書の人気は雪だるま式にふくれあがり、今日にいたっている。巡回講演の終わり近くで、私はいつも語りかける。「みなさんがアメリカ人全体を代表しているとは言いません。しかしものすごく共通していることがあります。そのひとつは、ほとんどの方がこれまでの生涯で、一二段階プログラムか、伝統的、専門的に訓練された治療者の心理療法を受けられた――あるいは現に受けておられる――ということです。プライバシーの侵害だとお気を悪くされないでほしいのですが、受けたことのある、あるいは現に受けておられる方は手をあげていただけないでしょうか」。そう言うと、九五パーセントくらいの人が手をあげる。そこで「さて、まわりをご覧ください」と言う。

そして「これには大切な意味があります」と続ける。「ひとつは、みなさんが伝統的文化を超えはじめた人たち、ということです」。伝統的文化を超えるとは、何よりも「これまで口にすることをためらってきたことがら」について、彼らが長いあいだ考えてきた人たちだ、という意味である。そして「伝統的文化を超える」と言うことで私の意味していることと、この現象の重大性について詳しく述べると、賛成してくれるのである。

私を預言者と呼んだ人がいる。こういう見たところ大げさな言い方は、未来を見通せるのではなく、時代のサインを読みとれるだけの人、という意味でのみ受け入れられる。この本は時代が必要としていたのであり、読者が成功をもたらしてくれた。

この本が二五年前に出版されたとき、無邪気にも私は、国中の新聞がとり上げてくれると思っていた。実際は、たった一紙だった。——しかしなんという書評だったことか。本書の成功はひとえにフィリス・ソローのおかげである。自身立派な作家のフィリーは当時書評家でもあり、ワシントンポスト紙の書評担当者オフィスで、うずたかく積まれた本のあいだからたまたま本書の新刊見本を見つけてくれた。目次にざっと目を通して家にもち帰り、二日後に書評させてくれと申し出た。担当者はしぶしぶ承諾し、彼女の言によれば、そこで「ベストセラーになるように、慎重に書評をしあげる」決心をしたのである。そしてその通りにした。書評が掲載されて一週間で本書はワシントン州のベストセラーリストに載り、数年後には全国のベストセラーリストに載った。しかしこの本が売れ出すのには、それがちょうどよかったのである。

フィリスにはまだ感謝することがある。本書が評判になるにつれ、「あれはあなたの本じゃないのよ。おわかりね？」と言ってくれた。私が謙虚に地に足をつけていられるように、である。

私には彼女の言っていることがすぐにわかった。この本が神の御《み》言葉だとか「お告げ」だとは決して考えていない。たしかに私が書いた。もっとうまく書けたら、と思う箇所も多い。完全ではないし、まずいところはすべて私の責任である。にもかかわらずこの本は求められていた。おそらく、だからこそあの狭く小さい書斎でひとり書いていたとき、私が何かに助けられていたことは疑いがない。その助けが実際どんなものか、説明はできない。しかしその経験はもの珍しいものではない。実は本書の究極のテーマは、この「助け」についてなのである。

第Ⅰ部 訓練 Discipline

第Ⅱ部 愛 Love

第Ⅲ部　成長と宗教　Growth and Religion

第Ⅳ部　恩寵　Grace

装幀／重原隆
組版／株式会社キャップス

本書は、M・スコット・ペック著『愛すること、生きること』
（氏原寛・矢野隆子訳、創元社、2010年）に加筆修正を行い、再編集したものです。

はじめに

これから述べる考えの大部分は、成熟を拒否あるいは獲得しようと懸命になっている、私の患者との日々の臨床活動から生まれたものである。だからこの本には、実際の事例が数多く含まれる。ただし精神科医療ではプライバシーを守ることが不可欠なので、すべての事例は患者の秘密を保持するため、実際のやり取りの核心を歪《ゆが》めない範囲で名前や細部を変えてある。

しかし、事例の説明を短縮したため、いくらか歪曲《わいきょく》が生じているかもしれない。心理療法の過程が短いのはまれであるが、やむをえず事例の山場に焦点をあてたので、読者は、治療過程が劇的で明快であるという印象を受けるかもしれない。その過程は実際劇的であり、また結果的には明快なものだと言えるかもしれないが、読みやすくするために、多くの事例につきものの長々と続く混乱や葛藤の説明は省いてあることを、忘れてはならない。

また、ひんぱんに神を伝統的な男性イメージで語ったことを許していただきたい。それはことを単純にするためであって、性差《ジェンダー》に関する偏見からではない。

私は精神科医として、最初に本書の基礎となっているふたつの仮説に触れることが重要であると思う。そのひとつは、心と精神を区別していないことである。したがって、精神の成長と心の成長は異なるものではなく、同一のものである。

もうひとつの仮説は、この過程が複雑で骨の折れる、生涯にわたる仕事だということである。心理療法は、それが成長の過程を大いに援助するものである以上、単純でてっとり早い処置ではありえない。私は精神医学や心理療法のどの学派にも属していないし、フロイト派、ユング派、アドラー派、行動主義派、ゲシュタルト派のどれでもない。簡単に得られるような単一の解答などどこにもない、と私は信じている。短期間の心理療法も役に立つことがあり、それを非難するつもりはないが、それから得られる援助は皮相なものにならざるをえない、と思っている。

精神的成長の旅は長い。その旅路の大部分をともに歩む特権を与えてくれた、患者さんたちに感謝したい。彼らの旅は私自身の旅でもあり、ここに述べられる多くのことは、われわれがともに学んだことでもあるからである。また、私の先生や同僚の多く、なかでも妻のリリーに感謝の意を表したい、妻は多くのものを与えてくれたので、その、妻、親、心理療法家、人間としての知恵は、私自身のそれと判別できないほどである。

第Ⅰ部

訓練

Discipline

問題と苦しみ

人生は困難なものである。

これは偉大な真実、もっとも偉大な真実のひとつである。[1] それは、ひとたびこの真実を悟ればそれを超越できるがゆえに、偉大な真実なのである。いったん人生が困難なものであると知る――それを本当に理解して受け入れる――ならば、人生はもはや困難ではない。いったん受け入れられれば、人生が困難であるという事実は問題でなくなるのである。

たいていの人たちはこの真理を十分悟ってはいない。むしろ彼らは、たえず自分の問題、重荷や障害が大きすぎると大仰に、あるいはひっそりと嘆いている。まるで、人生は総じて楽なものだ、楽であるべきだと言うように、である。自分が直面している困難は、どこにでもあるような不幸ではない。どういうわけか、いわれもなく、よりにもよってこの自分に、あるいは自分の家族、部族、階級、国、民族、あるいは人類、に課せられた不幸なのだと、大声で、あるいは小声で言う。私にはこのような嘆きがよくわかる。私も人なみに同じように嘆いてきたからである。

人生は問題の連続である。われわれはそれについて嘆きたいのだろうか。それとも問題を解決したいのだろうか。われわれは子どもたちに、問題解決の方法を教えたいと願わないのだろうか。

訓練は人生の問題を解決するための基本的な手段である。訓練なくして問題は解決できない。かつ、少しばかりの訓練では、少しばかりの問題が解決できるだけである。完全な訓練によって初めて、すべての問題を解決することができる。

人生を困難にするのは、問題に直面しそれを解決する過程が苦しいことである。問題はその性質に応じて、われわれの内に欲求不満、悲しみ、寂しさ、孤独感、罪悪感、悔恨、怒り、恐れ、不安、苦悩、あるいは絶望を引き起こす。これらの感情はたいていとても不快なものであり、ときには最も激しい肉体的苦痛に匹敵する。われわれがあるできごとや葛藤を問題と呼ぶのは、それらが苦痛をもたらすからである。人生には際限なく問題が生ずるので、それはつねに喜びと苦しみに満ちている。

しかし、問題に直面し解決する全過程にこそ人生の意味がある。問題とは、成功と失敗を分かつ鋭い刃《やいば》である。問題がわれわれの勇気と英知を呼び起こす。むしろ作り出すと言ってもよい。問題によってのみ、われわれは心理的、精神的に成長する。人間の精神的成長を促したいならば、人間の問題解決能力に挑み、促すことである。それは学校で、生徒たちに解くべき問題を慎重に与えるのと同じである。問題に直面して解決する際の苦しみによってこそ、われわれは学ぶ。ベンジャミン・フランクリンが言ったように、「辛い経験が教えてくれる」のである。この理由から、賢明な人々は問題を恐れずに迎え入れ、それがもたらす苦しみをも歓迎することを学ぶ。

われわれのほとんどはそれほど賢明ではない。だから苦痛を恐れ、多かれ少なかれ問題を避けようとする。そのうち問題が消えてなくなるかもしれないと期待して、決断を長引かせる。問題を無視し、忘れようとし、問題などないようにふるまう。それらを無視するためには、薬物の助けさえ借りようとする。苦痛に対して鈍感になり、そのもとにある問題の存在を忘れるためにである。真っ向から問題と向きあわずに、回避しようとする。苦しまずに問題から逃げようとするわけである。問題と、そこからくる苦しみを回避する傾向こそ、あらゆる精神疾患の一次的な基盤である。われわれの多くは、程度の差こそあれこのような傾向をもつ。したがって多少なりとも精神的に病んでおり、まったく健康というわけではない。なかには、問題とそれにともなう苦しみを何としても避けて安易な道を見つけようとし、善にしてまっとうな一切のものからますます離れ、入念に幻想の世界を作りあげて、現実をまったく排除してしまう人もいる。カール・ユングの簡潔で洗練された言葉によれば、「神経症とはつねに、当然引き受けるべき苦しみの代用物なのである」[2]。

しかし代用物そのものが、究極的には、当然引き受けるべき苦痛よりも苦しいものになる。そして神経症そのものが、最大の問題となる。多くの者が今度はこの苦しみ、この問題を避けようとして、神経症の層をさらに重ねてゆく。幸い、ある人には神経症に立ち向かう勇気があり――通常は心理療法の助けを借りて――当然の苦痛を引き受ける方法を学びはじめる。いずれにせよ、問題に対処することから生じる当然の苦痛を避けることは、問題が要請する成長をも避けることになる。慢性的精神疾患において、成長が止まりゆきづまるのはこの理由からである。治らなければ、人間の精神は萎縮しはじめる。

したがってわれわれは、精神の健康をかち取る手段をわれわれ自身と子どもたちに教えこまねばならない。それは、苦しみの必然性およびその価値、問題に直面し、それにともなう苦しみを経験する必要性を教えることである。今まで、訓練こそ人生の問題を解決するのに必要な基本的手段であると述べてきた。その手段とは、苦しみを引き受ける技術、つまり、問題を徹底的に受けとめてうまく解決し、その過程で苦しみを引き受けながら学び成長してゆくことである。訓練することを教えるとは、いかに苦しみ成長するかを教えることにほかならない。

これらの手だて、私が訓練と呼ぶ、苦悩するテクニック、建設的に問題の苦しみを経験する手段とは何か。それは次の四つである。楽しみをあとまわしにすること、責任を引き受けること、真実に忠実であること、そしてバランスを取ること。明らかにこれらの手段は、かなりの練習を必要とするようなややこしいものではない。一〇歳にもなればほとんどすべての子どもが使いこなせるような、単純な手段である。だが、大統領や一国の王でさえ、この単純な手段を用いるのを忘れて失脚することが多い。問題は手段の複雑さではなく、用いる側の意志にかかっている。これらは苦しみを避けるのではなく苦しみに立ち向かうための手段なので、もししかるべき苦しみを避けようとすれば、使われないことになる。そこで、四つの手段のおのおのについて分析した後、手段を用いる意志――それを私は愛だと考えている――について考えることにする。

楽しみはあとに

少しばかり前、財務分析の仕事をしている三〇歳の女性が私のところにやってきて、何カ月もの間、ぐずぐずと仕事を長引かせる自分の傾向について訴えた。私と彼女は彼女の雇い主に対する感情が、権威一般――とくに両親――に対する感情とどのようにかかわっているか、徹底的に調べてみた。また、仕事や成功に対する態度、そしてそれらが彼女の結婚、性的同一性、夫に対する競争意識、さらにこうした競争への恐れとどのようにかかわっているのかを調べた。これらの標準的な、しかも骨の折れる精神分析的な作業にもかかわらず、彼女の傾向は変わらぬままであった。ついにある日、われわれはあえてわかりきったことに目を向けることにした。「ケーキはお好きですか」と私は尋ねた。彼女は好きだと答えた。「ケーキのどこがお好きですか。スポンジのところ？　それともクリーム？」と私は続けた。「もちろん、クリームです！」と彼女は熱っぽく答えた。「どんなふうにケーキを食べますか？」。そして、自分ほど愚かな精神科医はあるまいと思った。「もちろんクリームから食べます」と彼女は答えた。それからわれわれは、彼女の仕事のしかたについて調べた。予想通り、彼女はいつも最初の一時間で自分の好きな仕事を片づけ、自分の気の進まない仕事にあとの六時間をかけていた。私は、あなたがもし最初にいやな仕事を片づけてしまえば、残りの六時間は楽しくすごせるじゃないですか、と提案した。一時間楽しんでから六時間苦しむより、一時間苦しんでから六時間楽しむほうがいいと思いますが、と言うと彼女は同意した。彼女はもともと強い意志のもち主だったので、それからは仕事を長引かせることがなくなった。

楽しみをあとまわしにして苦しみを先に経験し、それを乗り越えることで楽しみを強めるというふうに、人生の苦楽を配分することができる。これが、うまく生きていくための唯一の方法である。

ほとんどの子どもは人生のかなり早い時期、早ければ五歳ごろには、この手だて、配分の過程を学ぶ。たとえば、五歳の子どもが仲間とゲームをするとき、自分があとで楽しめるように相手に順番をゆずることがある。六歳にもなれば、子どもはまずケーキのスポンジの部分から食べて、クリームをあとまわしにする。グラマー・スクールでは、この、楽しみをあとまわしにする能力が、とくに宿題をやることで日々訓練される。一二歳ですでに、両親にせかされなくとも、テレビを見る前に宿題を自主的にすませる子どもがいる。一五、六歳にもなれば、そのような能力は当然のものとみなされる。

しかし、一五、六歳になってもこの規準に達しない子どもがかなりいることも、明らかになっている。これらの子どものなかには、この能力がまったく欠落している子どもがいる。彼らは問題児である。平均またはそれ以上の知能をもっていながら、たんに勉強しないという理由から、成績はよくない。彼らは気まぐれに授業をさぼったり、学校に行かなかったりする。衝動的で、それが社会生活にまで及んでいる。しょっちゅうけんかをし、薬物に手を染め、警察のやっかいになる。今遊んでつけはあとにまわす、が彼らのモットーである。そこで心理療法家が呼ばれることになるが、たいていはすでに遅すぎる。このような子どもたちは、何であれ自分たちの衝動的な生き方に介入するものには腹を立てる。たとえその怒りが、治療者の温かく友好的で決めつけぬ態度によって和らげられたとしても、衝動性の激しさが、彼らが有意義に治療過程にかかわることを許さない。彼らは面接の約束をすっぽかし、重要であっても苦痛なことはいっさい避けて通る。そこで介入の試みは通常失敗し、彼らは学校を中退し、その後も同様の失敗パターンをくり返す。結婚にしくじり、事件を引き起こし、精神科病院や監獄に入ることになる。

どうしてこうなるのだろうか。たいていの人たちは楽しみをあとまわしにする能力をそこそこに発達させるのに、なぜ少数の者は取り返しがつかないほどその力が身につかないのか。確実で科学的な答えはない。遺伝的因子の演ずる役割もさだかではない。科学的証明のために変数を十分にコントロールすることは、不可能である。しかし多くの徴候は、養育の質が決定因であることをかなりはっきり示している。

父親の罪

このような自律性のない子どもたちに、親のしつけが欠けているわけではない。むしろ、彼らは子ども時代を通じてひんぱんに厳しく叱られている。些細なことで両親にぶたれたり蹴られたりしている。しかし、このようなしつけにはあまり意味がない。それが場あたり的なしつけだからである。

その理由は、ひとつには親自身に自律性がなく、子どもにだらしのない役割モデルを提供しているからである。彼らは「私たちの言う通りにやりなさい。する通りじゃないよ」と言う親である。そして子どもの前でしょっちゅう酔いつぶれたり、なりふりかまわずけんかをする。だらしない生活を送り、守れないような約束をする。彼らの生活は、明らかにだらだらとして乱雑であることが多いので、子どもの生活を秩序正しくしようとしてもほとんどききめがない。父親がいつも母親をなぐっている家庭では、息子が妹をいじめたからといって母親が息子を叩いても、何のしつけにもならない。かんしゃくを起こすなと言われても、子どもにはわけがわからないだろう。幼いときはほかに比較するものがないので、子どもにとって親は神に等しい存在である。子どもの目には、親のやり方こそまっとうなやり方と映る。もし親が、自律心と威厳をもって秩序正しい毎日を送っていれば、子どもは心底から、人生はこんなふうに生きていくものだ、と思うようになる。親が自律心や自制心もなく暮らしている場合も同じである。

しかし、モデルを提供するよりもずっと大切なのは、愛である。乱雑で無秩序な家庭でも純粋な愛が存在していれば、自律心のある子どもに育つことがある。秩序と礼儀を重んじた生活を送る専門職――医師、弁護士、社交クラブ会員、慈善家など――の親でも、愛に欠けていることがまれではない。そうなると、貧しく乱雑な家庭の子どもに劣らぬくらい、自律心に欠け破滅的で無秩序な子どもを世に送ることになる。

つまるところ、愛がすべてなのである。愛の不思議さについてはこの本の後半で扱うつもりである。しかしわかりやすくするため、短く限られた範囲ではあるが、ここで愛について、とくにしつけとの関連において、触れておこう。

われわれが愛するものは、われわれにとって価値のあるものである。われわれは価値あるものには時間をかけ、楽しんだり手入れしたりする。車好きのティーンエイジャーが、どれだけ時間をかけて車を愛《め》で磨きあげ修理や整備をすることか。また、老人が愛するバラ園で、剪定《せんてい》や根おおいや施肥《せひ》などについやす時間を考えてみればよい。子どもを愛する場合にも同じことが言える。われわれは時間をかけて子どもをほめたり世話したりする。子どもにわれわれの時間を与えているのである。

よいしつけには時間がかかる。子どものためにさく時間がなかったり、さく気にならないときは、子どもをじっくり観察していないので、しつけを必要とする子どもたちのちょっとしたサインにも気がつかない。たとえその必要性の露骨さに気づかされても、子どもの好きなようにさせるほうが楽なので、なお無視する。そして「今日は子どもの相手をするだけの元気がない」などと言う。子どもの無作法にいらいらして何かせずにいられなくなると、しばしば腹立ちまぎれに荒っぽく押さえこんでしまう。そして問題を吟味したり、どういうやり方が最適かを考える手間さえとらない。

子どもに十分時間をさいている親は、無作法が目立たなくても、しつけを求めるちょっとしたサインを見逃さずに、ゆきとどいた配慮で優しく励ましたり、たしなめたり、制限を設けたり、ほめたりして応える。彼らは子どもがどのようにケーキを食べるか、また勉強するか、そしていつ小さな嘘をついたか、問題に直面せずに逃げたか、じっくり見ている。そして子どもの話に耳を傾け、それに答え、場合に応じて手綱を引きしめたり緩めたり、軽く説教したり、ちょっとした話やキスや抱擁や忠告をし、肩を叩いてやる。そんなふうに時間をかけて細かくしつけてゆくのである。

愛のある親によるしつけは、愛のない親のしつけよりも当然質的に優れている。しかしこれはまだ序の口である。子どもが必要としているものを、時間をかけて見極め考える際に、愛情深い親はしばしばどうすればよいかと苦しみ、本当の意味でまさしく子どもと一緒に悩むのである。これが子どもに伝わらないはずがない。親が進んで自分とともに悩んでくれれば、子どもはそれを感じ取る。そしてすぐに感謝することはなくとも、自分も悩むことを学ぶ。「親が自分と一緒に悩んでくれるのなら」、と彼らは自問する。「悩むこともそう悪いことではないのだろう。だから自分も悩むことをいやがってはならない」。これが自律の始まりである。

親が子どもに注ぐ時間とその質は、どれだけ親に大切にされているかを、子どもに示す。根本的に愛のない親は、自分の関心のなさを包み隠そうとして、たえず子どもへの愛を公言し、いかにおまえが大切かとくり返し機械的に子どもに言って聞かせる。しかし質の高い意味のある時間を与えようとはしない。子どもが、そのような虚しい言葉に完全にだまされることはない。意識の上では愛されていると信じたいので、親にすがりつくかもしれないが、親の言葉が行動とつりあっていないことを無意識に知っている。

他方、本当に愛されている子どもは、腹立ちまぎれに、意識的にはないがしろにされていると感じたり言ったりすることもあろうが、無意識的には大切にされているとわかっている。これをわかっていることが、千金にも勝るのである。というのは、心のもっとも深いところで重んじられていると感じるとき初めて、子どもは自分を価値ある存在と感じるからである。

「私は価値ある人間だ」という感覚は、精神的健康に不可欠のものであり、自律性の要石《かなめいし》である。これは親の愛の直接の産物である。このような確信は子ども時代に獲得されねばならない。おとなになってからではきわめて難しい。逆に、親の愛によって子どもが自分の価値を信じるようになった場合、おとなになってどのような浮き沈みがあろうとも、その信念が崩れることはめったにない。

この感覚が自律性の要石であるのは、自分を価値あるものと思えば、人は、必要とされるあらゆる方法で自分を大切にするからである。自律性とは自分を大切にすることである。たとえば——ここまで、計画を立てて楽しみをあとまわしにする過程について述べてきたので——時間の問題をとりあげてみよう。もしわれわれが自分の価値を信じるなら、自分の時間もまた価値があると感じ、その時間を有効に使いたいと思うだろう。仕事をいつまでも長引かせていた、先にあげた財務分析家は、自分の時間を大切にしていなかった。大切にしていたら、一日のほとんどをいやいや、非生産的にすごすようなことはしなかったろう。両親が、しようと思えば十分できたにもかかわらず、子どものころずっと、学校が休みになるといつも里親に金を払って彼女を「みてもらって《ファーム・アウト》」いたことのむくいである。両親は、彼女を大切に思わず、その世話をしたくなかったのである。それで彼女は、自分は世話されるだけの価値のない人間だ、と思って大きくなった。だから自分を大切に扱わず、自ら律するだけの価値がない、と思っていた。知的で有能な女性であったにもかかわらず、彼女は自分自身および自分の時間の価値を現実的に評価できなかったので、自律の初歩から教わらねばならなかった。ただし、自分の時間の価値がわかるようになると、当然のことながら、自分の時間を秩序だて、大切にし、最大限に利用しようと思うようになった。

一貫した親の愛と保護に恵まれた幸運な子どもは、その結果、自分の価値を信じる深い内的感覚のみならず、深い内的安定感をもっておとなになる。子どもはみんな、見捨てられるのではないかと恐れているが、それも無理からぬことである。この見捨てられる恐れは、ちょうど子どもが親と別個の存在であるとわかりはじめる、生後六カ月ごろにめばえる。子どもは、個人として自分が無力な存在で、生存のいかんが親の掌中にあることをわかっているからである。子どもにとって、親に捨てられることは死に等しい。多くの親は、ほかの面では比較的無知で鈍感であっても、このような子どもの恐れを本能的に感じとって、来る日も来る日も何百回、何千回となく子どもを安心させている。「お母さんもお父さんもおまえをおきざりになんかしやしないよ」、「すぐに連れに戻ってくるからね」、「おまえのことを忘れるなんてありっこないよ」と。その言葉が来る月も来る年も言われた通りであるならば、思春期を迎えるころには、捨てられる恐れは子どもから消え、かわりに、この世は必要なときにはいつでも守ってもらえる安全なところだという、深い内的感覚が育つ。この一貫した内的安全感があるので、子どもはいろんな満足をあとにまわすことができる。家庭や両親と同じように、満足する機会は必要な場合いつでも手に入る、と安心しているからである。

しかし、多くの子どもたちはそれほど幸運ではない。かなりの子どもたちが、親の死や遺棄、ひどい怠慢により、また先の女性のケースのように十分な世話をしてもらえず、事実上、親に捨てられている。また、実際に捨てられてはいないが、捨てられることがないという保証を親から与えられていない。たとえば、できるだけ速く手軽に子どもをしつけようとして、露骨に、あるいは暗々裏に捨てるぞと脅かす親がいる。彼らのメッセージは「もし言う通りにしなかったらもう愛してやらないよ。それがどういう意味かわかっているだろうね」というものである。子どもから見ればそれは遺棄ないし死に等しい。このような親は、子どもを管理し支配したいがために愛を犠牲にしている。そのむくいとして、彼らの子どもは未来を過度に恐れるようになる。心理的あるいは実際に親に捨てられた子どもが、この世は安全で守られたところであるという深い感覚を欠いておとなになるのは当然である。逆に彼らは、この世を危険で恐ろしいところと感じているので、未来のより大きな楽しみや安全とひきかえに、今ある楽しみや安全を手離すことをしない。彼らにとって、未来はまったく疑わしいものだからである。

要するに、子どもが楽しみをあとにまわす能力を発達させるためには、自律のための役割モデル、自分の価値を信じる感覚と自分の存在についての安全感が必要である。このような「財産」は、理想的には親の自律性と一貫した純粋な愛によって得られる。これが、父母が伝えるもっとも貴重な贈りものである。この贈りものを親以外から得ることは不可能ではないが、そのためには坂を登るような苦闘が必要であり、しばしば一生かかることもあるし、不成功に終わることも多い。

問題解決と時間

親の愛の有無が自律性の発達、とくに楽しみをあとにまわす能力にどう影響するかについて触れた。次にこの能力の欠陥が、おとなの生き方にいかに微妙かつ破壊的な影響を与えるか、を考えてみよう。われわれの多くは、幸い楽しみをあとにまわす能力をある程度もっているために、刑務所のやっかいにもならず、ちゃんと高校や大学を卒業しておとなになっている。だからと言って、この能力の発達がすっかり完全だとは言えない。したがって人生の問題を解決する能力も、完全ではないことになる。

私は三七歳で初めて修理するということを学んだ。それまで、ちょっとした配管類とか玩具の修理や、ちんぷんかんぷんの説明書による家具の組み立てにたいていたい失敗し、いらいらさせられていた。どうにか医学部を卒業し、多少成功した経営者兼精神科医として家族を養ってはいたが、自分を機械オンチと思っていた。遺伝子のどこかに欠陥があり、機械を扱うのに必要な何か神秘的な特性が生来欠けている、と信じこんでいたのである。ところが、三七歳も終わりに近づいたある春の日曜日、散歩の途中で、隣人が芝刈り機を修理しているのにでくわした。あいさつの後、「やあ、たいしたもんですねえ。私にはそんなこと、できたためしがないんですよ」と話すと、隣人は即座に「それはあなた、時間をかけないからですよ」と答えた。私は再び散歩を続けたが、彼の言い方が、導師のようにシンプルかつ自然で確固としていたのが気になった。それで次にちょっとした修理をする機会が訪れたとき、このことを思い出し、時間をかけてやってみることにした。患者の車のパーキングブレーキが動かなくなり、彼女は、ダッシュボードの下にもぐって何かをすればブレーキがはずれるのを知っていたが、どうするのかは知らなかったのである。私は車のフロントシートの下にもぐった。そして時間をかけて姿勢が楽になるのを待った。そうしてから事態をじっくり眺めてみた。何分かじっと見つめてみたが、最初は、わけのわからぬワイヤーや管や棒の寄せ集めとしか映らなかった。しかしブレーキ装置に目を集中すると、それがどうつながっているのか、徐々に見えるようになった。そして、小さいかけ金がブレーキにひっかかっているのがわかった。じっくり調べると、指でかけ金を上にあげたらブレーキが簡単にはずれることがわかった。わかったので、やってみた。たったひとつの動作、指でちょっと押しあげるだけで問題は解決した。私はベテラン整備士だ！

実際には、それからたいていの機械の修理ができるようになったというわけではない。機械とは無縁のことに、自分の時間を使わねばならなかったからである。だからふつうの場合、それ以後も近くの修理店に駆けこむことにしている。しかし、これは自分の選択であって、生来的な能力のなさゆえではないことを、私は知っている。また誰であれ、知能に欠陥がないかぎり、時間をかける気さえあればどんな問題でも解決できる、と私は信じている。

この点が重要である。というのは、私が機械の修理に時間をかけなかったように、多くの人々も、人生の知的、社会的、あるいは精神的な問題を解決することに、時間をかけていないからである。以前の私なら、患者の車の下にぎこちなく首をつっこみ、やみくもにそこらのワイヤーをひっぱって、直りそうにないと「こいつはおれの手におえない」と、きっとすぐお手あげの状態になっていたにちがいない。まさしくこれが、日々の生活のジレンマに対して多くの人々のとるやり方なのである。前に述べた女性の経済アナリストは、ふたりの子どもに対して基本的には愛情に満ちて献身的なのだが、やや頼りない母親であった。注意深く子どもを見ていたので、子どもが何らかの情緒的問題のあるときや、育児がうまくいかないときはちゃんと気づいていた。ただその際、彼女のやることは次のどちらかに限られていた。それが問題と関係があるのかどうか考えもせずに、その場の思いつき——朝食をもっとたくさん食べさせるとか早く寝かしつけるとか——を実行するか、私(修理屋である)との次のセッションで、「もうお手あげです。どうしたらいいんでしょう」と嘆くか、である。

この女性は鋭い分析的な頭脳をもっており、ぐずぐず仕事をするときは別として、複雑な仕事を十分やりこなす力をもっていた。しかし、ひとたび個人的な問題に直面すると、知性などかけらもないかのようにふるまった。問題は時間なのである。個人的な問題となると、彼女は取り乱し一刻も早く解決しようとして、不安に耐えてじっくり問題を分析しようとはしなかった。問題の解決は、彼女にとって満足を意味したが、この満足をわずか一、二分でも遅らすことができなかった。結果的に、その解決策はいつも不適当で、しょっちゅう家庭が混乱していた。幸いねばり強く治療を続けるうちに、彼女は次第に自分を律することを学び、時間をかけて家庭の問題を分析し、よく考えたうえで効果的な解決を見いだせるようになっていった。

ここでは、明白な精神障害を呈している人たちについての、問題解決能力の重篤な欠陥をとりあげているのではない。先の女性はふつうの人である。われわれのうちで、子どもや家族の問題を考えるのに十分時間をかけている、と胸を張って言える人がいるだろうか。家族の問題に直面して、「お手あげ」と思ったことがないほど、自律性を身につけた人がいるだろうか。

実際には、不適切な即席の解決を試みるよりもさらに原始的で有害な、しかももっとありふれた問題解決の誤った方法がある。それは、「そのうち問題がなくなるだろう」と望むことである。ある小さな町で、グループセラピーに通っていた三〇歳の独身セールスマンが、同じグループのメンバーである銀行員の、別居妻と交際しはじめた。彼は、銀行員が怒りっぽい人で、妻が出ていったことにひどく腹を立てているのを知っていた。そしてその交際を告白しないのは、グループにも銀行員にも不誠実であると知っていた。また、早晩必ず銀行員が妻と自分の関係を知るだろうこともわかっていた。グループにその関係をうちあけて、その支えで銀行員の怒りに耐えるのが唯一の解決策であることもわかっていた。にもかかわらず何もしなかった。三カ月後、銀行員はそのことを知って激怒し、それを口実にグループセラピーをやめてしまった。グループからその破滅的な行動を責められたセールスマンは、「告白すればけんかになるのがわかっていたし、何もしなければけんかせずにすむと思った。じっと待っていれば問題がなくなるんじゃないか、と思ったんです」と言った。

問題がひとりでに消えることはない。問題は解決されるか、そのまま残って永遠に精神的成長を阻み続けるかのどちらかである。

グループメンバーは彼に、問題について期待して、知らぬふりをしてあえて解決しようとしない傾向こそ、彼の主要な問題であることをはっきり指摘した。四カ月たった初秋のころ、セールスマンは唐突にセールスの仕事をやめ、出張のない家具修理の自営業を始めるという自分の夢を実現させた。グループメンバーは、彼がひとつの事業に全財産をつぎこんだことを危惧し、冬に向かう時期に新しい仕事を始めるのはどうか、と疑問を投げかけた。しかし、どうにかやっていけると彼がうけあったので、その話題はそれまでになった。二月初旬、彼は、参加料が払えなくなったのでグループをやめる、と言い出した。破産して新しい仕事を捜さねばならなかったのである。五カ月間で八つの家具を修理しただけであった。なぜもっと早めに次の仕事を捜さなかったのかと訊かれて、彼は答えた。「六週間前から破産するだろうとわかってたんだが、こんなにひどくなるとは信じられなかった。ここまで事態が逼迫《ひっぱく》しているとは思えなかったんだ。しかし何と、そういうことだったんだよ」。明らかに彼は、問題を無視していた。ようやく彼にも、自分の問題——問題を無視するという——を解決せぬかぎり、どんな心理療法を受けても次の段階に進めない、とわかってきたようだった。

問題を無視するこの傾向は、満足をあとまわしにしようとしない簡単な例である。問題に直面するのは、何度も言うようだが、苦しいものである。直面せざるをえなくなる前に、進んで問題に立ち向かうことは、楽しいあるいは苦痛の少ないことがらをとっておいて、まず苦しいほうを経験することである。将来苦しむことはあるまいと期待していま楽をするのではなく、将来の楽しみを見越して、いま苦しむほうを選択することである。

このセールスマンを、心理的、情緒的に未熟な人と思われるかもしれない。しかし、彼はごくふつうの人であり、その未熟さは誰しものことであることを指摘しておきたい。軍を率いる偉い将軍が、かつてこう言ったことがある。「どの組織でもそうだが、この軍隊の唯一で最大の問題は、多くの上官が部隊の問題を十分に承知しながら何もせず、じっとしていればそのうち問題がなくなるとでも言うかのように、手をこまねいていることである」と。その将軍は、精神的に劣ったアブノーマルな人のことを言っているのではない。十分な訓練を受け、成熟した選りすぐりの将官や上級将校のことを言っているのである。

親は経営者のようなものである。通常そのための訓練は受けていないけれども、その仕事は、社会や組織を動かすのと同じくらい複雑である。軍の指導者と同様、たいていの親は、子どもや子どもとの関係に問題があると気づきながら、その解決に乗り出すまえ、何カ月も何年も手をこまねいている。そして児童精神科医を訪ね、問題が五年も続いているのに、「そのうち子どもが何とか乗り越えるだろうと思っていたんです」と言うのである。親であることの複雑さを思うと、親なりに決断することは困難であるし、子どもはしばしば「何とか乗り越える」ものでもある。とは言え、そうでないことも多い。他の問題にも当てはまることだが、子どもの問題は放置すればするほど大きくなり、解決は困難かつ苦痛の多いものになる。

責任

問題を解決する以外、人生の問題を解決することはできない。と言うと馬鹿げた同語反復《トートロジー》ないし自明の理のように聞こえるかもしれない。しかし、多くの人にこのことがわかっていないようだ。それは、問題を解決するためにはまずその責任をとらねばならないからである。「これは私の問題ではない」と言うのでは問題は解決されない。自分のかわりに誰かが解決してくれる、と思っているあいだは解決にならない。「これは自分の問題であり、解決のいかんはすべて自分にかかってい
る」と言ってこそ問題は解決できる。しかしあまりにも多くの人々が、「この問題は他人によって、あるいは自分ではどうしようもない社会的環境によって生じたのだから、解決の責任は他人ないし社会にある。だから私の問題ではない」と言って、問題にともなう苦しみを回避しようとする。

人々が心理的に、個人的な問題の責任をどこまで回避しようとするかは、悲しいことにはちがいないがときにまるで滑稽なことがある。沖縄に駐屯中の古参の軍曹が、飲みすぎからくる深刻な問題を抱えて、精神鑑定と可能ならば治療を、ということで紹介されてきた。彼は、自分はアルコール依存症ではないし個人的に問題があって飲むのでもないと言い、「沖縄では酒を飲む以外にすることがない」と主張した。そこで「読書は好きですか」と私は尋ねた。

「ええ、好きですとも」

「それでは、飲むかわりに本を読んだらどうですか」

「兵舎ではうるさすぎて読めないですよ」

「じゃあ図書館に行けばどうですか」

「遠すぎるんです」

「酒場よりも遠いところにあるんですか」

「いや、実はあまり本は読まないんです。興味がないもんで」

「魚釣りは好きですか」

「もちろん好きですよ」

「それでは、飲むかわりに魚釣りをしたらどうでしょう」

「一日中仕事がありますんでね」

「夜行けばいいでしょう」

「いや、沖縄では夜釣りなんてしないんですよ」

「してますよ。そういうサークルをいくつか知ってるから紹介してあげましょうか」

「実は魚釣りも好きじゃないんです」

「飲む以外にもすることはあるけれども、一番したいのは飲むことなんですね」と私は念押しした。

「そうだと思います」

「でも飲みすぎで問題が出てきてるんだし、そのへんに本当の問題があるとは思いませんか」

「こんな島にいたら誰だって飲まずにいられませんよ」

しばらく話し合いを続けてみたが、彼は、飲みすぎが自身の個人的な問題で、治療的援助を受ける受けないにかかわらず、自ら解決しなければならないことだとは認めなかった。そこで、残念ながら治療の余地のないことを隊長に伝えた。彼は飲み続け、途中で軍役からはずされることになった。

同じく沖縄に居住していた若い主婦が、手首を少し切って救急室に運ばれ、私が面接した。なぜそんなことをしたのか尋ねると、

「もちろん自殺するためよ」

「どうして死にたいの」

「こんな島にいるのが我慢ならないのよ。アメリカに戻れるようにしてちょうだい。まだここにいなきゃならないんだったら、自殺するわ」

「沖縄にいるのがどうしてそんなに辛いの」

「友達もいないし、いつもひとりぼっちなんですもの」と、彼女は哀れな声で泣きはじめた。

「それはお気の毒に。どうして友達ができないんだろう」

「だって私、沖縄人の住宅街に住んでるんで、近所に英語を話す人がいないのよ」

「昼の間、アメリカ人の居住地域か婦人クラブまで車で行けば、友達もできるでしょう」

「夫が車で出勤しちゃうのよ」

「あなたが車で夫を送って行ったら？　どうせ一日中ひとりぼっちで退屈してるんだからね」

「だめなのよ。車がマニュアルだもの。私、オートマじゃないとだめなのよ」

「それじゃマニュアルの運転を習ったらどうなの」

彼女は私をにらみつけた。「こんな道路で？　先生ちょっとおかしいんじゃない」

神経症と性格障害

精神科医を訪れる人の多くは、いわゆる神経症か性格障害に悩まされている。簡単に言えば、このふたつは責任感の障害であり、それ自体としては、外界や問題へのかかわり方が正反対のものである。つまり、神経症は責任をとりすぎ、性格障害はとらなさすぎる。神経症の人は外界ともめると、自動的に自分が悪いと思う。性格障害の場合は、外がまちがっているとする。前で述べたふたりは性格障害である。軍曹は酒を飲むのは沖縄のせいだと思っていたし、若い主婦のほうは、自分のせいで孤独になっているとは思ってもみなかった。一方、同じく沖縄で孤独と寂しさに悩んでいた神経症の女性は、次のように訴えた。「友達がほしいので下士官用の婦人クラブに顔を出してるんですが、どうもなじめないのです。何だか好かれていないようです。どこか私にいけないところがあるにちがいありません。もっと気楽につきあわなきゃいけないんです。もっと積極的になるべきなんです。自分のどこが人に好かれないのか、何とか見つけたいんですが」。この女性は、孤独の責任はすべて自分にあるとし、みんな自分が悪いのだと思っていた。しかし治療が進むにつれて、夫や他の下士官の妻たちよりたいへん知的で理想が高く、そのためなじめなかったことが明らかになった。そして自分の孤独が、必ずしも自分だけの責任でないことを理解するようになった。ついには離婚し、子どもを育てながら大学を卒業して、雑誌の編集者になった。そして立派にやっている出版人と再婚したのである。

神経症と性格障害は、言葉のパターンまでちがっている。神経症の人の言葉には、「私は……すべきだ」とか「……すべきでない」という表現が目立っており、つねに規準に達しない、たえず誤った選択をする劣等者、という彼らのセルフ・イメージを示している。一方、性格障害の場合は、「私は……できない」「できなかった」「私は……するしかない」「……するしかなかった」という表現が多く使われ、その行動がどうしようもない外的な力によって左右され、自分には選択する力がないとする、彼らのセルフ・イメージを表している。想像されるように、性格障害に比べて神経症のほうが、心理療法では扱いやすい。というのは、彼らは自分の困難は自分の責任であるとして、自分に問題のあることを認めるからである。性格障害の治療は、不可能とは言わないまでもより困難である。彼らは自分自身を問題の根源と見ていない。変化しなければならないのは自分でなく外の世界だと思っているので、自省する必要性を認めることができない。実際には、多くの人々が神経症と性格障害の両面をもっており、「性格神経症」と呼ばれている。つまり生活のある面では、自分のものでない責任まで引き受けて罪の意識に縛られているが、ほかの面では、とるべき責任をとらずにいるのである。幸い、その神経症的側面について援助して、そのため心理療法を信頼するようになれば、責任を回避しがちな傾向について考え、それを是正する方向にもっていくことがしばしば可能である。

われわれは、少なくともある程度、神経症と性格障害を免れることができない（だからこそ、誰でも本気で取り組めば、心理療法から得るところがあるのである）。というのは、人生において何が自分の責任で何がそうでないかを見分けることが、人間存在の最大の問題のひとつだからである。この問題が完全に解消されることはない。生きているかぎり、つねに変化する状況のなかで、何が自分の責任かはたえず評価し直さねばならないことだからである。それらを適切かつ良心的にやろうとすれば、苦痛がないとは言えない。その過程は、内省につきものの苦しみを引き受ける意志と能力を必要とする。そして、この意志と能力が生まれつきそなわっている人はいない。ある意味で、子どもはみんな性格障害である。彼らには、自分がまきこまれている葛藤の責任を、本能的に回避する傾向がある。だから、兄弟げんかになるといつも相手が先にしかけてきたと言いあい、自分が悪いとは絶対に認めようとしない。同様に、子どもはみんな神経症である。だから、わけもわからず経験させられている喪失体験を、本能的に自分の責任だと思っている。そこで親に愛されない子どもは、愛されないのは自分にかわいげがないのだと思い、親に愛する能力が欠けているとは考えない。デートやスポーツがうまくできない青年前期の子どもは、自分には深刻な欠陥があると思いこむ。しかし、彼らはたいてい奥手かむしろ平均的な、完全にまともな若者なのである。多くの経験を積み重ね、長い年月をかけて成熟して初めて、外界とそのなかで自分の占める位置を現実的に把握し、自分の責任を適切に評価することが可能になる。

子どもがこのように成熟してゆくのを助けるため、親にできることは多い。自分のしたことに対する責任を逃れようとする子どもに現実と対決させ、ある場合には子どものせいでないことをわからせ励ましてやるような機会は、子どもが大きくなるまでに何千回となく訪れる。しかしこのような機会をとらえるには、前にも述べたように、子どもが必要としていることを敏感にとらえ、時間をかけてその要求を満たしてやるという、しばしば愉快でない努力を厭《いと》わないことが必要である。そのためには、愛と、子どもの成長を促すのに必要な責任を引き受ける積極性がなくてはならない。

逆に、ただの鈍感さや怠慢のほかに、多くの親が子どもの成熟の過程を妨げていることがたくさんある。神経症の人は責任を進んで引き受ける傾向があるので、きわめて優れた親と言えるかもしれない。ただしそれは、神経症が軽度の場合で、とるべきでない責任に打ちのめされて、親として必要な責任をとるエネルギーがほとんど残っていないとなると、話は別である。性格障害の場合はしかし、悲惨な親になる。彼らは子どもにひどく有害な扱いをしていることに、幸運にも気づかない。「神経症の人は自分を不幸にするが、性格障害の人はすべての他人を不幸にする」と言われている。性格障害の人は、とりわけ自分の子どもを不幸にする。生活の他の面でもそうだが、彼らは親としての責任をとろうとしない。必要な配慮を子どもに与えず、ちょっとしたおりに、いく度となく子どもを拒否しがちである。子どもが非行に走ったり学業不振に陥ると、性格障害の親は、学校制度やよその子ども――自分の子どもに悪影響を及ぼしたと彼らは言い張る――が悪いのだ、と決めつける。もちろん、このような態度は自らの問題を見ようとしないものである。性格障害の親は責任を回避することで、子どもにとって無責任の役割モデルになっている。人生におけるおのれの責任から逃《の》がれようとして、ついには自分の責任を子どもに転嫁することも多い。たとえば、「おまえたちが私を怒らせるのだ」とか、「私が父さん（母さん）と離婚しないでいるのはおまえたちのためなんだよ」とか、「おまえたちのせいで母さんは神経がまいってしまった」とか、「おまえたちを育てなくてもよかったら、大学に行って出世したかもしれないのに」などと言う。このような親は、こうして実は「結婚生活や精神状態が思わしくないのも出世できなかったのも、おまえの責任なんだ」と言っているのである。子どもたちには、これがいかに不当なものかを理解する能力がないので、しばしばこの責任を引き受け、その結果神経症になる。このようにして性格障害の親は、ほとんど例外なく、子どもを性格障害か神経症にする。親自身がおのれの罪を子にむくいているのである。

性格障害の人が無能で有害なのは、親としての役割だけではない。同じ性格特性は、彼らの結婚、友人関係、ビジネス関係など、生活のあらゆる領域におよんでいる。彼らはそこで、然るべき責任をとろうとしない。前にも言ったように、責任を取ることなしに問題が解決されることはないのだから、これはどうしようもないことである。性格障害の人が、問題の責任を自分以外の人——配偶者、子ども、友人、親、雇い主——あるいはもの——学校、政府、人種差別、性差別、社会、「制度」——に転嫁するかぎり、問題は残り何事もなしとげられない。責任を放棄することで彼ら自身は気が楽だろうが、人生の問題を解決することをやめ、精神的に成長することをやめ、社会の重荷になっているのである。彼らは自分の苦しみを社会に投げかけている。六〇年代の警句（エルドリッジ・クリーバーの作とされる）は、たえずわれわれすべてに語りかける。「もしあなたが解決に一役買っていないのなら、あなたは問題の一部である」

自由からの逃走

精神科医が性格障害の診断を下すのは、患者の、責任を回避するパターンが比較的顕著な場合である。しかしわれわれのほとんどは、ときおり――きわめて巧妙なやり方で――自分自身の問題の責任をとる労を厭《いと》う。私は三〇歳のときに、マク・バジェリのおかげで潜在的な性格障害をなおすことができた。当時マクは、私が研修医で勤めていた精神科クリニックの所長をしていた。このクリニックで、私と同僚たちは新しい患者を順番にわりあてられた。患者にも自分の訓練にも、おそらく同僚たちより熱心であったので、私は彼らよりずっと長時間働くことになった。彼らはたいがい患者と週一回しか会わなかったが、私は週に二、三度会うことが多かった。その結果、私には夜の八時や九時まで面接の予定がつまっているのに、同僚たちは四時半に帰っていった。私の心は憤りでいっぱいになった。そうした憤りと疲労がどんどん積もってくるにつれて、私は、どうにかしなければならないと思った。そこでバジェリ博士のところに行って事情を説明した。ゆとりを取り戻すため、数週間新患のローテーションからはずしてもらえないか、と考えたのである。彼はできると言うだろうか。それとも他に何か解決策を思いついてくれるだろうか。マクは熱心に、受容的に、一度も口をはさまず私の話を聴いてくれた。私が話し終えると、数分間の沈黙の後、彼は同情の気持ちをこめて言った。「君が問題を抱えているのはよくわかるよ」

私はわかってもらえたと思いほほえんだ。「ありがとうございます。それでどうしたらいいと思われますか」

マクは答えた。「だから言ったろう。スコット。君はたしかに問題を抱えているよ」

これは、私が期待していた答えとはほど遠いものであった。「はい」と私は少し困惑して言った。「私が問題を抱えているのはわかってるんです。だからこそあなたに会いに来ました。どうすればいいと思われますか」

マクは答えた。「スコット。君は私の言うことを聴いてなかったようだね。私は君の話を聴いてなるほどと思っているんだ。君はたしかに問題を抱えている、とね」

「何てこった」と私は言った。「私が問題を抱えているのはわかってるんです。ここに来たときからわかってたことですよ。私が聴きたいのは、どうしたらよいかってことなんです」

「スコット」とマクは答えた。「よく聴いてくれ。もう一度言うからよく聴いてほしい。私は君と同意見だよ。君はたしかに問題を抱えている。とくに、時間に関してね。しかしそれは君の時間なんだよ。私のじゃない。だから私の問題じゃないんだ。君の時間に関する君の問題なんだよ。君、スコット・ペックが自分の時間について問題を抱えているわけさ。私が言いたいのはそれだけさ」

私はきびすを返し、激怒して大股にマクのオフィスを出てきた。激怒はそのままずっと続いた。私はマク・バジェリを憎んだ。三カ月間憎み続けた。そして彼はひどい性格障害だと思った。でなければ、どうしてあんなに冷淡でいられたろうか。私はちょっとした助け、ちょっとした助言を求めてわざわざ彼のところに行ったのに、あの野郎は十分な責任もとらず、私を助けようともせず、所長としての務めさえ果たさなかった。こういう問題を処理するのが所長の役目でないとしたら、ほかにどんな仕事がある？
しかし三カ月たって、私は、どうやらマクが正しい、性格障害なのは彼ではなく私だった、と思いはじめた。私の時間は私の責任であった。どんなふうに時間を使い運用するかは、私が、私だけが決めることであった。同僚たちよりもたくさんの時間を仕事に注ぎたかったら、それは私の選択であった。その選択の結果は私の責任であった。同僚たちが自分より二、三時間もまえに帰っていくのを見るのは辛いし、家庭に対する献身が足りない、と妻がぐちを言うのを聞くのも辛い。しかしその苦しみは、私が下した選択の結果なのである。それがいやならば、そこまで熱心に仕事をせず、違ったふうに時間を使うことができたはずである。熱心に仕事をするのは、冷酷な運命や薄情な所長によって課せられた重荷ではない。それは私が選んだ生き方、何よりもやりたいことなのだ。この場合私は、そういう自分の生き方を変えないほうを選んでいたのである。こうして私の姿勢が変わるとともに、同僚たちに対する恨みは消えた。同僚たちのようにしようと思えばいくらでもできるのに、彼らが自分とはちがう生き方を選んだからといって、彼らを恨んでもしかたがない。彼らを恨むことは、彼らとはちがう自分の選択、しかも自分が満足している選択を恨むことであった。

　自分の行為に責任をとるのが難しいのは、結果にともなう苦痛を避けたいからである。マク・バジェリに私の時間の使い方の責任をとってほしいと頼むことで、私は長時間働く苦痛を避けようとしていた。それが、患者と自分の訓練に全力をつくすという、私の選択の必然の結果であったにもかかわらず、である。しかしそれは、知らず知らずのうちに、自分に対するマクの権力を増大させようとすることでもあった。私は彼に、自分の力、自分の自由を与えようとしていたのである。

「私を管理してください。親分になってください」と言っていたようなものである。自分の行為の責任を回避しようとするときはいつでも、その責任を誰か他の人ないし組織、あるいはもの《エンティティ》に被《かぶ》せようとしていることになる。しかしこれは、自分の力をそのもの――「運命」であれ「社会」であれ、政府、企業、親分であれ――にゆずり渡すことにほかならない。エーリッヒ・フロムがナチズムと権威主義に関するその研究に、『自由からの逃走』といういかにも適切な題をつけたのは、この理由からである。責任にともなう苦痛を避けようとして、何百万、いや何十億という人が、日々自由から逃走しようとしている。

私には、才気煥発だが気難しい知人がいる。放っておけばいつまでも雄弁に、社会の圧制的な力、人種差別、性差別、軍隊、産業組織、彼と仲間の長髪に文句をつける田舎警察などについて、しゃべり続ける。何度も何度も私は、彼がもう子どもではないことを言って聞かせようとした。子どもは、いろんな面で依存しているので、事実上、親がいろんな面で支配力をもっている。実際、親は子どもの幸福に大いに責任があり、子どもは親しだいである。親が圧制的――そうであることが多いのだが――であっても、子どもはほとんどどうすることもできない。子どもには選択の余地が限られているからである。しかしおとなは、身体的に健康な場合、選択の可能性が無限に近い。だからといって、選択に苦痛がないというわけではない。どちらもいやでましなほうを選択しなければならないことも多いが、それでも、自分の力で選ぶことができる。この世界には圧制的な力が働いているという知人の意見には、私も同感である。しかし、そのような圧力にどう反応しどう対処するかは、そのつど自由に選ぶことができる。警察が「長髪」を嫌う田舎に住み、髪をのばすのは彼の選択である。彼には都会に引っ越すか髪を切るか、あるいは警察署に対してキャンペーンを行う自由さえある。頭脳明晰であるにもかかわらず、彼はこれらの自由を認めようとしない。おのれの人間としての大きな力を受け入れ享受するかわりに、自らの政治力のなさを嘆くほうを選んでいる。自由に対する愛とそれを阻む圧力について語るが、自分がいかにその儀牲になっているかを語るたびに、実はその自由を手放しているのである。いくつかの選択が苦痛をともなうというだけで人生を恨むようなことを、彼がそのうちやめてくれるよう私は望んでいる。[3]

ヒルデ・ブルック博士は、著書 *Learning Psychotherapy*（心理療法を学ぶ）の序文で、すべての患者は基本的に「ひとつの共通の問題、事態に『立ち向かい』それを変えることができないとする無力感、恐れないし内的確信」をもって精神科医を訪れる、と述べている。多くの患者に見られるこの「無力感」の根源は、ひとつには、自由の苦しみから部分的あるいは全面的に逃れたいという願望、したがって、自分の問題と人生に対する責任を、部分的あるいは全面的にとれないところにある。[4]彼らが無力と感じるのは、事実上、自分の力を放棄してしまっているからである。彼らが治ろうとすれば、早晩、おとなの生活はすべて、個人の選択と決断の連続であることを学ばねばならない。このことを全面的に受け入れることができれば、彼らは自由な人間になる。受け入れられない程度に応じて、ずっと自分を被害者と思い続けることになろう。

現実への献身

自律性を獲得し、問題解決にともなう苦痛を引き受けるための第三の手段ないし技術――それはわれわれが健康な生活を送り、精神的に成長しようとすればたえず使わねばならない――は、真実に忠実であることである。表面的にはこれは自明のことであろう。と言うのは、真実は現実であり偽りのものは非現実だからである。外界の現実を明瞭に見るほど、それだけ外界に対処する用意ができていることになる。外界の現実を明瞭に見ることができないほど――心が虚偽や錯覚や幻影に曇らされているほど――どのようにふるまうか賢明な判断をすることが難しくなる。現実をどうとらえているかは、人生の起伏を乗り越えてゆくための地図のようなものである。地図が正確であれば、自分がどこにいるのかおよそのことがわかり、行きたいところが決まれば、どうやってそこに行けるかがだいたいわかる。地図がまちがっていて不正確であれば、たぶん道に迷ってしまう。

以上のことは明らかであるが、多くの人が多少なりとも無視したいと願っている。と言うのは、現実への道はたやすいものではないからである。第一に、われわれは生まれながら地図をもっているわけではない。だから作らなければならないが、それにはそれなりの努力がいる。現実を正しく受けとめ認識しようと努力すればするほど、地図は大きくて正確なものになる。しかし、多くの人がこの努力を厭う。青年期が終わるまでに努力を放棄してしまっている人がいる。彼らの地図は小さく大ざっぱで、外界のとらえ方は狭く歪《ゆが》んでいる。たいていの人は、中年を終えるまでに努力をやめてしまう。彼らは自分の地図は完全であり、自分の世界観《ヴェルトアンシャウウンク》は正しい（神聖でさえある）と思っているので、もはや新しい情報に興味を示さない。まるで疲れてしまったかのようである。比較的少数の幸運な者だけが、死の瞬間まで現実の神秘を探索し続け、外界についての自分の理解を広げ、何が真実であるかをたえず見極め考え直してゆく。

しかし、地図作成における最大の問題は、無からそれを作っていくことではなく、正確を期してたえず改訂し続けねばならないことである。外界そのものはつねに変化している。氷河が来ては去り、文化が栄えては滅ぶ。技術のほとんどない時代もあれば、溢れかえっている時代もある。もっと劇的なのは、外界を見る角度が、たえまなくしかも急速に変化していることである。子どものとき、われわれは依存的で無力である。おとなになれば力強くなる。しかし、病気になったり年をとれば再び無力で依存的になる。世話のやける子どもがいるときといないときとでは、世界は違って見える。乳児を育てているときと思春期の子どもを育てているときとでも、ちがっている。貧しいときは、裕福なときとは異なった様相をもつ。われわれは日々、現実について新しい情報を浴びせられている。これらの情報を組み入れようとすれば、たえず地図を改訂しなければならない。新しい情報がいっぱいになったときは、大幅な改訂が必要である。改訂の過程、とくに大幅な改訂の場合は、耐えがたいほど苦痛なことがある。人類の病の多くが、主としてここに発している。

長いあいだ努力して、ようやく役に立つ外界のとらえ方、一見、有用な地図を作り上げたあげく、そこで新しい情報にぶつかり、自分のとらえ方が誤っており、大幅に地図を描きかえねばならないとわかったらどうなるだろうか。そのための辛い努力を思うと、ぞっとしてほとんどうちのめされそうになる。そこでしばしばやることが、たいてい無意識にではあるが、新しい情報を無視することである。この無視する行為は、たんに消極的なものとは言えないことが多い。われわれは新しい情報を、偽りだとか危険だとか異端だとか、悪魔のしわざであるとか決めつける。事実、外界をおのれの現実認識に合うように操作したりする。地図を変えるよりは、新しい現実を抹殺しようとするのである。悲しいことにそのような人は、時代遅れの世界観を固持するために、世界観を変えるのに必要であった以上のエネルギーを、結果的に使ってしまうことになりやすい。

転移——時代遅れの地図

時代遅れの現実認識にあくまで固執するこの過程が、多くの心の病の基礎である。精神科医はこれを転移と呼んでいる。転移の定義は精神科医の数とほとんど同じくらいある。私の定義はこうである。転移は、子どものときに身につけた外界に対する認識と反応の様式であり、通常、子ども時代の状況には（しばしば生命を救うほど）最適であったものが、もはや適切とは言えないおとな時代にまでもち越されたものである。

転移の現れ方は——つねに広範囲で破壊的であるが——しばしばとらえにくい。しかし、わかりやすい例ではそれほどではない。転移のため治療に失敗した、ある患者の場合がそれである。彼は三〇代前半の、優秀ではあるが成功していないコンピュータ技師で、妻がふたりの子どもを連れて出ていってしまったので、私のところにやってきた。妻の出ていったことはとくにこたえなかったが、強く結びついていた子どものいなくなったことが打撃だった。心理療法を始めたのは、子どもたちを取り戻すためである。妻は彼が心理療法を受けないかぎり戻らない、と宣言していたからである。妻の主な不満は、彼がいつも理不尽なまでに嫉妬するのに、よそよそしく冷淡で愛情に乏しく意思の疎通がない、というものであった。彼がしょっちゅう職を変えることについてもこぼしていた。青年期以降、彼の生活はきわめて不安定であった。青年時代、彼はたえずちょっとした警察ざたを起こし、酩酊《めいてい》、けんかっ早いこと、「たむろ」と「公務執行妨害」で、三度拘禁されていた。大学で電気工学を学んでいたが、「教師は偽善者ばっかりで、まるで警察と変わらない」と言って退学してしまった。コンピュータ工学の分野では優秀で創造的だったので、業界ではひっぱりだこだった。しかし、昇進するどころか一年半と同じ仕事についたことがなかった。クビになることもあったが、上役と口論の末、やめていくことが多かった。彼にとって上役は「嘘つきの詐欺師で、おのれの保身しか頭にない」のだった。

彼が一番よく使う表現は、「心《ソウル》なんて信じられない」というものであった。子ども時代は「ノーマル」で、両親は「ふつう」と言っていた。しかし、私と会ってしばらくするうちに、子どものとき両親にがっかりさせられた数々のできごとを、おりにふれ感情をまじえずに述べた。誕生日にバイクを約束していたのに、それを忘れて別のものをくれた。一度などは誕生日をすっかり忘れていた。しかし彼は、それをたいしてひどいとは感じていなかった。「両親はたいへん忙しい」と思っていたからである。週末に一緒に何かしようと約束しても、たいてい「忙しすぎた」。会やパーティーの場から、彼を連れて帰るのを忘れたことが何度もあった。「考え事がいっぱいあった」からである。

この男性に起こったことは、幼いとき、親の配慮が欠けていたために失望につぐ失望に傷つけられた、ということである。しだいに、あるいは突然かもしれないが、子ども時代のなかば、彼は親を信用することはできないという、悲痛な悟りに達した。しかし、いったんそう悟ると気が楽になり、生活は以前より快適になった。彼はもう親に何も期待せず、親が約束してもあてにしなくなった。親を信用しなくなってから、失望する回数も激しさも激減した。

　しかし、このような適応は後々の問題の基盤となる。子どもにとって親はすべてであり、世界を代表している。子どもには、よその親は自分の親と違っていて、たいていは自分の親よりましであることが見通せない。彼は、親のやり方を正しいやり方と思う。その結果、この子どもが到達した理解――「現実」――は、「親は信用できない」ではなく、「人間は信用できない」であった。だから人を信用しないことが、青年期からおとなにかけての彼の地図となった。この地図と、数多くの失望体験からくる憤り《ルサンチマン》のために、警官や教師や雇い主といった権威像と衝突をくり返すのを避けることができなかったのである。そしてこれらの衝突が、世のなかで何かを彼に与える人たちは信用できない、という彼の思いをひたすら強めることになった。地図を描き直す機会も多くあったのだが、全部逃してしまった。ひとつには、おとなの世界には信頼できる人もいるとわかる唯一の方法が、人を信頼する危険を冒すことであり、そのためには、まずおのれの地図からはずれなければならなかったからである。もうひとつには、そのために両親に対する見方を変えねばならなかった。つまり、親に愛されていなかったことを認識し、子ども時代がノーマルでなく、親は彼に冷淡でまともとは言えぬことを、認めねばならなかったからである。このような自覚はきわめて苦しいものである。さらに彼の人間不信は、子ども時代の現実にうまく適応したものであり、苦しみや悩みを軽減するのに役立っていた。いったんうまくいった適応様式を放棄するのは、きわめて困難である。

だから、彼は人間不信の方針を貫き、無意識にそれを裏付けるような状況を作り出し、誰からも遠ざかって、愛や温かさや親しさや愛着を自ら楽しめないようにしていた。妻にさえも、近づくことを許さなかった。彼女も信用できなかったのである。彼が親しくかかわる唯一の人間は、ふたりの子どもだけであった。子どもは彼が支配できる唯一の人間であり、彼に対して権威をふるわぬ唯一の人間であり、したがって彼がこの世で信頼できる唯一の人間であった。

たいていそうなるのだが、転移の問題がからんでくると、心理療法はとりわけ地図修正の過程になる。患者は、自分の地図ではうまくいかないのが明らかになって治療に来る。しかし、彼らがどんなに古い地図にしがみつき、動こうとしないことか！　コンピュータ技師の場合のように、患者があまりにも自分の地図に固執してそれを失うまいとすると、治療が不可能になることが多い。最初、彼は土曜日に面接の約束をとりつけた。三回来談した後、土曜日と日曜日は芝生の手入れをすることになったと言って来なくなった。私は木曜日の夕方を提案した。二回来た後、残業しなければならないと言って来なくなった。月曜日に残業することはまずないと言っていたので、私は自分のスケジュールを調整して、月曜日の夕刻面接できるようにした。しかし二回来た後、月曜日の夕方も残業することになりそうだと言って、また来なくなった。こんなことでは治療できない、と私ははっきり言った。すると、残業しなくてもよかったことを認めた。しかしお金がいるので、治療よりも仕事のほうが大切なのだと言った。そして、残業のない月曜日の夕方しか来られないので、来るかどうかは毎月曜日の四時に電話する、という条件を出した。私は、その条件は受け入れられない、ひょっとして来るかもしれないあなたのために、毎月曜日予定を空けておくことはできないから、と言った。彼は、私がこのうえなく頑固で、彼には興味がなく自分の時間だけを気にしている、と思ったようだった。こういうわけで、一緒に仕事をしようというわれわれの試みはおしまいになり、彼の古い地図に、私という汚点がまたひとつ加えられることになった。

転移の問題は、たんに治療者と患者の間に限ったことではない。それは、両親と子ども、夫婦、雇い主と従業員、友人同士、集団間、そして国家間の問題でさえある。たとえば、国際関係において転移の問題がどんな役割を演じているか、考えてみるとおもしろい。国の指導者もかつては子どもであったし、子ども時代の経験が彼らを形づくっている。ヒトラーはどんな地図に従い、また、その地図はどこから生じたのだろうか。アメリカの指導者たちは、どのような地図に従ってヴェトナム戦争を始め、遂行し、継続したのだろうか。彼らの地図は、彼らの次の世代の地図とは明らかに異なっていた。大恐慌という国民的な経験が、彼らの地図をどのように左右し、また、五〇年代、六〇年代の経験が、若者たちの地図にどのように影響したのだろうか。もし三〇年代、四〇年代の国民的な経験が、ヴェトナム戦争を始めたアメリカの指導者の行動に一役買っていたのなら、その経験は六〇年代、七〇年代の現実にどこまで妥当するものであったのか。どうすればもっと迅速に地図を修正することができるのだろうか。

真実、あるいは現実は、それが苦痛であると回避される。苦痛を克服する厳しさがなければ、地図を修正することはできない。そのような厳しさを身につけるには、徹底して真実に忠実でなければならない。すなわちわれわれ自身にとって、真実は安逸よりも大切で肝要なものであることを、つねに心に銘じておかねばならない。逆に、個人的な不都合は比較的重要でないこと、真実を追求するためにはむしろ歓迎すべきでさえあることを思わねばならない。心の健康とは、あらゆる犠牲を払ってでも現実に忠実であろうとする、生きた過程である。

挑戦を受けとめるオープンさ

あくまで真実に忠実な生活とはどんなものだろうか。第一にそれは、終わることのない厳しい自省をともなう生活である。われわれは、世界をおのれとの関係を通してしか知らない。したがって世界を知るためには、世界と同時に調べ手である自分も調べる必要がある。精神科医は研修中にこのことを教わり、自分自身の転移や葛藤を理解することなしに、患者のそれを理解するのは事実上不可能であることを知っている。この理由で、精神科医自身も、訓練の一部として心理療法なり精神分析を受けるのが望ましいとされている。不幸にして、すべての精神科医がこの期待に応えているわけではない。精神科医も含めて、多くの人が外界は厳密に調べるけれども、自分自身についてはさほど厳密に調べない。彼らは世間なみには十分やっていける人たちだが、決して賢明とは言えない。賢明な生活とは、行動と結びついた内省の生活である。かつてアメリカの文化において、内省が高く評価されることはなかった。一九五〇年代の人々は、アドレー・スティーブンソンに「インテリ」のレッテルを貼り、優れた大統領にはなるまいと思っていた。彼が内省の人であり、ものごとを深く考え、自分をも疑う傾向があったからである。また、親が大まじめで青年期の子どもに、「おまえは考えすぎだよ」と言っているのを耳にすることがある。しかし、人間を人間たらしめているのが前頭葉、つまり考え自省する能力であることを思えば、これは馬鹿げたことである。幸い、そのような態度は変わりつつある。そして、世界を危うくしている原因がわれわれの外ではなく内にあり、究極的に生き残るためには、つねに自省し熟考する過程が不可欠であるとだんだんわかりはじめている。しかし、そのように態度を改めつつあるのは、まだ比較的少数の人々である。外の世界を調べることは、内なる世界を調べるほど、個人的に苦痛なものではない。大多数の人々が本気で内省するのを避けるのは、明らかにそれがもたらす苦痛のためである。しかし真実に忠実であれば、この苦しみは比較的重要でなくなってくる――そして内省の道を歩めば歩むほど、ますます重要でなくなってくる（したがってますます苦痛でなくなる）のである。

あくまでも真実に忠実な生活とは、自分に対する挑戦を進んで引き受ける生活でもある。現実に関する自分の地図がまともかどうかたしかめる唯一の方法は、ほかからの批判と挑戦にさらすことである。でなければ、われわれは閉じられたシステムのなかで、シルヴィア・プラスのたとえを借りればガラスの器のなかで、自分の息で汚れた空気を吸い、日ましに妄想のとりこになってゆく。しかし、この地図を修正する過程には苦痛がつきものなので、われわれはたいてい、地図の正しさを脅かすものはすべて避けようとする。そこで子どもたちには、「口ごたえするんじゃないよ。私は親なんだからね」と言い、配偶者には、「好きにやらせてね。あれこれ言うんだったらどうしようもない女になっちゃうわよ。そしたらあなたも後悔することになるわ」などと言う。老人は家族や世間に、「私は年寄りで弱いんだ。難しいことを言われたら死んじまうよ。死なないまでも、私の末期の日々がみじめになったのはあんたのせいってことになるんだよ」という態度を示す。雇い主は従業員に、「偉そうに文句を言うなら、気をつけろよ。でないと次の仕事を探すはめになるんだからな」[5] と言う。

今までのやり方を脅かすものを回避する傾向は、人類にあまねく存在しており、人間の特徴と言ってもおかしくない。しかし自然だからといって、それが本質的、有益な、あるいは不変の行動であるとは言えない。自然と言えば、下着のなかに排泄することも歯を磨かないことも、そうである。しかしわれわれは、不自然なことが第二の天性になるまで、自分に教えこむ。実際、自律とはすべて、自分に不自然なことを教えこむことと定義できる。人間のもうひとつの特徴――たぶんわれわれを最も人間らしくしているもの――は、不自然なことをする、すなわち自分の本性を超越し変容させる能力である。

心理療法を受けることほど不自然で、したがって人間らしい行為はない。というのは、この行為によってわれわれは、意図的に、もうひとりの人間によるもっとも深い働きかけに身をさらし、自らを吟味し認識するために金まで払うからである。分析家のオフィスの長椅子に横たわることは、この、外からの働きかけに身を任せることを象徴している。心理療法を受けるにはたいへんな勇気がいる。心理療法を受けようとしない主な理由は、金がないからではなく、勇気がないからである。このことは多くの精神科医にもあてはまる。彼らこそ誰にもまして、必要な訓練を受けるべき理由があるのに、どうしたことか、自身が心理療法を受けるのは具合が悪いと思っているようである。他方、精神分析を受ける多くの患者が、一般に思われているのとは逆に、治療開始の時点においてさえ、基本的には平均よりずっと強く健康な人たちだと言われるのは、彼らにこの勇気があるからである。

心理療法を受けることが、外からの働きかけに身をさらすもっとも深いかたちであるが、日常の何気ないやりとりにも同様な機会がある。水飲み場、会議場、ゴルフコース、食卓、灯の消えた寝室で、同僚や上役や従業員、配偶者や友人や恋人や親や子どもといるときに、である。以前から私のところに来ていた、美しく髪を整えた女性は、セッションが終わって長椅子から起き上がると、いつも髪をとくようになった。私がこの新しい行動パターンを指摘すると、「数週間前ここから帰ったら、主人に、後ろ髪が寝てるよって言われたんです」と顔を赤らめて答えた。「主人にはわけを話しませんでした。だって、ここで長椅子に寝てるなんてわかったら、からかわれてしまいますから」。というわけで、とりかかるべき問題をまたひとつ抱えることになったのである。心理療法の最大の価値は、患者が「五〇分のあいだ」に身につけたものを、日常の生活や人間関係にまで広げることにある。外からの働きかけにオープンになる態度が、その人の生き方になるまで、精神が癒されることはない。この女性も、私に対してと同じように、夫に率直になることができるまで、本当によくなったとは言えないのであろう。

精神科医や心理療法家を訪れる人のうちで、最初から意識して自分を変えるとか、自律のための訓練を求めている人はめったにない。たいていは、「救い」を求めているだけである。支えてもらうと同時に問題をつきつけられてもいるとわかったとき、多くの人は逃げ出し、それ以外の人たちも逃げ出したい気持ちにかられる。本当の救いは問題に直面し、自らを鍛えることによってしか得られないことを教えるのは、微妙で長期にわたる、しばしば失敗に終わる仕事である。だから、患者を心理療法に「誘いこむ」などと言われる。一年からそれ以上も来談している患者について、「彼らはまだ治療に入っていない」と言うこともある。

心理療法における開かれた態度は、とくに「自由連想」によって促進（見方によっては要求）される。この技法を用いるにあたり、患者は次のように言われる。「心に浮かんだことは何でも言ってください。とるに足りないとか、いやらしいとか辛いとか無意味だとかは関係ありません。同時に複数のことが浮かんできたら、一番言いにくいのを選んでください」。言うは易く行うは難し、である。しかし、良心的にこれに取り組む人は通常進歩が早い。指示に抵抗して、ふりだけする人もいる。彼らはあれやこれやとまくしたてるが、肝心なことには触れない。ある女性は、一時間にわたって不幸な生い立ちについて話すかもしれないが、その朝、銀行口座から千ドル借り越していた事実を夫につきつけられたことには触れずにいる。こういう患者は、心理療法の時間を一種の記者会見に変えようとしている。あるいは、事実に直面することを避けるため時間を浪費して、たいていは微妙に偽るはめになっている。

個人や組織が、真実に対してオープンであるためには、現実についてのおのれの地図が人々に調べられることにオープンでなければならない。それには、記者会見以上のものが必要である。だから、真実に徹した生活の意味する三番目のものは、徹底して誠実な生活である。それは、たえまのない、しかも終わりのない自己吟味の過程である。そしてわれわれのコミュニケーション――言葉だけでなく言い方も含めて――が、われわれの知っている通りの真実ないし現実を、人間として可能なかぎり正確に反映しているかどうか、確かめねばならない。

そのような誠実さは、苦痛なしには得られない。人々が嘘をつくのは、真実およびその結果のもたらす苦痛を避けるためである。ウォーターゲート事件でニクソン大統領のついた嘘は、テーブルから急にランプが落っこちて壊れちゃったんだよと、四歳の子どもが母親につく嘘と変わらぬ単純なものである。真実が正当な性質のものである限り（たいていはそうである）、嘘は当然の苦悩を避け《サーカムベント》ようとする試みであり、それが心の病をもたらす。

迂回《サーカムベンション》という概念は、「近道する」という問題を提起する。しかし障害を迂回しようとするときは、必ず、より簡単な、したがってより速く目的地に到着できる道、つまり、近道を捜しているのである。精神の成長こそ人間存在の目的と信じているので、私は進歩の考えに忠実である。人間としてできるだけ早く成長し進歩するのは、正しく適切なことである。したがって、個人的成長のために正当な近道を利用するのも、正しく適切である。しかし重要なのは、「正当な」ことである。正当でない近道を探すのと同じくらい、正当な近道を無視する傾向が人間にはある。たとえば、学位試験のために原著全部を読むかわりに要約本のたぐいで勉強するのは、正当な近道である。それらがよくできていて内容がちゃんとしていれば、かなりの時間と労力を節約しながら、本質的な知識を得ることができる。しかし、カンニングは正当な近道ではない。そのほうがもっと時間を節約できるし、うまくいけば、試験に合格して望みの学位を手に入れることができる。しかし、本質的な知識は得られない。したがってその学位は嘘であり偽りのしるしである。その学位が生活の基盤になるとすれば、カンニングをした人の生活は嘘と偽りのしるしとなり、多くの場合、もっぱらその嘘を守り続けるのについやされる。

純粋な心理療法は、個人的成長のための正当な近道であるが、しばしば無視される。その際、最もよく用いられる合理化は、「心理療法が松葉杖になってしまうのが恐くてね。松葉杖に頼るようなことはしたくないんだ」と言うことである。しかし、たいていこれは、もっと大きな恐れを隠している。心理療法が松葉杖と言うのなら、家を建てるのに使う金づちや釘と同じである。金づちや釘を使わずに家を建てることはできるけれども、手間がかかってなかなかうまく進まない。金づちや釘に頼るからといって、がっかりする大工などいない。同様に、心理療法を用いなくても個人的成長は可能である。しかし多くの場合、その仕事は不必要なまでにだらだらと長く困難である。利用できるものを近道として使うのは、たいてい理にかなっている。

他方、心理療法が正当でない近道として求められることがある。それはふつう、親が子どものために心理療法を求める場合、最もよく見うけられる。彼らは、何かの問題で子どもたちが変わるのを望んでいる。たとえば薬の乱用をやめ、かんしゃくを起こさず、悪い成績をとらない、などである。子どもを助けようと全力をつくし問題解決のためには努力を惜しまぬつもりで、心理療法家を訪れる親もいる。子どもの問題について、表面的には原因を承知のうえでやって来る親もいる。彼らは、精神科医が魔術的な方法で子どもを変えてくれることを望み、根本的な原因は変えなくてもよい、と思っている。たとえば明らさまにこう言う親もいる。「私たちの結婚に問題があって、それが息子の問題にかかわりがありそうだってことはわかっています。でも、私たちの結婚についてごたごた言われるのはかないません。私たちが治療を受ける気はありません。できれば息子だけ治してやってください。あいつを楽にしてやりたいんです」。ここまで率直ではない親もいる。彼らはやって来て、必要ならどんなことでもします、と言う。しかし、子どもの症状は、彼らの生き方のすべてが子どもに成長の余地を与えていないことへの怒りの表れだ、と説明されると、「子どものために自分の内面をさらすなんて、考えただけでも馬鹿らしい」と言う。そして別の精神科医を探し出し、苦痛のない近道を教えてもらおうとする。あげくの果て、友人や自分自身にこう言いかねない。「私たちは、息子のためにできるかぎりのことはしたんだ。あいつを連れて精神科医を四人も訪ねたんだよ。でもどうにもならなかった」

もちろんわれわれは、他人に対してだけでなく、自分自身にも嘘をつく。自身の良心と現実認識によって、自らの適応様式――つまり地図――を問いただすことは、他者の現実にぶつかった場合と同様、正しくはあるが苦痛の多いものである。人々が自分につく無数の嘘のうちで、もっともありふれていて影響力が強く破壊的なのは、「心から子どもを愛している」と「親は本当に愛してくれた」のふたつである。親が子どもを本当に愛している場合もあるが、そうでない場合、人々はどうにかして真実から目をそらそうとする。心理療法を、私が「真実のゲーム」とか「誠実さのゲーム」と呼ぶのは、患者がそのような嘘に気づくように援助することが、とりわけ心理療法の仕事だからである。精神疾患の根のひとつは、決まって、聞かされた嘘と自分自身についた嘘のからまったものである。その根を明らかにして取り除くことは、徹底して誠実な雰囲気のなかでしかできない。そのような雰囲気を作り出すには、治療者が、患者との関係に率直さと忠実さを十分にもちこむことが絶対に重要である。治療者が現実に直面する苦しみに耐えられないのなら、同じ苦しみに耐えることをどうして患者に期待することができるだろうか。治療者は、自分のたどり着いたところまでしか人を導くことができない。

真実を言わずにおくこと

嘘はふたつのタイプに分類できる。[6] 白い嘘と黒い嘘である。黒い嘘とは、偽りと知ってつく嘘である。白い嘘とは、それ自身偽りではないが、真実の重大な部分を省いて言うことである。白い嘘だからといって嘘でないわけではないし、許されるものでもない。黒い嘘に劣らず有害なことがある。検閲によって重要な情報を国民に知らせない政府は、偽りを言う政府と同様、民主的とは言えない。家の銀行口座から借り越しているのを言わずにいた患者は、直接的な嘘をつく場合と同様、治療過程での自分の成長を妨げているのである。実際には、重大な情報を知らせないというのが、もっともよくある嘘のかたちである。そのほうがとがめられにくいように思われるからである。また、それを見破って真実に直面するのが難しいので、黒い嘘より有害であることさえ多い。

「人の感情を傷つけたくない」という理由で、さまざまな人間関係において、白い嘘は社会的に容認しうるとみなされている。だがわれわれは、社会的関係が概して皮相であるのを嘆いてもいる。親が子どもたちに見えすいた白い嘘をつくのは大目に見られているだけでなく、愛情のこもった行為である、とさえ考えられている。夫婦の間では率直になる勇気のある人でさえ、子どもに対して率直になるのはしばしば難しい。マリファナを吸っていることや、前の晩夫婦のことでいさかいをしたこと、支配的な祖父母に腹を立てていること、夫婦のどちらかあるいはふたりとも心身症と医者に言われたこと、いちかばちかの投機をしていることや、銀行にいくら預金があるかということすら、子どもには言わないものである。このような隠しだてや明らさまに言わぬことは、通常、不必要な心配を子どもにさせたくないという愛情による、と合理化されている。だがしばしば、このような「保護」はうまくいっていない。ママとパパがマリファナを吸っていること、前の晩にいさかいをしたこと、祖父母に腹を立てていること、ママがいらいらしており、パパがお金をすったことなど、とにかく子どもは知っているのである。結果的には、保護ではなく剝奪《はくだつ》ということになる。お金、病気、麻薬、性、結婚、親、祖父母、人々一般について、子どもは手に入れるべき知識を奪われるわけである。また、それらについてもっと率直に話し合えば得られたかもしれない、安心感も奪われている。つまるところ、子どもたちは率直さと誠実さに関する役割モデルを奪われており、そのかわり、部分的な誠実さ、不完全な率直さ、限られた勇気といった役割モデルを与えられている。ある親にとって、子どもを「守りたい」気持ちは、純粋な、しかし勘違いの愛からきている。しかし、子どもを守りたいという「愛情深い」気持ちが、子どもからの挑戦を避け、子どもに対する権威を守りたいという願いを隠蔽し、合理化している場合もある。そのような親は、実際にはこう言っているのである。「いいかい。おまえは子どもなんだから子どもらしくしていればいいんだ。おとなのことは私たちに任せなさい。ちゃんと優しく面倒みてもらえると信じなさい。そう思うのがお互いにいいことなんだから。疑っちゃいけないよ。それで私たちは自分たちが強いと思えるし、おまえも安心できるってわけさ。ことをあんまり深く詮索しないほうが、お互い楽だってことなんだよ」

そうは言っても、ある種の保護が必要で、完全に誠実でありたいという願いがかなえられぬような場合には、事実上難しい葛藤が生じるかもしれない。たとえば、どんなにうまくいっている夫婦でも、ときには離婚を考えることがある。しかし、離婚などしそうにないのに、いちいち子どもにこのことを知らせるのは、余計な重荷を子どもに負わせることになる。離婚について考えるだけで、子どもの安定感は極度に脅かされる！　あまりに脅かされると、子どもは十分な見通しをもって状況を理解できなくなる。可能性がごくわずかでも、親の離婚については深刻に脅かされるのである。親の結婚が完全に破綻していれば、言う言わないにかかわらず、子どもは迫りつつある離婚の可能性に対応する。だが、基本的には結婚がうまくいっている場合、親がまったくあけっ広げに、「昨夜ママとパパは離婚について話し合ったんだ。今はもうそんなこと全然考えてないけどね」などと言うのは、子どもにひどい仕打ちをすることになる。もうひとつの例をあげると、心理療法の初期の段階では、治療者自身の考えや意見、洞察を、患者に言わずにおくことが必要な場合が少なくない。それを受けとめる、あるいは対処する準備が患者にまだできていないからである。精神科医として研修中の最初の年に、ある患者が四回目の面接で、明らかに同性愛に対する関心を示す夢を語った。私は優秀な治療者と思われたいのと、速やかな治療効果を得たい気持ちから、「あなたの夢は、同性愛傾向があるのではないかと気にしていることを示していますね」と言ってしまった。彼は目に見えて心配そうな顔つきになり、以後三回続けて来談しなかった。治療に戻るよう、何とか説得するにはたいへんな努力と、それ以上の幸運によって初めて可能であった。彼が転勤で引っ越さねばならなくなるまで、われわれはさらに二〇回会った。同性愛の問題については二度と触れなかったにもかかわらず、それは彼にとってかなり有益な面接であった。無意識が問題にかかわっていたからといって、意識レベルでそれに対処する用意が、彼にあったとはまったく言えない。私の洞察を告げたことは、彼にひどい仕打ちをしたことになる。そのため私の患者としてだけでなく、誰の患者としても彼を失うところであった。

ビジネスや政治の世界でも、会議の場で受け入れられるためには、ときおり、選択的に自分の意見を控えねばならない。大きいことも小さいことも、心にあることをいつも口にする人は、ふつうの指導者からは反抗的とみなされるし、管理の面からは組織を脅かすものである。彼らは、摩擦が多いという評判をとり、組織の代弁者にするには信用がおけない、と思われる。もし人が、いやしくも組織内で有能であろうとすれば、個人的な意見を表明するには慎重に、ときには個人のアイデンティティを組織のアイデンティティに融けこませ、部分的に「組織人間」にならねばならない。他方、組織内における有能さだけを目的として、波風の立たぬ意見しか述べなくなると、目的が手段を正当化し、完全な組織人間になって、個人としての統合性とアイデンティティを失うことになる。優れた管理者は、自らのアイデンティティと統合性を守るか失うかの狭間にある、極端に細い道を歩まねばならない。それをうまくやり遂げる人は、ごくわずかである。それがとてつもなく困難な仕事だからである。

人間がかかわってくると、多くの似たような状況で、ときおり、自分の意見や感情や考えや知識さえも表明するのを控えねばならないことがある。それでは、真実に忠実であるためには、どのような規則に従ったらよいのだろうか。まず、本当でないことは言わないことである。第二に、真実を言わずにおくことは、潜在的にはいつでも嘘になりうること、またそのつど重大な道義的な決断が必要であることを、肝に銘じておくことである。第三にその決断は、たとえば権力欲とか好かれたいとか自分なりの筋書きを守るとかいった、個人的な要求にもとづくものであってはならない。第四にその決断は、逆につねに相手の人ないしは人々の必要性にひたすら沿うものでなければならない。第五に、他者のニーズを評価することは、たいへん複雑な、責任をともなう行為であり、他者に対する純粋な愛をもって行動するときにのみ可能となる、ということである。第六に、他者のニーズを評価する際の第一の要因は、当人が自らの精神的成長にどれだけ役立つのかを評価することである。最後に、その能力を評価する際に、われわれはふつう、過大評価するよりは、過小に評価しがちなことを心にとめておかねばならない。

これらのすべては、完全に遂行されることのない、いつまでもつきまとう本当の重荷であり、途方もない課題のように見えるかもしれない。それは本当に、自らを鍛え続ける終わりのない仕事である。だからこそほとんどの人は、限られた範囲でしか誠実ないしは率直でなく、ある程度閉鎖的な生き方を選び、自分や自分なりの考えを外界から隠している。そのほうが楽なのである。しかし困難ではあるが、誠実で真実に忠実な人生を選んだむくいは、費やしたものを補ってあまりがある。自分の考えをたえず変化に対応させているおかげで、率直な人々はたえず成長する。率直さを通して、閉鎖的な人よりずっと効果的に親密な関係を作りあげ、保つことができる。決して偽りを言わないので、自分は世のなかの混乱に一役買わず、明るさとたしかさの源として役立っていると、心やすらかに誇りをもつことができる。究極のところ、彼らは完全に自由な存在である。彼らには隠さねばならぬ重荷などない。陰をこそこそ歩き回る必要もない。前の嘘を隠すために新しい嘘をつく必要もない。やったことをごまかしたり、表面をとりつくろうため、むだな苦労をすることもない。そして最後には、誠実であるために自らを律するエネルギーが、隠しだてするのに必要なエネルギーよりずっと少なくてすむことに気づく。誠実であればあるほど、誠実であり続けることはたやすくなる。それは、嘘をつくほど嘘を重ねなければならないのと同じである。真実に忠実な人は、その率直さによって堂々と生きている。隠しだてなく生きる勇気をふるうことで、彼らは恐れとは無縁である。

バランスをとること

自らを律することが、融通性と判断の両方を要する困難で複雑な仕事であると、これまでにわかっていただけたと思う。勇気ある人は、つねに自分を励まして完全に誠実であろうとしなければならないが、場合に応じて、真実をすべて胸に秘めておくこともできなければならない。自由な人間であるためには、自分の責任をすべて引き受けるとともに、本当に自分のものでない責任は拒否することができなければならない。毅然として着実に賢明に生きるためには、満足をあとにまわして、未来に目を向けなければならない。しかし楽しく生きるためには、それが破壊的でないかぎり、今に生き自然にふるまう能力が必要である。換言すれば、自制そのものが自制されなければならない。自制を自制するのに必要なタイプの自制とは、私がバランスをとることと呼ぶものであり、第Ⅰ部で述べる四番目の、そして最後のタイプである。

バランスをとることとは、融通性を身につけるための自制である。あらゆる活動分野でうまく生きていくためには、たいへんな融通性がなければならない。一例として、怒りとその表現について考えてみよう。怒りとは、われわれの生存を促すために、いく世代にもわたる進化の過程でわれわれ（およびもっと未発達な生物）に備わっている情動である。別の有機体がわれわれの空間的ないし心理的なわばりに侵入したり、われわれをやっつけようとしているのに気づくと、われわれはいつも怒りを感じる。怒りを感じ、相手を追い返すために戦う。怒りがなければ、われわれはたえず侵略され、ついにはすっかり滅ぼされることになろう。怒りがあってこそわれわれは生きのびることができる。しかし、はじめは侵入してきたように見えても、よく調べてみると、相手にそんなつもりが毛頭ないとわかることがよくある。また、他者が本気で侵入しようとしているのがはっきりしている場合でさえ、それに対して怒りで応じるのが得策でないと、何かの理由で気づくこともある。このように、脳の上位中枢（判断力）が、下位中枢（情動）をコントロールし、調節できることが必要である。複雑なこの世界でうまく機能するには、怒りを表す能力と表さない能力の、両方が必要なのである。のみならず、いろんなやり方で怒りを表す能力もなくてはならない。

たとえば、じっくり検討し考えたうえで怒りを表現する場合がある。また、即座に感じたままに表現するほうがいい場合がある。落ち着いて静かに表したり、大声で激しく表すのが最善の場合もある。だから、ときに応じてどんなふうに怒りに対応するかだけでなく、然るべきときの然るべき表現型式をも知っておく必要がある。怒りを十分適切に余裕をもって扱うには、きめの細かい柔軟な反応システムが必要なのである。となると、怒りをコントロールする仕事が複雑で、通常おとなになるまで、あるいは中年になってもなかなか達成されず、しばしば一生かかっても難しいことが頷ける。

程度の差こそあれ、誰しも柔軟な反応システムが十分には備わっていないので困っている。心理療法の仕事の大部分は、患者の反応システムがもっと柔軟になるように助けることである。一般に、患者が不安や罪悪感でがんじがらめになっているほど、その仕事は困難で、第一歩から始めねばならない。たとえば私は、三二歳の向こうみずな統合失調症の女性を扱ったことがある。玄関より先にあげてはいけない男性と、居間まではよいが寝室には入れるべきでない男性と、寝室にまで入れてもよい男性とがいると知ることは、彼女にとって、まったくの啓示であった。それまでは、寝室に入れるか、それでうまくいきそうにないときは玄関にも入れない、という反応システムでやっていたのである。こうして彼女は、自堕落な乱交と味気ない孤立のあいだを行ったり来たりしていた。同じ女性と、礼状の件に絞って数回面接する必要があった。贈りものや招待を受けると、そのすべてに長く入念な、手書きの完璧な礼状を出さなくてはならない、と彼女は思いこんでいた。当然、そんなたいへんな作業をずっと続けることはできないので、結果はまったく礼状を出さないか、贈りものや招待を全部断るかのどちらかであった。ここでもまた、礼状などいらない贈りものもあり、いる場合でも短くて十分なことがあると知って、彼女はたいへん驚いた。

精神的健康を保つためには、ぶつかりあうニーズ、目標、義務、責任、方向性等のあいだの、微妙なバランスをたえず柔軟にとり直すという、途方もない能力が必要である。バランシングというこの自制の本質は、「諦めること」である。九歳のある夏の朝、初めてこのことを教えられたのを私は思い出す。そのころ、私は自転車に乗るようになったばかりで、喜々として自分の新しい技を次々と試みつつあった。その朝、自転車で坂を下りながら、スピードがぐんぐん増していくのにうっとりしていた。道は急な下り坂になり下は鋭いカーブになっていた。ブレーキを使ってこの気分をぶち壊すなんて、馬鹿げた自罰行為に思えた。それでスピードを落とさないで坂の下の角を曲がることに決めた。数秒後夢見心地は終わりを告げ、私は空中に舞って道から三メートル離れた森のなかに投げ出された。ひどい裂傷から血が流れ、まっさらの自転車の前輪は、木にぶつかった衝撃で曲がって使えなくなった。私はバランスを失っていたわけである。

バランスをとることが自制にほかならないのは、バランシングのため、何かを手離すのが辛いからである。先の例で私は、角を曲がるときに、うっとりするようなスピードを諦める苦痛を引き受けたくなかった。しかし結果的に、バランスを失うことは、バランスをとるために何かを諦めるよりずっと苦痛の大きいことを、思い知らされた。これは人生を通して、何度もかたちを変えて学び直さねばならない教訓である。誰しも人生のカーブや角をうまく曲がりきるには、自分の一部をたえず手離さねばならない。それがいやならば、人生という旅をあきらめることである。

奇妙に思われるかもしれないが、ほとんどの人は、自分の一部を手離す苦痛を避けるために、人生の旅を続けない――かなり手前で中断する――。これが腑に落ちないのは、その苦痛がどんなに深いものかわからないからである。諦めるという経験は、それが大きい場合、人間が経験するもっとも苦しいものである。これまで私は、諦めるにしても些細なこと――スピードや怒りを表すことや、怒りを抑えることによる安心感や几帳面に礼状を書くことなど――について述べてきた。ここで、人格特性やしっかり固まった行動パターン、イデオロギーやライフスタイル全体まで諦めることに目を向けてみよう。これらは人生の旅をずっと先まで進めるためには避けられない、大きな諦めにかかわっている。

最近私は、ある晩、一四歳になる娘と楽しい時間をすごすことに決めた。数週間前から、彼女はチェスをしよう、とせっついていた。それで、ひとつやろうではないかと言ってみたのである。彼女はそれにとびついて、私たちはわくわくするような伯仲のゲームを始めた。しかし次の日は学校があり、九時になると娘は、もう寝る時間だから速くしてくれ、と頼んだ。彼女は朝六時に起きる必要があった。彼女には睡眠に関して固苦しい習慣のあるのを私は知っていた。そしてその固苦しさを少し緩めねばならないと思っていた。それで「いやあ、一ぺんぐらい寝るのが少々遅れたっていいだろう。始めた以上終わりまでやらなくっちゃ。せっかくおもしろいとこなんだから」と言った。そしてさらに一五分間ゲームを続けたが、彼女は目に見えて取り乱しはじめた。そしてとうとう「ねえパパ、お願いだから速くしてよ」と懇願した。「だめだめ。チェスは真剣勝負だぞ。ちゃんとするにはじっくり腰を落ち着けなきゃ。真剣にやりたくないんだったら始めっからやらないことだ」と私は答えた。というわけで、みじめな思いをしながらさらに十分間彼女はゲームを続けた。そして突然泣き出して、こんな馬鹿げたゲームは降参よ、と叫びながら階段をかけ上がっていった。

突然私は、道端の繁みで血を流し自転車の横に倒れていた、九歳のときに戻ったような錯覚に陥った。明らかに、私は間違いをしでかしていた。角を曲がり損ねていたのである。その夜、私は娘と楽しくすごすつもりで始めていた。九〇分後、彼女は泣いて、口もきけないほど私に腹を立てていた。何が悪かったのだろうか。答えは明白である。しかし私は、その答えを見たくなかった。チェスに勝ちたい気持ちが、娘と楽しくやるよりも大事になっていた。それでその夜を台なしにしてしまった事実を受け入れるのに、二時間も苦しい思いをしなければならなかった。そして深刻に落ちこんだ。どうして私はバランスを失ったのだろう。しだいに、勝ちたい気持ちが大きすぎたこと、それを少し諦めるべきだったことがわかってきた。しかしそんな些細なことでも、諦められないように思えたのである。私の人生で、勝ちたい気持ちは役に立つものであった。それでさまざまなことに勝ってきたからである。勝ちたいと思わずにチェスをするなんてできるだろうか。私は何でも熱心にしなければ気がすまなかった。真剣にもならずに熱心にチェスをやるなんて、どうやってできるのだろう。だがとにかく、変わらねばならなかった。私の熱心さ、競争好き、真剣さが、子どもを遠ざけた。それらはこれからも同じように作用し続けるだろう。それが私の行動パターンのひとつなのだから。このパターンを変えないことには、いつか不必要な涙といやな思いがくり返されることがわかっていた。私のうつうつとした気分はつづいた。

今はうつも終わった。私はゲームに勝ちたい気持ちを一部諦めたのである。その部分は私から消えた。それは死んだ。死ななければならなかった。私が殺した。子どもとうまくやるために、殺したのである。子どものとき、ゲームに勝ちたい私の気持ちは役に立っていた。しかし親として、それが邪魔であることに私は気づいた。だからそれは消えなければならない。時が変わったのである。

時とともに進むために、それは諦められねばならなかった。それが惜しいとは思わない。惜しいと思うと考えていたが、そうではなかった。

うつの健全さ

先に述べた例は、自らを患者と呼ぶ勇気のある人々が、心理療法の過程で何度もより大きなかたちで経験することの、小型版である。集中的な心理療法の時期は、集中的に成長する時期であり、その間に患者は、人が一生のうちに経験する以上の変化を経験することがある。このような成長がほとばしり生じるには、それに見合うだけの、「古い自分」が捨てられねばならない。これは、心理療法が成功するためには避けられないことである。この諦めの過程は、患者が治療者と最初の面接の約束をする前に、すでに始まっているのがふつうである。たとえば多くの場合、精神科にかかろうと決意すること自体が、「私はOK」というセルフ・イメージを捨てることを示している。この放棄は、われわれの文化では、特に男性にとって困難である。というのは、「私はOKじゃない。どうしてOKじゃないのか、どうやったらOKになれるか知るのに助けがいるんだ」と言うことは、しばしば悲しいことに、「私は弱くて男性的じゃないし、十分な能力もない」と言うのと同じだからである。事実、放棄のプロセスは、精神科のやっかいになると決める前に、すでに始まっていることが多い。つねに勝ちたいという気持ちを諦める過程で、私がうつになったのは前に述べた。これは、愛するもの——少なくとも自分の一部であり、なれ親しんだもの——を諦めることが、うつの感情と結びついているからである。精神的に健康であろうとすれば、人間は成長しなければならないし、心理的、精神的成長の過程で古い自分を諦め放棄することは不可欠なのだから、うつになることはノーマルな、基本的には健全な現象である。何かが諦めの過程を妨げ、その結果本来の過程が進まず、うつが長引いて解消できなくなった場合にのみ、それは異常あるいは不健全なものとなる。[7]

人々が精神科を受診しようとする主な理由は、うつである。言い換えれば、患者は心理療法を受けようとする前に、諦めあるいは成長の過程に、すでに巻きこまれていることが多い。彼らを診察室にかりたてるのは、成長する過程のこの症状なのである。したがって治療者の仕事は、すでに始まっている患者の成長過程を完了するように助けることである。だからといって、自分に何が起こりつつあるのか、患者が意識しているとは限らない。逆に彼らは、「万事がもと通りになって」、うつから解放されることだけを考えている。ものごとが、もはや「もと通りに」ならないことをわかっていない。しかし無意識は知っている。無意識がその知恵で、「かつてのありよう」が条理にかなった、あるいは建設的なものではないことを知っているからこそ、成長と諦めの過程がそのレベルで始まり、うつが経験されるわけである。おそらく患者は、「どうしてうつになるのかわからない」と言ったり、見当ちがいの原因のせいにする。意識の上ではまだ、「古い自分」と「かつてのありよう」がかみ合わなくなっていることを、認めようとしない、あるいは認める準備ができていないので、うまく、より進んだ適応をするには大きな変化が必要であると、うつが信号を発していることに気づかない。無意識が意識に一歩先んじていることは、一般の読者には不思議に思われるかもしれない。だがこの事実は、この例にかぎらず一般にもあてはまる、心のはたらきの基本的な重要部分である。これについてはこの本の結びの部分で、もっと深く掘り下げるつもりである。近ごろ、「中年の危機《ミッドライフ・クライシス》」という言葉を耳にする。実際には、これも多くの「危機」、あるいはエリク・エリクソンが三〇年前に提唱した、人生における発達の危機的段階のひとつにすぎない（エリクソンは八つの危機をあげているが、たぶんそれ以上ある）。ライフサイクルにおけるこれらの過渡的な時期が、なぜ危機――つまり問題が多く苦痛なもの――であるのかは、その時期をうまく乗りきるためには、大切に育んできた考えや、古くなった行動様式やものの見方を捨てなければならないからである。多くの人々は、古くなって捨てなければならないものを諦めたがらないし、また諦めきれない。したがっていつまでも古い思考や行動様式にしがみつき、そのためどんな危機も乗りきることができず、本当に成長することがない。そして、より大きな成熟にともなう再生の喜びを経験することができない。人生の各段階をうまく昇りつめていく際に、捨てねばならない主要な状況、欲求、態度については、それぞれ一冊の本が書けるほどである。しかしここではそのうちのいくつかを、ざっと生起する順番に従って列挙するにとどめておく。

幼児の状況、外からの要求に応える必要がない
全能感の幻想
親（両親）を完全に（性的な面も含めて）占有したい欲求
子ども時代の依存性

両親についての歪《ゆが》んだイメージ
青年期の無限の可能性
関与しない「自由」
若者の敏捷さ
性的魅力、そしてあるいは、若さの潜在的な力
不死の幻想
子どもに対する権威
一時的権力のさまざまなかたち
身体的健康の自律性
そして最後に、自己と生命そのもの

断念と再生

前節の最後のものに関して多くの人は、究極的な必要条件――自分自身と自分の生命を諦めること――が神あるいは運命のある種の残酷さを表している、と思うかもしれない。それは、われわれの存在を悪い冗談にしてしまうし、完全に受け入れられることは決してない。この態度は、今日の西洋文化にとくにあてはまることである。そこでは自己が神聖視され、死は口にするのもおぞましい侮辱、とみなされている。だが現実はまったく正反対なのである。人間がもっともエクスタティ

ックな、永続的で充実した生の喜びを見いだすのは、自己放棄においてである。生をあらゆる意味で満たすのは、死にほかならない。この「秘密」が、宗教の中心にある英知である。自己を諦める過程（この本の第II部で述べる愛の現象と関連している）は、たいていの人にとって、ときどき思い出したようにくり返しながら進む、緩慢な過程である。

ところで一時的な自己放棄について、とくに触れる価値のあるひとつのかたちがある。それが、おとなとして学ばねばならない、したがって人間らしい、精神の意味深い成長には不可欠のことだからである。それは、私が「括弧づけ《ブラケティング》」と呼ぶ、バランスをとるための訓練のひとつのタイプである。括弧づけとは本質的には自己を主張し安定させることと、一時的に自己を諦めて――いわば脇へのけておいて――新しい要素を自己に取り入れる余地を作り、それによって新しい知識やより広い理解を得るという、ふたつの要求のあいだでバランスをとる行為である。これについては神学者のサム・キーンが、著書 *To a Dancing God*（踊る神に）のなかでみごとに述べている。

次の段階では、直接体験の、自分特有の自己中心的な知覚を超えなければならない。個人的な生育歴の名残りである先入観や偏見を昇華し償うことによってのみ、成熟した意識が獲得される。おのれに立ち現れてくるものを意識するには、馴れ親しんだものを抑え、未知のものを迎え入れるという二重の注意が必要である。未知の物や人、できごとに会うたびに、そのつど自分のニーズ、過去の経験、あるいは未来への期待が、目に映るものを規定してしまう傾向が私にはある。どんな事実であれ、その独自性を正しく評価するためには、自分の先入観や特有の感情的な歪みに十分気づいていなければならない。未知で新奇なものを自分の知覚的世界に取り入れるためには、しばらくの間それらを括弧づけしておかねばならないのである。括弧づけには、洗練された自己認識と勇気ある誠実さが要求される。しかし、こうした自制がなければ、一瞬一瞬がすでに見、経験したものの繰り返しにすぎない。純粋に新しいものが姿を現し、事物や人やできごとがその独自の存在を心の内に根づかせるためには、自我の脱中心化が経験されなければならないのである。[8]

括弧づけの訓練は、諦めることないしは訓練一般についての、もっとも重要な事実を明らかにしている。つまり、諦めたものはすべてそれ以上にむくわれる、ということである。自己を抑制することが自己を拡大してゆく。諦める苦しみは死の苦しみであるが、古いものの死は新しいものの誕生である。死の苦しみは産みの苦しみであり、産みの苦しみは死の苦しみである。新しいよりよい考え、概念、理論、あるいは理解を発展させることは、古い考え、概念、理論、あるいは理解が死なねばならないことを意味している。だからT・S・エリオットは「東方の博士がした旅」という詩の結びの部分で、三人の賢者がキリスト教を受け入れる際の、それまでの世界観を捨てなければならない苦しみを、次のように描写している。

忘れもしない、これはみんな昔のことだ、
それで、もう一度、わしは、ああした事をくり返してやって見たいと思う、

だが次のことを書きとめてもらいたいのだ、次の事を、
われわれが、遙々と目指して行ったものは、生誕であったか、それとも死滅であったか。
確かに、一つの**生誕**であったことは、われわれは、
その証拠をつかみ、疑いもしなかった。わしは、それまで生誕と死滅を見ていたが、
生誕と死滅は異るものと思っていた。ところが、その時、わしの眼でみたイエスの生誕は、
彼のハリツケの死や、われわれの死のように、激しい苦痛を、われわれに与えたのだ。
われわれはそれぞれ生国に戻って来た、今、まのあたり見るような王国に、
だが、ここではもう心の休らぐことはないのだ。昔そのままの律法のもとで
縁なき衆生は徒らに異教の神々にしがみついているのだ。
わしは、なんとか、もう一度死にたいものと思っている。[9]
（『エリオット全集　第一巻』上田保訳、中央公論社、一九六〇年）

生誕と死はコインの両面のようなものであるから、西洋でも、転生という概念にもう少し注意が払われるようになってもよいと思われる。しかし、何らかの形で生まれ変わる可能性を信じようと信じまいとにかかわらず、今生が、死と誕生のくり返しであることは明らかである。「ひとは一生かかって生きることを学び続けなければならない」とセネカは二千年前に言っている。「しかも、もっと驚くべきことに、ひとは一生かかって死ぬことを学ばなければならないのだ」[10]。人生の旅を遠く行くほど、より多くの誕生を、したがってより多くの死――より多くの喜びと苦痛――を経験

することは明らかである。

このことが、果たしてこの世で苦しみの感情から解放される可能性はあるのか、という問いを提起する。もっと穏やかに言えば、生きる苦しみがなくなるような意識レベルまで、精神的に発展することができるだろうか、ということである。答えはイエスであり、ノーでもある。イエスの場合、ひとたび受け入れれば、ある意味で苦悩は苦悩であることをやめる。たえず訓練することで、熟達の域に達するからでもある。精神的に発達した人は、おとなと子どものちがいほどに、人生の達人なのである。子どもにとっては大きな問題でたいへん苦しいことでも、おとなには全然問題でないことがある。最後に、精神的に発達した人は非常に愛情深い人であり――それについては第II部で詳述する――その驚くばかりの愛には、驚くばかりの喜びがともなうからである。

ところでノーの場合、この世には、能力ある人の力で充たさねばならぬものが多すぎるからである。力のある人が声高に求められている世界で、卓越した能力と愛に満ちた人は、おなかを空かした子どもに食物を拒めないように、自分の能力を隠しておくことができない。精神的に発達した人々は、その自制心、練達、愛情によって、卓越した能力をもつ。その能力により、彼らはこの世のために働く使命を受けている。そして、愛によってこの使命に応える。したがって、彼らが大きな力をもつことは避けられない。もっとも、世間は彼らを平凡な人々とみなしていることが多い。彼らがふつう、何も言わずに、あるいはわからないような方法で、自分の力を行使するからである。にもかかわらず、彼らが力を行使しているのはたしかであり、その際彼らは、たいへん、ときには恐ろしいほど苦しんでいる。というのは、力を行使するとは決断を下すことであり、研ぎ澄まされた意識で決断する過程は、限られた、あるいは鈍い意識で決断するのに比べて（たいていの決断はそうであり、最後にはまちがっていることがわかるのだが）、しばしば途方もない苦痛だからである。一万人からなる部隊を戦いに向かわせるか否か、決断しなくてはならないふたりの将軍を考えてみよう。一方の将軍にとって、部隊は単なるものであり人数の単位であり戦略の道具であって、それ以上の何ものでもない。もう一方の将軍にとっても事情は同じであるが、彼は、一万人の一人ひとりおよびその家族の生活のことも意識している。どちらのほうが決断しやすいだろうか。完全に意識することは耐えられぬほどの苦しさをともなうから、十分にしないほうが容易である。「やれやれ。でも精神的に発達した人が第一、将軍になるわけないよ」と言いたくなるかもしれない。しかし社長や医師や教師や親であれば、誰しも同じ問題を抱えこむことがある。他者の生活に影響するような決断を、つねにしなくてはならないからである。もっとも優れた決断者とは、決断にともなう苦しみを快く引き受け、しかも決断力を失うことのない人である。人の偉大さを測るひとつの尺度は――たぶん最善のものが――苦悩する能力である。ただし偉大な人には、喜びも多い。これはひとつのパラドックスである。仏教徒は釈迦の苦悩を無視しがちであるし、キリスト教徒はキリストの喜びを忘れてしまう。釈迦もキリストも異なった人間ではない。十字架の上のキリストの苦しみと、菩提樹の下の釈迦の喜びとは、同一のものである。

というわけで、もしあなたの目的が、苦しみを避け苦悩を逃れることであれば、より高いレベルの意識や、精神的向上などは求めないほうがよい。第一に、それらは苦悩なしに得られるものではなく、第二に、それがなしとげられた以上、思っている以上に苦しい、少なくとも負担の大きい奉仕を求められることは必至だからである。それなのにどうして人は向上を望むのか、と疑問に思われるかもしれない。そう思うのは、おそらく喜びを十分に知らないからである。この本の後ろのほうで、その答えが見つかるかもしれない。見つからないかもしれないが。

バランスをとることとその本質である放棄することについて、最後にひとこと言っておく。何かを持っていなければ、放棄することはできない。手に入れていないものを手離すことはできない。一度も勝ったことがないのに勝つのを諦めるのなら、最初から一歩も動いていない、つまり、敗者ということである。自らアイデンティティを作りあげることなしには、それを捨てることなどできない。自我を放棄するためには、あらかじめそれが発達していなければならない。これらは、言わずもがなのことと思われるだろうが、言っておく必要があると思う。向上を夢想しながら、その意欲に欠ける人がたくさんいるからである。彼らは自ら律することなく、近道をして聖人になりたい、あるいは、なれると思っている。しばしば彼らは砂漠で隠遁《いんとん》生活を送ったり、大工仕事を始めたりして、うわべをまねるだけで聖者になろうとする。まねることで、本当に聖人か予言者になったつもりの人もいる。彼らは自分がまだ子どもであることを知らず、一から始めて長い道のりを歩まねばならない苦しい事実に、直面することができない。

訓練とは、問題解決にともなう苦痛を回避するのではなく、人生のすべての問題が解決できるようなやり方で、建設的にそれを引き受ける技術のシステムであることを述べてきた。そして四つの基本的な技術に分けて、考察した。満足をあとにまわすこと、責任をとること、真実あるいは現実に忠実であること、そしてバランスをとることである。これらの技術は相互に密接に関連しているので、訓練とはまさに技術のシステムなのである。ひとつの行動をとってみても、ふたつやみっつ、ときには四つの技術を同時に使って、どれがどれかを区別できないこともある。これらの技術を用いる力、エネルギー、意志は、愛によって与えられる。それについては第II部で考察する。これまで訓練について分析してきたが、網羅的にとは心がけなかったので、たぶんないとは思うが、基本的な技術がほかにまだひとつふたつ、あるかもしれない。当然、バイオフィードバックや瞑想、ヨガ、そして心理療法そのものが訓練の技術ではないのか、という疑問もあろう。しかし、それらは、基本的な技術というよりは、技術的な補助手段である、と答えておきたい。それらはたいへん役に立つものではあるが、なくてはならないものではない。他方、ここで述べた基本的な技術は、純粋なかたちで不断に用いられるならば、それだけで必ずや、訓練の実践者、いわば「徒弟」を、精神的に高い次元にまで導くのである。

第Ⅱ部

愛

Love

愛の定義

これまで、訓練とは人間の精神的進化の手段である、と述べてきた。ここでは、訓練の基底にあるもの——何がその動機ないしはエネルギーになっているのかを見ることにする。その力は愛である、と私は信じている。愛について考えることは、触れることのできぬ不可思議なものを弄ぶようなものであることは、十分承知している。しかしここではまさしく本当の意味で、見ることのできないものを見、知ることのできないものを知ろうと思う。愛はあまりにも大きく深いので、言葉の枠組みでは、本当に理解したり測ったり限定したりすることができない。しかしこうした試みに価値がないと思っていれば、そもそもこの本を書くことはなかったはずである。それがどれほどの価値のものであれ、いろんな点で不備なものであることを承知のうえで、始めることにする。

愛の不可思議を示すひとつの事実は、私の知るかぎり、誰も本当に満足のいく愛の定義に到達したことがない、ということである。何とか説明するために、愛は、エロス、フィリア、アガペ、完全な愛と不完全な愛などの、さまざまなカテゴリーに分けられてきた。だが私は、愛の定義をひとつだけに限りたい。もちろんある点で、あるいはいろんな点で、それが不十分な定義であることは承知のうえである。私は次のように定義する。愛とは、自分自身あるいは他者の精神的成長を培うために、自己を広げようとする意志である。

より綿密な考察に移る前に、まずこの定義について簡単に触れておきたい。第一に、それは目的論的な定義である。つまり行動は、その目指していると思われる目標や目的――ここでは精神的成長――によって定義される。科学者は目的論的な定義を疑ってかかることが多いので、この定義に対してもそうであろう。しかし私は、明らかに目的論的な思考経路によってこの定義にたどり着いたのではない。そうではなく、精神科臨床における実際の観察（自己観察も含めて）を通して到達したのである。そこでは、愛の定義がかなり重要なことがらとなっている。患者がたいてい、愛の本質をはきちがえているからである。一例をあげると、ある臆病な青年が次のような報告をした。「おふくろは私をとても愛していたので、高校三年になるまで、スクールバスに乗せてくれなかったんですよ。そのときでもずいぶん頼みこまねばなりませんでした。けがでもしたらたいへんだと思ったんでしょう。おふくろが毎日送り迎えしてくれてたんです。彼女もたいへんだったんですが、本当に私を愛してくれてたんですね」。しかしこの人の臆病を治すのに――多くのケースでもそうであるように――母親が愛以外のものに駆られていたかもしれぬこと、愛と思われていたものがしばしばとても愛とは呼べないことを、教えねばならなかった。このような経験を通して、愛と思われる行為や愛とは思えぬものの例が蓄積された。ふたつを区別する主な点は、愛する者愛していない者の心のなかの、意識的無意識的な意図と思う。

第二に注目されるのは、定義にあるように、愛は不思議にもらせん的な過程であることである。それは、自己を広げる過程が進化の過程だからである。自分の限界をうまく伸ばすと、人間はより大きな存在に成長する。だから愛の行為は、その目的が他者の成長であっても、自分を進化させる行為である。進化を目指して努力してこそ、人間は進化する。

第三に、愛についてのこの単一の定義には、他者への愛とともに自己愛が含まれている。私もあなたも人間なのだから、人間を愛するとは、あなただけでなく自分をも愛することである。人間の精神的発達に忠実であることは、われわれの属する人類に忠実であることであり、したがってそれは、「彼らの発達」とともに、自分自身の発達にも忠実であることを意味している。前にも述べたように、自分自身を愛さぬかぎり他者を愛することなどできない。それは、自分自身に自律性がなくては子どもに自律性を教えることができないのと、同じ理屈である。他者の精神的発達のために自分自身の精神的発達を諦めることは、実際にはありえない。また、自律性を捨てて、他者のために自らを律することはできない。自らの力を養うことなしに、力の源になることはない。愛の本質について吟味していくにつれて、自己愛と他者への愛は、共存するだけでなく、究極的には同一のものであることが明らかになる。

第四に、自分の限界を広げる行為は努力を必要とする。限界を超えなければ限界は広がらない。そして限界を超えるには努力がいる。誰かを愛するとき、それは努力——愛する人のために（あるいは自分自身のために）もう一歩踏み出す、あるいはもう一マイル歩くという事実——によって初めて現れる。あるいは真のものとなる。愛は努力なしにはありえない。それどころか、労多いものなのである。

最後に、ここで「意志」という言葉を用いたのは、欲求と行為の間にあるずれを超越するためである。欲求が、必ずしも行為に移されるとは限らない。意志とは、行為に移されるだけの強さをもった欲求である。両者の違いは、「今夜泳ぎに行きたいな」と「今夜泳ぎに行くつもりだ」との違いに等しい。われわれの文化では、誰しもある程度人を愛したいと望んでいるが、多くの人々が実際には愛していない。したがって、愛したいという欲求はそれだけでは愛でない、と私は考えている。愛とは、愛が行うところのものである。それは意志の行為――つまり、意図でも行為でもあるものである。意志には選択が含まれる。われわれは愛さなくてもよいのだが、愛することを選ぶのである。どんなに愛していると思っても実際に愛していないのなら、それは愛することを選ばなかったからであり、したがって、善意はあっても愛していないことになる。他方、精神的成長のために実際に努力するときは、いつも、そう決めた、愛することを選んだ、からなのである。

前に述べたように、心理療法を受けに来る患者は、決まって愛の本質を多少ともはきちがえている。愛の神秘性に直面し、いろんな考えに戸惑わされるからである。この本は、愛の謎を暴き出そうとするものではないが、誤解をときほぐす程度には問題を明らかにしたい。愛にまつわる誤解で苦しんでいるのは、患者だけではない。自分の経験に意味を見いだそうとするすべての人が、そのために苦しんでいる。このような苦しみのあるものは、私には必要のないもののように思われる。愛の正しい定義を教えることで、一般に広がっている誤解を抑えることができるからである。そこで愛の本質を明らかにするために、まず愛でないものを見てゆくことから始めたい。

「恋」に落ちること

愛にまつわる誤解のなかでもっとも影響力が強く、広く信じられているのが、「恋する」ことは愛であり、少なくとも愛のひとつのかたちだ、という信念である。恋は主観的に、愛の経験としてたいへん強烈に体験されるので、これは説得力のある誤解である。恋に落ちるとき、人はたしかに、「彼を愛している」とか「彼女を愛している」と感じる。だがここで、ふたつの問題が浮上する。第一は、恋の体験がとりわけ性と結びついた、エロティックな経験だということである。どんなに子どもを愛していても、自分の子どもに恋をすることはない。どんなに好きであっても――同性愛の傾向がないかぎり――同性の友人に恋をすることはない。意識的か無意識的かはともかく、性的に動機づけられてはじめてわれわれは恋に落ちる。第二の問題は、恋の体験が一時的であることである。どんなに激しい恋に落ちても、関係が長びくうちに冷めてしまう。これは、恋の相手をいつか必然的に愛さなくなる、と言っているのではない。恋愛体験の特徴である、うっとりするような愛《いと》しい感情はそのうち消える、ということである。蜜月は必ず終わる。ロマンスの花はいつかうつろうのである。

恋愛現象とそれがいつか終わることについて理解するには、精神科医が自我境界と呼ぶものの性質を調べることが必要である。間接的な証拠から推察されるところによると、新生児は生後一カ月のあいだ、自分と自分以外のものとを識別しないらしい。新生児が手足を動かすとき、世界も動くのである。自分が空腹であれば世界も空腹である。母親が動くのを見ると、自分も動いていると思う。母親が歌うとき、自分が声を出していないとは赤ん坊にわからない。自分自身とベッドや部屋、両親とを区別することができない。生物も無生物も同じである。自他の区別はまだない。自分と世界はひとつである。境界も分離もない。アイデンティティもない。

だが、経験とともに、子どもは自分自身を——自分以外の世界とは別の存在として——経験しはじめる。空腹なとき、母親がつねに食物を与えてくれるとは限らない。遊びたいとき、母親も遊びたいとは限らない。そのとき子どもは、自分の望み通りに母親が動いてくれないということを経験する。自分の意志が、母親の行動とは別ものであることを経験するのである。「私」の感覚が発達しはじめる。幼児と母親の間のこのような相互作用が、子どもにアイデンティティの感覚が育ちはじめる基盤と考えられている。母子の相互作用に重大な障害があると——たとえば母親ないし母親代理がいなかったり、精神疾患のためまったく子どもに無関心で配慮を欠く場合——もっとも基本的なところでアイデンティティの感覚に重大な欠陥をもつ、子どもないしはおとなになることが観察されている。

幼児が、自分の意志は自分のもので、まわりの世界のものでないことを理解するにつれ、他の面でも自分と外界との区別をするようになる。動かそうとすれば、自分の腕は目の前でゆれ動く。しかしベッドや天井は動かない。こうして子どもは、自分の腕と意志はつながっており、その腕は自分のものであって、他の物、あるいは他人のものではないことを知る。このようにして生後一年の間に、自分が誰であり誰でないか、自分が何であり何でないか、という基本的感覚を身につけてゆくのである。一歳の終わりまでに、これは自分の腕、自分の足、自分の頭、自分の舌、自分の目、あるいは自分の見方、自分の声、自分の考え、自分の腹痛、自分の感じということがわかるようになる。自分の大きさや身体的な限界もわかってくる。この限界が自分の境界である。心のなかでこの限界を知っていることが、すなわち自我境界である。

自我境界の発達は、子ども時代から青年期にかけて、さらにおとなになっても続く過程であるが、後に作られる境界は、身体的というよりは心的なものである。たとえば二歳から三歳の間は、子どもが自分の力の限界と折りあいをつける典型的な年ごろである。それまでも子どもは、母親がいつもいつも自分の思い通りにならないとは知っているが、ひょっとして思い通りになるんじゃないか、ないしはそうなって当然だという気持ちに、まだしがみついている。こういう期待ないし感情があるので、二歳児はたいてい、暴君か専制君主のようにふるまおうとする。そして両親や兄弟、ペットに対して、自分の小間使いに対するように命令し、彼らが献身的でないと王のように憤るのである。だから親たちは、この年ごろを「手のつけられない二歳児」と呼ぶ。三歳になると、子どもは自分が比較的無力である現実を受け入れて、もっと聞きわけができ従順になるのがふつうである。それでも全能の可能性はあまりにも甘美な夢なので、その後の数年間に自分の無力さをいやというほどつきつけられても、まだ完全に諦めをつけることができない。三歳児は、自分の力に限界がある現実を受け入れてはいるが、数年間はときおりファンタジーの世界に逃避して、(とくに自分の)全能の夢を満たしている。これがスーパーマンやキャプテン・マーベルの世界である。だがしだいにスーパーヒーローも忘れられ、青年期のなかごろまでに、若者は自分が身体的境界および能力の限界をもつ個人であることを認識する。そして、お互いがひとりでは比較的弱い無力な有機体で、社会と呼ばれる仲間のグループと協力して初めて存在しうることに、気づくようになる。このグループ内でとくに目立った存在でなくても、彼らは個人のアイデンティティ、境界ないし限界によって、やはり他から孤立している。

これらの境界の背後にあるのは孤独である。ある人々——特に分裂質と呼ばれる人々——は、子どものときの辛い外傷体験のために、外の世界はとてつもなく危険で敵意に満ちており、乱雑で冷たいと感じている。そのような人々にとって自分の境界は、自分を守ってくれる気楽なものなので、孤独であることに安心を見いだす。しかし、われわれのほとんどは孤独を苦痛と思い、個人のアイデンティティの壁から出て、外の世界ともっと融けあえるような状態に逃げ出したいと願っている。恋をすることがこの逃避を可能にする——一時的ではあるが。恋に落ちる現象の本質は、個人の自我境界の一部が突然崩壊して、自分のアイデンティティが他者のそれと融けあうことである。突然自分が自分自身から解き放たれて愛する人をめがけて激しく流れこみ、自我境界が崩壊するとともに孤独が劇的に終わりを告げる経験は、ほとんどの人にとって天にも昇るような気持ちである。自分と愛する人はひとつである！　もう孤独ではない！

いくつかの点で（ただし、すべての点でというわけでは決してない）、恋愛は退行的な行為である。愛する人と融けあう体験は、幼児期に母親とひとつであったころの思い出につながる。一体感とともに、子どもからおとなになるあいだに諦めねばならなかった全能感が再体験される。どんなことでもできるような気がする！　愛する人と一緒ならば、どんな障害も乗り越えられると思う。愛の力が、反対する諸力を降伏させ闇のなかに追いやると信じる。どんな問題も克服できる。未来は光り輝いている。恋する者のこのような非現実的な感情は、おのれを無限の力をもつ家族の王、世界の王と感じている二歳児と本質的に変わらない。

二歳児の全能の幻想に現実が侵入してくるように、恋人同士の幻想的な一体感にも現実が入りこんでくる。遅かれ早かれ日常生活の諸問題に直面して、再び個人が自己主張するようになる。彼はセックスしたいのに、彼女はしたくない。彼女は映画に行きたいのに、彼は行きたくない。彼は貯金したいのに、彼女は食器洗い機がほしい。彼女は自分の仕事について話したいのに、彼もまた自分の仕事のことを話したい。彼女は彼の友人が気に入らないし、彼は彼女の友人が気に入らない。ふたりとも、心の底では自分と愛する人がひとつでないことに気がついて、うんざりしはじめる。愛する人にも、自分とは異なるその人独自の欲求、好み、偏見、そしてタイミングのあることがわかってくる。ひとつずつ、しだいにあるいは突然に、自我境界は元の場所に収まる。しだいにあるいは突然に、恋からさめるのである。今一度彼らはふたりの別々の個人になる。この時点で、彼らは関係を解消するか本当の愛の作業を始めるかの、どちらかになる。

「本当の」という言葉を用いたのは、恋に落ちたときに愛しあっていると感じるのが、偽りの知覚だ——愛しているという主観的な感覚は幻想である——という含みがあるからである。本当の愛については、後ほど詳しく考えたい。しかし、本当の愛が始まるのは恋からさめたときかもしれない、と述べたのは、本当の愛の源が、愛の感情でないことを言いたかったからである。本当の愛は、愛の感情の欠けている状況で、つまり愛している感じがないにもかかわらず、愛をもってふるまうときにしばしば生じるのである。われわれの出発点である愛の定義を現実的に考えてみると、「恋に落ちる」体験が本当の愛でないことは、以下に述べるいくつかの理由から明らかである。

恋に落ちるのは意志の行為ではない。意識的な選択でもない。どんなにオープンでいてもどんなに切望しても体験できないことがある。逆に思いもかけないとき、不都合で望ましくないときに、それにとらえられてしまうかもしれない。ふさわしい相手でなく、明らかに自分に合わない相手に惚れこんでしまうことがある。事実、情熱の対象たる恋人を好きにもなれず称賛もできないことがある。他方、深く尊敬していて、この人と深い関係になればどんなにいいだろうと思われる人に、いくら頑張っても惚れこめないことがある。だからといって、恋愛体験は自制がきかないと言うのではない。たとえば患者が精神科医に惚れこむように、精神科医もしょっちゅう患者に恋をする。しかし患者に対する義務と役割を弁《わきま》えているので、たいていは自我境界の崩壊を未然に防ぎ、患者を恋愛の対象とすることを諦める。そのための努力と苦しみはたいへんなものである。しかし自制や意志は、体験をコントロールすることしかできない。体験を作り出すことはできないのである。恋愛体験にどう対応するかは選択できるが、体験そのものを選ぶことはできない。

恋に落ちることは、自分の限界や境界を広げることにならない。それは、それらの部分的一時的な崩壊にすぎない。おのれの限界を広げるには努力がいる。しかし、惚れこむのに努力はいらない。怠惰で自制心のない人が、精神的で献身的な人と同じように恋に落ちる。すばらしい恋愛のときが過ぎて境界が元通りになれば、人は幻滅する。しかし、その体験によって人間が大きくなることはまずない。限界が広がり伸びる場合は、元に戻ることがない。本当の愛とはたえず自分が広がってゆく経験である。恋愛の場合はそうではない。

恋は、意識的に自分の精神的成長を培うこととは無縁である。恋するのに何らかの意図があるとすれば、孤独に終止符を打ち結婚によって生活をたしかなものにすることである。精神的成長のことなどまったく念頭にない。実際、恋に落ちてから冷めるまでの間、われわれは、今や頂点に達した、これ以上登りつめる必要性も可能性もない、と思う。これ以上向上する必要などないと思う。現状にまったく満足するのである。その心は安らいでいる。相手が精神的に向上しなければならない、とも思わない。

それどころか、恋人は完全で、完成された人だと思う。恋人の欠点が目に入ってもたいしたことではない——ちょっとした癖や愛すべき奇行は、彩りを添え魅力を増すだけのことである。

恋をするのが愛でなければ、自我境界の一時的・部分的な崩壊という以外、どんな意味があるのだろうか。私にはわからない。しかし、その現象のもつ性的特性から考えて、交配行動の遺伝的に決められた本能的な要因と推測される。換言すると、恋を成り立たせる自我境界の一時的崩壊は、内的な性衝動と外的な性的刺激という状況に対する人間の固定した反応で、それが、種の存続を高めるための性的結合の可能性を増すのに役立っているのである。荒っぽい言い方をすれば、恋とはわれわれの遺伝子が、恋に落ちなければ冷静なわれわれの心を欺しこんで、結婚に引きずりこむ罠である。ただし、この罠が何だかんだとうまくいかないことがある。性衝動や性刺激が同性愛的である場合とか、外からの力——親の干渉、精神疾患、相容れない責任、おとなとしての自制——によって結びつきが妨げられる場合である。他方、この罠、つまり錯覚にもとづく、一時的でしかありえない（一時的でなければ実際的ではないだろうが）、幼児的な一体感と全能感への退行がなければ、現在幸せな、あるいは不幸な結婚をしているわれわれの多くは、心底おじけづいて、実際に結婚の誓いをすることから逃げ出していたにちがいない。

ロマンティックな恋の神話

恋の体験の特性のひとつに、永遠に続く幻想があるのは、できるだけうまくわれわれを罠にはめて結婚させるために違いない。この幻想は、われわれの文化に広くいき渡ったロマンティックな恋の神話によって育まれている。それは、王子と王女が結婚していつまでも幸せに暮らしました、という子どものころのお気に入りのおとぎ話から生じている。ロマンティックな恋の神話が実際に意味しているのは、どの若者にも、「彼のために生まれてきた」娘がこの世のなかのどこかにいる、ということである。娘の場合も同じである。それだけでなく、この神話は、ひとりの女性の結ばれるべき男性はただひとりであり、ひとりの男性と結ばれる女性も同様で、それは「星」によって定められている、ということを含んでいる。そのしるしが恋に落ちることなのである。定められた人に出会ったのだから、その組み合わせには非の打ちどころがない。だから、お互いに求めるものをいつまでもすべて満たしあい、以後、永遠に完璧な結びつきと調和のなかに幸せに暮らす、ということである。しかし、お互いの求めるものがすべて満たされるわけはない。やがてごたごたが生じて恋は冷める。すると今度は、とんでもないまちがいをしでかして運勢を読みちがえたこと、この世でただひとつの完全な出会いではなかったこと、愛と思っていたのは「本物の」愛ではなかったことが明らかとなり、これから先も不幸なままで生きてゆくか、離婚する以外に方法はない、ということになる。

偉大な神話は、偉大な普遍的心理を象徴し体現するからこそまさに偉大である、というのが私の考えである（そのような神話のいくつかについて後ほど考察する）。しかしロマンティックな恋の神話ばかりは、とてつもない嘘である。たぶんそれは、人をそそのかして結婚に誘いこむ恋愛体験を、表向き確かなもののように見せかけて種の存続を保証するのに必要な嘘かもしれない。しかし、精神科医として、その神話が生み出すいまわしい混乱や苦悩のため、毎日のように私は心のなかで泣かされている。何百万という人が、自分たちの現実を、現実離れした神話に合わせようと精いっぱい無駄な努力をして、莫大なエネルギーをついやしている。たとえばA夫人は、愚かにも罪の意識から夫に服従していた。「結婚したとき、本当は夫を愛してなかったんです。愛してるふりをしてたんです。そこへ彼を引きこんだんです。だから彼のことをとやかく言う権利はありません。彼が何をしてもしかたないんです」と彼女は言う。またB氏は、「C嬢と結婚すればよかったんです。彼女とならうまくいったでしょうに。でも彼女に夢中とまではいかなかったので、こいつは本当の相手じゃないんだろうと思ったんです」と嘆く。D夫人は結婚して二年になるが、これといった原因もないのにひどいうつに悩まされるようになった。治療の最初に「何がいけないのかわかりませんわ。ほしいものは何でもあるし。結婚も申し分ないし」と言っていた。わずか数カ月後、夫に対する気持ちは冷めているが、だからといって自分がたいへんな間違いをしてしまったのではない、ということを受け入れられるようになった。E氏も結婚して二年になるが、夕方になるとひどい頭痛に悩まされるようになる。しかし、それを心因性のものと信じることができない。そして「家庭生活はうまくいっています。結婚当初と変わらず妻を愛しています。妻は私の望み通りの女性です」

と言う。しかし頭痛が消えるのは、「私の給料におかまいなく、いつもあれがほしいこれがほしいという妻に腹が立ってしかたがない」ことを認めるようになった二年後である。そして妻に、面と向かって浪費癖を指摘できるようになった。F夫妻はお互い情熱の冷めたことを認めあい、以後ふたりとも、「本当の愛」を見つけようとやたらに浮気して、お互いをみじめにしあっている。そう認めたからといって結婚がおしまいになるのではなく、本当の仕事はそこから始まることが彼らにはわからない。蜜月が終わり、お互いのロマンティックな情熱の消えてしまったことを認め、それでもふたりの関係を何とかしようとしている場合でも、依然として神話に固執して、自分たちの生活をそれに合わせようとしている夫婦が多い。彼らは、「情熱はなくなっても、意志の力をふりしぼって愛しあっているようにふるまっていれば、たぶんロマンティックな愛が戻ってくる」と考えている。こういう夫婦は一緒にいることを大切にする。夫婦のグループセラピー(妻と私、それに親しい同僚とで、たいへん難しい結婚カウンセリングをこのような場面設定の下で行っている)に参加すると、彼らは一緒に座り、お互い相手にかわって話をし、欠点をかばいあい、他のグループメンバーに対し共同戦線を張ろうとする。そういう結びつきが、自分たちの結婚が比較的健全であるしるしであり、さらにそれを改善するのになくてはならないもの、と思っているのである。遅かれ早かれ、たいていはまもなくということになるが、彼らに言わねばならない。あなたたちはあまりにも強くぴったりと結びつきすぎている、自分たちの問題に建設的に取り組もうとするなら、まず心理的に相手から少し離れる必要がある、と。ときには実際に身体的に離さねばならず、グループの輪のなかで離れて座りなさいと言うことがある。相手のかわりにしゃべったり、グループに対して相手をかばいあうようなことは慎むように、たえず求めなければならない。何度も何度も「ジョン、メアリーに自分でしゃべらせてください」とか、「メアリー、ジョンは自分で自分を守れないほど弱くはないですよ」と言わなければならない。どの夫婦も治療のあかつきには、お互いが別々の存在であることを認めることが、成熟した結婚、そして真の愛の育つ土台であると学ぶようになる。[1]

再び自我境界について

これまで、「恋に落ちる」経験がある種の錯覚で本当の愛とは無縁のものである、と主張してきたが、ここでまったく逆のこと、恋することが、実は本当の愛にきわめて近いことを指摘して結びとしたい。恋を愛のひとつの型とする誤解が有力なのは、それがまさしく一粒の真実を含んでいるからである。

本当の愛の経験も、自我境界と関連している。それがおのれの限界を広げるからである。おのれの限界とは自我の境界である。愛を通じて自らの限界を広げるのは、愛する人に向かいその成長を願って、いわば手をさし伸べることによる。そのためには、対象がまず自分にとって愛すべきものにならねばならない。言い換えれば、自己の境界を超えて自分の外にある対象にひきつけられ、のめりこみ、かかわりあう必要がある。この過程を精神科医は「カセクシス（cathexis）」と呼んでおり、対象に「カセクト」する、という言い方をする。しかし自分の外にある対象にカセクトするとき、心理学的には、その対象の表すものを自分の内に取りこんでいるのである。たとえば園芸を趣味にしている人を考えてみよう。それは満足な熱中できる趣味である。彼は園芸を「愛している」。その庭は彼にとって大きな意味をもつ。この人は自分の庭にカセクトしているのである。それが彼を魅きつける。彼はそれにのめりこみ、かかわりこんでいる――日曜の朝早くから飛び起きて庭に出る。そのために旅行もせず、妻さえ放っておくほどである。そのカセクシスの過程で、花や茂みを育てるために、彼は多くのことを学ぶ。園芸について――土や肥料、根おおいや剪定《せんてい》について――造詣が深くなる。さらにほかならぬ自分の庭について――その歴史、花や植物の種類、その配置、解決すべき問題点、この先どうなるかということまで知っている。庭は彼の外に存在しているのだが、カセクシスによって、彼の内側にも存在するようになる。庭のこと、庭のもつ意味は、彼の一部であり彼のアイデンティティ、彼の歴史、彼の知恵の一部である。庭を愛し庭にカセクトすることで、本当の意味で彼は、庭を自分の内に取り入れている。それによって彼の自己は拡大し、自我境界が広がる。

長年にわたって何かを愛し、カセクシスによっておのれの限界を広げてゆくと、徐々にではあるが、たえず自己が拡大し外の世界が内に取り入れられ、自我境界は薄れると同時に伸張し成長していく。それとともに自己と外界の区別があいまいになっていく。そして外界と一体になる。こうして自我境界の一部が崩壊すると、「恋に落ちる」ときと同じ種類の恍惚《こうこつ》感を経験しはじめる。ただ、ひとりの恋人と一時的にしかも非現実的に一体化するかわりに、現実的に、より恒常的に外界と融合するところが異なる。外界全体との「神秘的結合」が築かれる。この結合にともなう恍惚感あるいは至福の感情は、恋するときに比べてずっと穏やかで、劇的ではないがより安定した持続的なもるのであり、究極的にはより充実したものである。これが、恋愛に典型的な絶頂経験と、エイブラハム・マズローの言う「プラトー経験」とのちがいである。[2]高みがちょっとかいま見られて再び消えるのではない。一度到達すれば永久に失われないものである。

性的行為と愛は、同時に起こるかもしれないが関連のないことも多い。それらが基本的には別個の現象だからである。愛の営みそれ自体は愛の行為ではない。それでもなお、性交体験、特にオーガズム体験は（マスターベーションの場合でさえ）、大なり小なり、自我境界の崩壊とそれにともなう恍惚感につながっている。オーガズムの瞬間、娼婦にさえ「愛しているよ」とか「ああ神様」と叫ぶのは、自我境界が崩壊するからこそのことである。数秒後に自我境界が元通りになると、彼女に対して愛情とか好意、執着のひとかけらも感じないことがある。だからといって、オーガズム体験を愛する人と分かちあうことがその恍惚感を高めることがない、と言うのではない。それは可能である。しかし、愛する人でなくても、あるいはまったく相手なしでも、オーガズムによる自我境界の崩壊は全的なものでありうる。一瞬、自分が誰なのかまったく忘れ、我を忘れて時間と空間のなかをさまよい、うっとりしてしまう。宇宙とひとつになるのだが、ほんの一瞬のことである。

オーガズムによる一瞬の一体感と比べて、本当の愛に伴う持続的な「宇宙との一体感」を説明するのに、私は「神秘的結合」という言葉を用いた。神秘主義とは本質的に、現実はひとつ、と信じることである。正真正銘の神秘主義者は、境界によってお互いに区別できる無数の対象――星、惑星、樹木、鳥、家、われわれ自身――から宇宙が成り立っているとする通常の知覚は、錯覚、ひとつの幻想、と信じている。たいていの人たちが真実と思っているこの幻想の世界、この共通の錯覚を、ヒンドゥー教徒と仏教徒は「マーヤ」と呼んでいる。彼らおよびその他の神秘主義者は、自我境界をなくして全一性を体験しなければ、本当の現実を知ることはない、と考えている。自らを、姿や形などによって自分以外のものと区別できる別個の存在とみる限り、宇宙がひとつであることを本当に理解することはできない。したがってヒンドゥー教徒や仏教徒は、自我境界の発達する以前の幼児は現実を知っているがおとなは知らない、とすることが多い。悟り、あるいは現実がひとつであることを知るためには、退行して幼児のようになることが必要と言う人さえいる。これはおとなとしての責任を取る準備のできていない、ある種の青年や成人したばかりの人たちをそそのかす危険な教義、とも言える。彼らにとっておとなの責任は恐ろしく圧倒的で、能力以上のものを要求するように思われる。「こんなこと何もしなくていいんだ。おとなになるのをやめてその責任を投げ出したら、聖人になれるんだ」と彼らは思うかもしれない。しかしこのような前提で行動すれば、聖人どころか統合失調症になるのが落ちである。

たいていの神秘主義者は、訓練について最後のところで詳しく触れた真実を理解している。つまり、何かを手離してなお能力や生命力を失わないためには、その前に、そのものを所有し獲得していなければならない、ということである。自我境界のない幼児は、両親よりもっと現実に近く触れあっているかもしれないが、両親の世話がなければ生きられないし、自分の知恵を伝える力もない。聖人への道は、おとなになることを避けては通れない。たやすい近道はない。自我境界は、ゆるめる前にまず固める必要がある。アイデンティティは、超越される前にまず確立されなければならない。自己を失う前に、まず自己を見つけなければならない。恋をしたり性交渉をもったり、ある種のドラッグを使うことによって自我境界から一時的に解放され、涅槃《ねはん》をかいま見ることはできるかもしれないが、それは涅槃そのものではない。涅槃、あるいは持続的な悟りや本当の精神的成長は、たえず本当の愛を働かせることによってしか得られない。

要約すると、恋愛や性交渉にともなう自我境界の一時的喪失が、ほかの人々との深いかかわりへわれわれを導いて、そこから本当の愛が始まるかもしれない。また、もっと恒久的な神秘的恍惚感の先取り（そのためその誘因）となるかもしれない。このような恍惚感が、愛の冷めた後も自分のものとして残ることがある。したがって、恋は愛そのものではないけれども、偉大なかつ神秘的な愛の図式の一部ではある。

依存性

愛について二番目によくある誤解は、依存性を愛とする考えである。これは、心理療法家が日々ぶつからねばならぬ問題である。配偶者や恋人に拒否されると、自殺を企てたりそうするようなポーズをとったり、またはそれで脅かしたり、何もできないほど落ち込んでしまう人に、劇的なかたちでその影響が見られる。「生きていたくない。主人（妻、恋人）がいなければ生きていけない。それほど彼（彼女）を愛しているんです」と彼らは言う。「あなたはまちがっていますね。あなたは夫（妻、恋人）を愛してなどいやしませんよ」と、私が言葉を返す――そうすることが多い――と、彼らは怒って言う。「なんですって。彼（彼女）なしでは生きてられないって今言ったでしょう」。そこで私は次のように説明する。「あなたが言うのは寄生であって、愛ではないんです。生きるのに他人が必要なら、あなたはその人の寄生虫なんだ。その関係には選択も自由もありませんね。それじゃ愛というよりは必要性の問題だ。愛とは自由に選択することなんですよ。ひとりでも十分やってゆける人が一緒に生きることを選んだ場合にかぎって、ふたりは愛しあっていると言えるんです」

依存性とは、誰かが積極的に面倒をみてくれる保証がなければ、不全感に悩んだり十分に働けないこと、と私は定義している。身体的に健康なおとなの依存性は病的である――それは病気、精神的な病ないし欠陥の現れである。しかしそれと、ふつう、依存欲求とか依存感情と呼ばれるものとは区別しなければならない。われわれにはみんな――人や自分に対してそうでないふりはしていても――依存欲求と依存感情がある。赤ん坊扱いされたい、何もせずに世話されたい、本当に自分のためを思ってくれる強い人に保護されたい、と願わない人はいない。どんなに強い人でも、どんなに世話好きで責任感のあるおとなでも、自分の内面をしかとのぞいてみれば、たまには保護されたい、という欲求がみつかるはずである。どんなに年を取り成熟した人であれ、自分の人生に望ましい母親像や父親像を見つけたいと思っている。しかしそのような欲求や感情がその人の生活を支配しているわけではない。それらが生活を支配して生のあり方まで決定し、ただの依存欲求あるいは依存感情以上のものになることが問題なのである。そういう人は、「受動的依存的性格障害」と診断される精神障害にかかっている。これはたぶん、精神障害のなかではもっともふつうのものである。

この障害のある人は、愛されようとするのに忙しすぎて、愛するエネルギーが残っていない。飢えた人が、食べ物のあるところならどこにでもたかってゆき、他人に分け与える食べものをもっていないのに似ている。彼らの内部には空洞があり、底なしの奈落が満たされるのを切望しているが、完全に満たされることはないらしい。彼らには「いっぱいに満たされた」感じがないし、完全という感じもない。たえず「自分の一部がどこかにいってしまった」と感じている。孤独に耐えるのがたいへん難しい。全体性に欠けるため本当のアイデンティティをもたず、人とのかかわりによってしか自分を規定できない。三〇歳のパンチプレス工は、妻がふたりの子どもを連れて出ていった三日後に、すっかり落ちこんで面接にやって来た。妻は、彼が彼女や子どもに対してまったく無関心であると言い、それまでに三度、家出すると脅《おど》かしていた。そのたびに彼は行かないでくれと嘆願し、改心すると約束するのだが、それが一日とつづいたためしがなく、今度という今度、妻は実行に移したのである。彼は二晩眠らず不安に身を震わせ、とめどなく涙を流して本気で自殺を考えていた。そして泣きながら、「家族なしには生きてゆけません。とても愛してるんです」と言った。

「わけがわかりませんね」と私が答えた。「あなたは奥さんに何もしてあげたことがないし、気の向いたときしか家に帰らない。性的にも感情面でも奥さんに関心を示さないし、何カ月も子どもと口をきかない。子どもと遊んだこともなければ遊びに連れて行ってやったこともない、と言いましたね。そして、奥さんの非難はあたっていると認めたじゃありませんか。家族の誰とも関係など持っていないんだから、ありもしない関係がなくなって落ちこむなんて納得できませんね」

「わからないんですか、先生。今、私は何でもない、無なんです。妻もいない、子どももいない、それで自分が誰かわからないんです。みんなの面倒はみなかったかもしれませんが、愛してるにはちがいない。誰もなしでは無なんだから」と彼は答えた。

(家族の与えてくれていたアイデンティティを失ったために)うつがひどかったので、二日後に再び会う約束をした。私は、たいしてよくなっていないだろうと思っていた。しかし再び現れたとき、彼は機嫌よく笑いながらオフィスに飛びこんできた。「もう何もかもオーケーです」

「ご家族がお帰りですか」と私は尋ねた。

「いいえ、ちがうんです。この前から一度も連絡はありません。でも、行きつけの酒場で昨夜女の子に会ったんです。彼女は、私を本当に好きだと言ってくれました。彼女も私と同じ、別居中なんです。今夜またデートするんです。自分がまた人間に戻ったような気がします。もうここへ来なくていいと思います」。嬉しそうに彼は答えた。

この変わり身の早さが、受動的で依存的な人の特徴である。彼らにとって、依存できる人がいれば誰でもよいかのようである。アイデンティティを与えてくれる人さえいれば、自分のアイデンティティなど何でもいいらしい。その結果彼らの人間関係は、表面的には劇的で激しく見えるが、実際にはきわめて浅薄である。内的な空虚感とそれを満たそうとする望みが強いので、人を求める欲求を我慢して待つことができない。美しく聡明で、ある面ではすこぶる健康な女性が、一七歳から二一歳まで、決まって知的にも能力的にも自分より劣った男たちと、くり返し性的な関係をもっていた。ひとりにふられるとすぐ次に移った。そこで露わになった問題は、自分にふさわしい男性を見つけ出すまで待てないこと、手近の多くの男性のなかから選ぶことさえできないことであった。

ひとつの関係が終わって二四時間もたたないうちに、酒場で最初に出会った男をつかまえ、次の面接で彼のことをほめそやすのである。「彼が失業中で飲みすぎるのは承知しているわ。でも根本的には才能があるの。それに本当に私のこと気にかけてくれてるし。今度はうまくいくと思うのよ」

だが、うまくいったためしがない。それは選択がまずいだけでなく、彼女が男性にしがみつき、愛の証を何度も求め、いつも一緒にいたがってひとりになるのをいやがる、お決まりの行動を始めるからであった。「あなたと離れていられないのは、あなたを大好きだからよ」と彼女は言うのだが、遅かれ早かれ、彼女の「愛」によって、彼は息がつまって身動きできなくなり、はめられたような気になるのだった。そのうちものすごい爆発が起こり関係はおしまいになる。そして再び、同じことがくり返されるのである。この女性は、三年間治療を受けて、やっとこのサイクルを断ち切ることができた。その間に、自分の知性や長所に気づくようになり、内にある空虚感や飢餓感を見極めて、それと純粋の愛とを区別するようになった。飢餓感にかられて好ましくない男関係に走りそれに執着していたことがわかり、長所を生かすためには、この飢餓感を厳しく自制する必要があることを認めるようになったわけである。

診断の際に、「受動的」という言葉は「依存的」という言葉と並んで用いられる。それは、こういう人が自分にできることは考えないで、人がしてくれることばかり考えているからである。かつて、全員が受動的依存的な五人の独身の患者グループと仕事をしたことがある。私は、めいめいの目標を話してくれるよう頼み、五年先にはどんな人生を送っていたいか尋ねた。いろんなかたちではあるが、全員が「私を本当に大事にしてくれる人と結婚したい」と答えた。やりがいのある仕事につくとか、芸術作品を創るとか、地域に貢献するとか、人を愛し子どもを作れるような立場にいたいとか言う人は、誰もいなかった。自ら努力するという考えとは無縁の白昼夢ばかりだった。面倒をみてもらう、努力のいらない受動的な状況を心に描いているだけなのである。私はほかの多くの人に言ったように彼らに言った。「愛されるってことがあなた方の目標なら、それはうまくいきませんよ。人に愛されるたしかな唯一の方法は、愛する値打ちのある人であることなんだから。人生の一番の目標が、受け身で愛されるだけなんてことでは、愛する価値などあるはずないものね」。人だからと言って、こういう人が他人のために何もしないと言うのではない。しかしその動機は、他人をしっかりつなぎとめて、たしかな世話を受けようとすることである。世話をしてもらう可能性がすぐには期待できない場合、彼らが「何かをする」のはたいへん難しい。先に述べたグループの全員にとって、家を買い、親と別居し、職を決め、全然おもしろくない仕事をやめ、趣味にうちこむことさえ、身もだえするほど困難なことであった。

結婚生活では、通常、夫婦のあいだに役割の分化があり効率的な仕事の分担がある。たいていは、女性が料理、掃除、買い物や子どもの世話をし、男性は仕事をもち家計を支え、芝生を刈り修理をする。健全な夫婦は本能的に、ときおり役割を交換する。たまには男性が食事の支度をし、週のうち一日は子どもたちとすごし、家の掃除をして妻をびっくりさせる。女性がパートの仕事をしたり、夫の誕生日には芝生を刈ったり、通帳を預って一年の支払いを引き受けるのもよい。しばしば夫婦は、このような役割交換を、結婚生活に味と変化をつけ加える一種の遊びとみなしている。それはそうなのだが、これにはたぶんもっと重要な意味がある。すなわち、(無意識にされている場合でさえ）お互いの依存性を減らすのである。ある意味では、配偶者のおのおのが、相手を失っても生きていけるように自分を訓練しているわけである。しかし受動的依存的な人々は、相手を失うと想像しただけで怖気づいてしまい、その心づもりをしたり、相手がもっと自由になることに我慢できない。だから、こういう人々の結婚生活にみられる目印のひとつは、役割分化が固定していることである。彼らは、お互いの依存性を減らすよりは増大させようとして、結婚生活を身動きならぬものにしている。そうすることで、彼らのいわゆる愛――実は依存性なのだが――の名において、自分および相手の自由と心的な成長を妨げているのである。そうした成り行きの結果、この類《たぐい》の人々はときおり、以前身につけていた能力を結婚を機に事実上捨ててしまうことがある。一例として、運転「できない」妻、というまれでない症候群がある。そういう場合の半分は、一度も運転を習ったことがないからであるが、残る半分は、些細な事故のため結婚後のあるときから、運転「恐怖症」になったものである。たいていの人の住んでいる、田舎や郊外でこの「恐怖症」があると、妻はほとんど完全に夫に依存せざるをえず、無力さによって夫をつなぎとめる。そうなると、夫が家族の買い物を一手に引き受けるか、妻が買いものに出かけるたびに夫が運転しなければならない。この行動が両方の依存欲求を満たしていることが多いので、これを病気とか解決しなければならぬ問題と考える夫婦は、ほとんどない。他の面ではきわめて知的な銀行家――妻は四六歳のとき突然恐怖症になり、運転しなくなっていた――に、奥さんは精神科を受診したほうがいいのではないか、ともちかけたところ、「いえいえ、医者に更年期のせいと言われてるんで。どうすることもできませんよ」と答えた。妻のほうは、夫が仕事の後も、彼女の買いものや子どもの送り迎えに忙しく、浮気したり自分を捨てることはないと安心していた。夫は、留守の間に妻が人に会いに行こうにも動けないので、浮気して自分を捨てることはない、と安心だった。こういうやり方で、受動的依存的な結婚は長続きし安定している。だからといって、それが健全とも愛に満ちたものとも言えない。安定が自由を犠牲にして得られており、その関係が、お互いの個人としての成長を遅らせ破壊することに一役買っているからである。こういう夫婦には、何度も何度も「よい結婚とは強い自立した人のあいだにしか存在しない」と言わねばならない。

受動的な依存性は、愛の欠如に由来している。受動的依存的な人々の抱えている内的な空虚感は、子どものとき、愛情や気配りや世話を親によって十分に与えられなかったことによる。第Ⅰ部で述べたように、子ども時代を通じて、一貫してそこそこに愛され世話してもらった子どもは、自分を愛すべき価値のある人間で、自分に忠実でさえあれば愛され面倒をみてもらえるという、根強い感覚をもっておとなになる。愛と世話が欠けていたり、気紛れにしか与えられないで育った子どもは、そのような内的安定感をもたずにおとなになる。むしろ内的な不安感があり、「十分ではない」感じと、この世は何が起こるかわからないし何も与えてくれない、それだけ自分が愛すべき価値のある存在かどうか疑わしい、という感覚がある。だから、愛され配慮され関心を払ってもらえるとあらば、われ先に突進し、いったんつかまえると必死にしがみついて、愛とは無縁の操作的なマキャベリ的行動をとって、せっかくの関係そのものを破壊してしまうのも無理からぬことである。これも第Ⅰ部で述べたことだが、愛としつけとは関連しているので、愛もなく十分な世話もしない親はしつけにも欠けている。子どもたちに、愛されている感覚を与え損なっているのだが、同時に自制心を養うこともしていない。受動的依存的な人の過度の依存性は、彼らの性格障害を示す主な徴候にすぎない。彼らは自制心の欠如した人たちである。人々にかまってほしい気持ちを我慢しようとしないし、できもしない。人とのつながりを必死に作り上げ保とうとして、誠実さを投げ棄てる。諦めたほうがよい、すりきれてしまった関係にしがみつく。もっとも重大なことは、自分に対する責任感に欠けていることである。自分の幸せおよび充足感の源として、受け身のままに他人、しばしば自分の子どもまであてにしている。だから幸せでなく満たされていないと、基本的に他人のせいと思ってしまう。そしてそのためにとめどなく腹を立てている。他人が彼らの要求をすべて満たし、幸せに「してくれる」ことはありえないから、いつも他人に裏切られてきた感じでいる。私の同僚のひとりはよく次のようなことを言う。「考えてもみたまえ。人をあてにするなんてことは最悪なんだよ。ヘロインに頼るほうがましなのさ。ヘロインなら手に入るかぎり裏切ることはないからね。そいつがありゃあ、いつだって楽しくなれる。でも誰かに幸せにしてもらおうと思ったら、いつだってがっかりさせられるだけなんだよ」。実際、人間関係を除いて、受動的依存的な人々にもっともよく見られる障害が、麻薬とアルコール依存症であるのは偶然ではない。彼らの性格は中毒性である。彼らは人間中毒で、人に吸いついてむさぼりつくす。吸いつきむさぼる人がいないと、酒びんや注射針や錠剤をかわりにするのである。

要約すると、依存性が愛と紛らわしいのは、それが人と人を強く結びつけるからである。しかし、それが本当の愛であることはない。正反対である。それは親の愛の欠如からきており、同じことがくり返される。与えるよりは与えられることを求め、成長よりも幼児性に固執する。解放するよりも罠にはめ、拘束する。究極的には、人間関係を形成するよりも破壊し、人間を作るよりも崩壊させる。

愛のないカセクシス

依存性のひとつの側面は、それが精神的成長と無関係ということである。依存的な人々は、おのれを養うことにしか関心がない。満ち足りて幸せであることを願うが、成長しようとは思わない。成長にともなう不幸や孤独、苦悩に耐えようとしない。さらに他者、すなわち自分が依存している人の精神的成長にも関心がない。その人が存在し自分を満足させてくれるかどうかだけを気にしている。依存は、精神的向上性に欠けていながら、誤って「愛」の言葉でうんぬんされる数々の行動様式のひとつにすぎない。ここでは依存以外の行動様式について考察し、愛が精神的成長とは無縁の慈しみやカセクシスでは決してないことを、今一度証明したい。

われわれはよく、ただの物質やある種の活動を愛すると言う。「金を愛している」とか「権力を愛している」とか「園芸を愛している」、「ゴルフを愛している」とか。富や権力を得るために、週に六〇時間、あるいは八〇時間も働けば、たしかに通常の個人的限界をかなり超えて、自分自身を広げていると言えるかもしれない。しかし富や権力がどんなに大きくても、こうして手に入れたものは自分を拡大するものでは全然ない。実際、なりあがりの大物を「卑しくてちっぽけでつまらん奴だ」と言ったりするではないか。どれほど金や権力を愛しているか言ってみても、愛情深い人とは誰も思わない。なぜだろうか。彼らにとって、富や権力がそれ自体目的となり、精神的な目標のための手段ではなくなっているからである。愛の本当の目的は、精神的成長あるいは人間的進化である。

趣味は自分を育てる活動である。自分自身を愛する——つまり、精神的成長を目的として自分を育てる際に、それ自体は精神的でないさまざまなものを、自分に与える必要がある。精神を養うためには、身体も養わねばならない。食物と住まいが必要である。どれほど精神的成長に力をつくすとしても、やはり休息やくつろぎ、運動や気晴らしが必要である。聖人も眠り、予言者と言えども遊ばねばならない。趣味は自分自身を愛する手段となりうる。しかし、趣味がそれ自体で目的となると、向上する手段というよりもその代用品になる。趣味をもつ人が多いのは、それがときとして自らの向上の代用品になるからである。たとえば、人生に残された主な目標はあと二、三打少なくしてゲームを終了させることでしかないような、年老いた男女をゴルフコースで見かけることがある。技術を磨くために努力を重ね、前進している感覚をもつことはできる。しかしそのことが、人間として自分を改善する努力を放棄して、進歩することを止めている現実を無視することに一役買っている。もっと自分を愛しているのなら、夢中になってそんな浅薄な目標や、狭い未来に満足できるはずがないからである。

他方、権力と金が、愛するという目的の手段になることがある。たとえばある人は、政治的権力を人類の進歩のために用いるのが主な目的で、あえて政治の仕事を選ぶかもしれない。あるいは、金のためでなく、子どもを大学にやったり、自身の精神的成長に必要な考える自由と時間のために、金持ちになりたがる人もいる。そんな人たちが愛しているのは、権力や金ではない。人間性である。

私がここで、そしてまた第Ⅱ部全体を通じて言わんとしていることは、「愛」という言葉があまりにも一般的であいまいに使われて、愛の理解がひどく困難になっていることである。このような使い方が変わるとは期待していない。しかし、自分にとって大切なもの、自分がカセクトするものとの関係を説明するのに、質についてはおかまいなしに「愛」という言葉を用いる限り、賢さと愚かさ、善と悪、高尚さと卑しさを見分けるのは困難なままであろう。

もっと限定された定義を用いれば、たとえば、われわれが人間しか愛せないことは明らかである。というのは、ふつうに考えて、事実上成長可能な精神をもつのは人間だけだからである。[3] ペットの場合を考えてみよう。われわれは飼い犬を「愛している」。餌をやり、洗ってやり、かわいがり、抱いてやり、しつけをし、一緒に遊ぶ。病気になれば何はさておいても獣医のところに走る。いなくなったり死んだりすれば、悲しみに打ちひしがれる。子どものない寂しい人々には、ペットが唯一の生きがいであることがある。これが愛でなくて何であろう。しかしここで、ペットとの関係と人間との関係の違いを考えてみよう。第一に、本気で人間に対した場合と比べて、ペットとのコミュニケーションの程度は限られている。ペットが何を考えているのか、われわれには知る由もない。だからこそ自分の考えや感情をペットに投影し、まったく的はずれかもしれない親近感をもつ。第二にわれわれは、ペットが思い通りになる間しかかわいがらない。われわれがペットを選ぶのは、通常そのためである。ペットが思い通りにならなくなったら、お払い箱にする。言うことをきかなかったり刃向かったりすれば、飼い続けることはしない。ペットの心ないし精神の発達のために学校にやるとすれば、従順にするためでしかない。しかし人間に対しては、「その人自身の意志」の発達を願う。実際、他者が自分とは別の存在になっていくのを願うのが、純粋な愛の特徴のひとつである。最後に、ペットとの関係では、われわれはその依存性を助長しようとする。ペットが成長して家を出ることなど望まない。ペットには、ずっと家にいて暖炉のそばで寝そべっていてほしい。ペットが大切なのは、自立性よりも飼主に対する愛着心によってである。

ペットを「愛する」という、この問題はきわめて重要である。ペットしか「愛する」ことができず、人間を純粋に愛せない人がとても多いからである。多くのアメリカ兵士が、言葉の通じないドイツ人、イタリア人、日本人の「戦争花嫁」とロマンティックな結婚をした。しかし花嫁が英語をわかるようになると、結婚は破綻しはじめた。兵士たちに、もはや自分の考え、感情、願望や目標を妻に投影して、ペットに感じるような親近感をもつことができなくなった。妻の英語が上手になるにつれ、妻には自分と異なった考え、意見や目的があることに気づきはじめたのである。そうなってから愛が育った場合もある。しかし多くの場合、それで愛が終わった。解放された女性が、自分のことを愛情こめて「ペット」と呼ぶ男を警戒するのは正しい。事実彼は、彼女をペットとして愛しており、彼女の強さや自立性、個性を尊重することは、たぶん彼にはできない。この現象の、おそらく最も悲しむべき例は、幼いあいだしか子どもを愛せない、厖大《ぼうだい》な数の女性である。そのような女性は、どこにでもいる。子どもが二歳になるまで、彼女たちは理想的な母親である――限りなく優しく、喜んで乳を与え、赤ん坊を抱きしめ、一緒に遊び、つねに愛情深く、養育に献身的で、母親であることに幸せを見いだしている。しかし、一夜で事態が急変する。子どもが自己主張をしはじめたとたん——母親にそむき、ぐずり、遊ぶのをいやがり、ときには抱かれるのを拒み、母親以外の人になつき、自分自身の足で少しばかり外の世界に出かけようとすると——母親の愛は終わる。彼女は子どもに関心を失い、カセクトしなくなり、ただのやっかい者としかみなくなる。同時に、もう一度妊娠してもうひとり子どもがほしい、ペットがほしいというほとんど圧倒的な思いにかられる。たいていはその通りになり、同じことがくり返される。そうでない場合は、近所の赤ん坊の世話を熱心に焼いて、わが子がかまってほしいと懇願しても知らんふりである。子どもたちにとって「手に負えない二歳児」は乳児期の終わりであるだけでなく、母の愛の終わるときでもある。彼らの味わう苦しみと喪失感は、次の赤ん坊に忙しい母親以外の誰の目にも明らかである。この影響は、通常、彼らが抑うつ的ないしは受動的依存的な性格特性をもつおとなになることに現れる。

以上のことが示唆することは、幼児やペット、そして依存的で従順な配偶者に対する「愛」は、「母性本能」、より一般的に言えば「親の本能」とでも言うべき本能的な行動パターンだ、ということである。これを、「惚れこみ」いう本能的な行動にたとえることができる。惚れこみは比較的努力なしにできるし、意志あるいは選択による行動では決してないのだから、愛の純粋なかたちではない。それは種の存続を促すが、人間の進歩や精神的成長を目指してはいない。他者に手を伸ばし人々を結ぶきずなを作りだし、そこから本当の愛が始まるかもしれないので、愛に近いものである。しかし結婚を健全で創造的なものに高め、健康な精神的に成長する子どもを育てて人類の進化に貢献するためには、さらに多くのことが必要である。

要するに、養育はただ単に食物を与える以上のものでありうるし、通常、そうあるべきなのである。また、精神的成長を培うには、本能によるプロセスよりずっと複雑なものが必要となる。第II部の冒頭で取りあげた、息子をスクールバスに乗せようとしない母親がよい例である。ある意味では息子を慈しんでいるのだが、それは息子が必要としない慈しみで、精神的成長を促すよりも明らかに遅らせている。似たような例はこれにとどまらない。太りすぎの子どもに食物をおしつける母親。息子には部屋いっぱいのおもちゃを、娘にはたんすいっぱいの服を買ってやる父親。何でも子どもの言う通りにして制限しない親。愛は与えるだけのことではない。分別を働かせて、あるときは与え、あるときは与えない。あるときは褒め、あるときは批判する。喜ばせるだけでなく分別をもって対決し、押したり引いたりする。愛とはリーダーシップなのである。ここで「分別」とは判断の必要性を意味している。判断には本能以上のものがいる。そのためには思慮深い、しばしば苦しい決断をしなければならない。

「自己犠牲」

無分別に与えて甘やかすことには、多くの動機が隠れている。しかしその場合、共通の基本的な特徴が必ずある。「与える側」が愛の名のもとに自らの要求を満たし、受ける側の精神的要求を考えていないことである。ある牧師は、妻が慢性のうつになり、息子はふたりとも大学をやめて家に戻り精神科にかかっているので、しかたなく私に会いに来た。家族全体が「病んでいる」にもかかわらず、最初、自分が一役買っていることをまったく理解できなかった。そして次のように述べた。

「彼らとその問題のため、できるかぎりのことはしてるんですよ。起きているあいだじゅう、心配してるんです」。事態を分析していくうちに、妻子の要求を満たすため、実際骨身を削って働いていることがわかった。息子たちはもっと頑張って自活すべきだ、と思っているのに、である。彼らに新車を買って保険料まで払ってやっていた。街に出るのが大嫌いでオペラなど退屈で死にそうなくせに、毎週妻をオペラや劇場につれ出していた。仕事が忙しいにもかかわらず、暇があるとたいてい家にいて、妻と息子の後から部屋を片づけまわっていた。彼らには、家を掃除することなどまったく頭になかったからである。「四六時中彼らのために働くなんて、うんざりしませんか」と私は尋ねた。「そりゃしますよ」と彼は答えた。「でも他にどうしろって言うんです。私は彼らを愛してますし、かわいそうでほっとけないんですよ。彼らのことが気がかりで、彼らが何かを求めているかぎりじっとしてられないんです。私は賢くはないかもしれませんが、愛情と気配りだけはあるつもりです」

面白いことに、彼自身の父親がかなり著名な学者で、そのくせアルコール依存症で女出入りの絶えなかったことがわかった。家族のことはまったく省みず、ほったらかしていたのである。次第にこの患者は、子どものころ、できるだけ父とは違った人になろう、父が冷淡で無関心だったぶんだけ優しく気づかいのある人になろう、と誓っていたのを思い出せるようになった。しばらく後には、愛情深く優しいイメージを守るためたいへんな無理をしており、自分の行動のほとんどが、牧師という職業も含めて、このイメージを肥らせるためであることまで理解できるようになった。しかし、自分がどれほど家族を子ども扱いしているかは、なかなか理解できなかった。彼はいつも妻を

「子猫ちゃん《マイ・キトゥン》」と呼び、十分成長して大きくなった息子たちを、「坊やたち《マイ・リトル・ワンズ》」と呼んでいた。「ではどうしろって言うんですか」と彼はくい下がった。「親父に対する反動で情深くなってるとしても、それで愛のない父親になるとか、ならず者になってるってわけじゃないでしょう」。

彼が文字通り学ばねばならなかったのは、愛することが単純ではない複雑な行為であり、全存在を——心だけでなく頭も——かけねばならぬ、ということであった。父親のようになりたくない願望のため、彼には、愛を表現する柔軟な反応システムを発達させることができていなかった。然るべきときに与えないことが、不適当なときに与えるより思いやりのあること、自分のことは自分でできる人に対しては、世話をするより自立を促すほうが愛情深いことを学ばねばならなかったのである。家族の精神衛生のためには、自分の要求、怒り、憤りや期待を表現することが、自己犠牲とまったく同様に必要であり、したがって、喜んで受け入れるだけでなく、対決することで愛を表すことの必要性を学ばねばならなかった。

家族をいかに子ども扱いしていたかに気づいてゆくにつれて、彼は変わりはじめた。後追いして片づけてまわるのをやめ、息子が家のことをちゃんとやらないときは明らさまに怒るようになった。息子の車の保険料を払うのを拒み、運転したいのなら自分で払え、と言った。妻には、ひとりでニューヨークまででもオペラを観に行くよう提案した。このように変わるためには、あえて「悪者」役を引き受け、必要なものをすべて与える以前の全能の役割を諦めなければならなかった。ところでそれまでの主な動機は、愛情深い人というセルフ・イメージを守るためであったが、彼の心の底には純粋に愛する力があった。だからこそ自分を変えることができたのである。妻も息子も、最初はこうした変化に腹を立てた。しかし、まもなく息子のひとりが大学に戻り、もうひとりはもっと骨の折れる仕事を見つけて、アパートでひとり暮らしを始めた。妻は新しく手に入れた自立を楽しみ、彼女なりに成長しはじめた。この患者は、牧師としても以前より有能になり、同時にその人生はずっと楽しいものになった。

この牧師の誤った愛は、マゾヒズムという、より深刻な愛の倒錯に近い。一般の読者は、サディズムとマゾヒズムから純粋に性的な行為を思いつき、肉体的苦痛を与えたり受けることからくる性的快楽を考えやすい。実際は、真の性的サドマゾヒズムは比較的まれである。それよりもはるかに多く、結果的により深刻なのが、社会的サドマゾヒズム現象で、人々は無意識のうちに、性的でない関係を通して、お互いに傷つけたり傷つけられたりしたがる。

一例として、夫に棄てられてうつになり、精神科を受診した女性を考えてみよう。彼女は夫がいかにひどいしうちをくり返したかを長々としゃべって、精神科医を楽しませる。夫は自分にまったく関心を示さなかった。次々と愛人を作った。ギャンブルで負け、食べものも買えなかった。気が向けば何日も家を空けた。酔って帰っては妻を殴った。あげくの果て、クリスマスイブに妻子を棄てて出ていった——よりにもよってクリスマスイブに！　かけだしの医者なら、この「哀れな女性」の話にすぐさま同情してしまう。しかしだんだん事情がわかってくると、同情が消えるのに長くはかからない。まず、この虐待のパターンが一〇年もつづいていることが明らかになる。そのあいだに哀れな女性は、人でなしの夫と二度離婚して二度再婚しており、何回となく別居しては和解をくり返してきた。自立を助ける方向で治療を進めて一、二カ月たち、何もかもうまくいっているようで、彼女も夫のいない平和な生活を楽しんでいるように思っていると、あいかわらずのいきさつがそっくり蒸し返されるのを見るはめになる。その女性が、うれしそうにオフィスに飛びこんできて言う。「あのう、ヘンリーが戻ってきたんです。先日の夜、会いたいって電話がかかってきたので、実は会ったんです。彼は戻りたいと泣きついて、本当に改心してるようなので戻ってもらうことにしました」。それじゃ、ふたりでまずいなあって話し合ってたパターンをくり返してるだけじゃないか、と指摘すると、「だって彼を愛してるんですもの。とやかく言われる筋合いはありませんわ」と言う。治療者が、彼女の言う「愛」についてちょっとでもしつこく話しあおうとすれば、治療を中断するのである。

ここでは何が起こっているのだろうか。治療者がその意味について考えていくと、夫の仕打ちを長々と話すのを、その女性が明らかに楽しんでいた様子に思いあたる。突然、とてつもない考えが浮かんでくる。この女性は、どんなに虐待されているか話すのが楽しいからこそ、夫の虐待に耐え、さらには自分から求めていたのかもしれない。それにしても、そのような楽しみの本質は何なのか。そこで治療者は、その女性の独善性に気づく。彼女にとって人生で最も大切なのは、道徳的に優れている、という感覚をもつことではないか。そして、この感覚を維持するために虐待されることが必要なのではないか。こうしてこのパターンの本質が明らかになる。ひどい扱いに甘んじることで、彼女はおのれの優越感を味わうことができる。戻らせてくれと泣きつく夫の姿を目のあたりにして、つまるところサディスティックな喜びさえ感じられ、そのときだけは、夫のみじめな立場と比べて自分の優越性を確かめることができる。寛大に夫を許してやるかどうかは、彼女の胸ひとつなのである。そしてこのとき、復讐が遂げられる。このような女性を調べると、子どものころ自尊心が特別に傷つけられている。その結果、道徳的優越感によって復讐しようとする。そのために、屈辱と虐待の経験をくり返す必要があるわけである。世界が自分をちゃんと扱ってくれるなら、復讐する必要はない。しかし人生の目的が復讐であるのなら、正当化のために、世界が自分をひどく扱うよう取り計らわねばならない。マゾヒストは、虐待を受け入れることを愛と思っているが、実は飽くなき復讐のために必要なのであり、根本的には憎しみに駆りたてられているのである。

マゾヒズムの問題は、愛にまつわるもうひとつの大きな誤解に光をあてることになる。それが自己犠牲である。この信念によって、典型的なマゾヒストは虐待に耐えることを自己犠牲、したがって愛と思いこむことができる。それでおのれの憎しみを認めないですむ。例の牧師も、自分の自己犠牲的な行為を愛と思っていた。しかし実際は、家族のためではなく、自分のイメージを守ろうとする気持ちに動機づけられていた。治療を始めたころ、彼はしきりに、どれほど妻子の「ためにつくしているか」を語り、そこから自分は何も得ていない、と思わせようとしていた。しかし、彼は得ていたのである。誰かの「ために」してやっていると思うときは、いつも何らかの点で自分の責任を回避している。何であれそれをするのは、そうすることを選んだからである。それがもっとも大きい満足をもたらすからこそ選んだのである。誰かのために何をするにしても、それが自分自身の要求を満たしてくれるからのことである。「親のしてくれたことには何でも感謝しないといけないよ」と子どもに言う親は、かなりの程度、愛情に欠けた親であることを免れない。純粋に愛する人は、愛する喜びを知っている。愛するのは愛し**たい**からである。子どもがほしいから生んだのであり、親が愛情深いとすれば、そうありたいと思ったからである。愛することが自分を変えるのはたしかであるが、それは自己犠牲ではなく、自分を広げることである。あとでもう一度とりあげるが、純粋な愛とは自分を満たしていく行為である。それ以上でさえある。それは自分を縮めるよりも拡大する。自分を消耗させるよりも豊かにする。実際、本当の意味で、愛は愛でないものと同じくらい自分本位である。ここでまたしても、自分本位であると同時に自分本位でないという、愛のパラドックスがある。愛と愛でないものを区別するのは、それが自分本位かどうかということではない。何を目指しているかが問題なのである。純粋な愛の場合、目的はつねに精神的な成長にある。愛でないものの場合、目的はつねにそれ以外のところにある。

愛は感情ではない

愛が行為ないし働きであることを述べてきた。愛にまつわる誤解をとりあげるのは、これを最後にしよう。愛は感情ではない。愛の感情をもちながら、あまりに多くの人が、およそ愛のない破壊的なやり方で行動している。他方、純粋に愛のある人は、意識的には嫌いな人に対しても、しばしば愛情深く建設的にふるまう。相手に対する愛の感情がなく、また、たぶん相手がどこか反抗的であるのがわかっていても、である。

愛の感情は、カセクトする体験にともなう情動である。カセクトするとは、ある対象が自分にとって大切なものになること、であるのを思い出していただきたい。いったんカセクトされると、通常「愛の対象」と呼ばれるものに、まるで自分の一部であるかのようにエネルギーが流れこむ。対象と自分とのその関係がカセクシスと呼ばれるのである。こうした関係を同時にいくつかもつことがあるので、複数形でカセクセスと言う。愛の対象がもはや大切でなくなり、そこからエネルギーを引き戻す過程はデカセクトと呼ばれる。愛を感情と誤解するのは、カセクトを愛と混同するからである。両者はよく似た過程なので、混同するのも無理はないが、同時に顕著なちがいがある。何よりも前に指摘したように、生物であれ無生物であれ、精神があろうとなかろうと、われわれはどんな対象にもカセクトする。株式市場や宝石にカセクトし、それらに愛を感じることもある。第二に、ある人にカセクトしても、その人の精神的発達などまったく考えていないことがある。事実、依存的な人は、カセクトしている配偶者の精神的発達を恐れている。息子を学校まで送り迎えしていた母親は、明らかに息子にカセクトしていた。息子は大切である――しかしその精神的成長は大切でなかった。第三に、カセクセスの激しさは、知恵や責任感と関係のないことが多い。バーで見知らぬ者同士が出会ってカセクトしあい、そこで一切のもの――前からの予定や約束事や家族のこと――よりも、性的に結ばれるほうが大切になるかもしれない。最後に、カセクセスは束の間のはかないものでもある。前述のカップルは、性的に結ばれてすぐ、お互いを魅力のない気に入らぬ相手と思うかもしれない。カセクトするや否やデカセクトする場合もある。

他方、純粋な愛には責任感と知恵の働きがある。相手の精神的成長を気づかうなら、責任感がないとマイナスの結果になりやすい。相手に対する責任感がなければ、精神的成長に結びつかない。真剣に関与することが心理療法関係の礎であるのは、この理由による。治療者との「治療同盟」なしに、患者が重要な人間的成長を経験することはまずない。言い換えれば、治療者を一貫して確実な味方と信じることからくる、力強さと安定感があって初めて、患者は思いきって大きい変化を引き受けることができる。この同盟が生じるためには、たいてい、かなり長期にわたって、ゆるぎない配慮を患者に示さなければならない。それは真剣に患者とかかわることによってしか生じない。これは、治療者がいつも患者に耳を傾けたく「思う」という意味ではない。真剣にかかわるとは、気が進む進まないにかかわらず、患者に耳を傾けることである。結婚についても同じことが言える。建設的な結婚では、建設的な治療と同じく、お互いがどんなふうに感じていようと、毎日規則的に、自分たちの関係に関心を払っていなければならない。これまでに述べてきたように、早晩夫婦は恋からさめる。つがいの本能の当然のなりゆきが生じたそのときこそ、純粋の愛が始まるときなのである。そこで夫婦は、いつも一緒にいたいとはもう感じない。たまには離れていたいと思う。愛が試され、その有無が判明するときなのである。

集中的な心理療法や結婚などが、安定した建設的な関係にある場合、お互いがさまざまな点でカセクトしないと言うのではない。しているのである。言いたいのは、純粋の愛がカセクシスの問題を超越していることである。愛は、カセクシスや愛の感情があろうとなかろうと、とにかく存在する。カセクシスや愛の感情があったほうが愛しやすい——事実楽しい。しかし、カセクシスや愛の感情なしで愛することが可能である。純粋で超越的な愛がただのカセクシスから区別されるのは、この可能性を実現することによってである。この区別のキーワードが「意志」である。愛とは、自分あるいは他者の精神的成長のために、自分自身を伸ばそうとする意志である、と定義してきた。

純粋な愛は、感情的というよりも意志的である。本当に愛する人は、愛する決意にもとづいて愛する。こういう人は、愛の感情のあるなしにかかわらず、愛することに真剣にかかわっているのである。愛の感情のあるにこしたことはない。だが、ない場合にも、愛の関与、愛の意志はなお存在し働いている。逆に、愛する人が愛の感情にまかせて行動するのを避けるのは、可能なだけでなく必要なことでもある。たいへん心ひかれる女性に出会っても、そこで浮気することは結婚生活に破滅的な影響を及ぼすので、次のように声に出したりひそかに考えることがある。「あなたを愛したい気持ちはあるのですが、そうするつもりはありません」。同様に、たいへん心のそそられる、治療的にも成功しそうな新しい患者が来ても断ることがある。ほかの患者のために私の時間がふさがっているからである。そのなかには、ずっと気が進まない、より困難な患者がいるのだが。愛の感情には限りがないが、愛する能力には限界がある。したがって、愛の能力を集中し愛の意志を向ける相手は選ばねばならない。本当の愛は、のみこまれてしまいそうな感情ではない。それは真剣にかかわり熟考した末の決断である。

愛を愛の感情と混同する傾向が広まっているので、さまざまなかたちの自己欺瞞《ぎまん》が起こる。アルコール依存症の男性が、妻子が彼の配慮を何よりも必要としているそのときに、酒場に腰かけて涙を浮かべ、バーテンダーに、「俺は心底家族を愛してるんだよ」と語りかけているかもしれない。子どもをないがしろにしている人に限って、自分をとても愛情深い親と思っている。愛と愛の感情とを混同する傾向に、利己的な性質があるのは明らかである。自分の感情のなかに愛の証を見いだすのはたやすいうえに快い。行為のなかに愛の証を見いだすのは、難しくかつ苦しい。しかし本当の愛は、一時的な愛の感情やカセクシスをしばしば超越した意志の行為だから、「愛はその為すところのものである」という言葉が正しいのである。愛と愛でないものは、善悪がそうであるように客観的な現象で、もっぱら主観的な現象ではない。

関心という仕事

これまで、愛でないものをいくつか考察してきたので、次に愛であるものについて考えてみよう。愛の定義に努力が含まれることは、第II部のはじめに述べた。自分自身を広げるとき、もう一歩踏み出しもう一マイル歩くとき、安易なまけぐせや臆病なためらいを超えて、努力する。自分を広げ安易なまけぐせにさからって動き出すことを、仕事と呼ぶ。恐れをものともせず動き出すことは、勇気と呼ばれる。だから、愛とは仕事の一形式、勇気の一形式である。とくに、自分や他者の精神的成長を培おうとする仕事または勇気を指す。精神的成長以外のことを目指して、仕事をしたり勇気をふるうことがあるから、すべての仕事や勇気が愛というわけではない。しかし、愛は自分を伸ばすことを必要とするので、つねに仕事か勇気のどちらかである。ある行為が仕事でも勇気でもなければ、愛の行為ではない。そこに例外はない。

愛の仕事がとる主なかたちは、関心である。人を愛するとき、われわれはその人に注意を向ける。その人の成長に関心をもつ。自分を愛していれば、自分の成長に関心をもつ。人に関心をもつとは、その人に気をつかうことである。注意するためには、当座の気がかりをつとめてわきにおいて

（括弧《ブラケティング》づけの訓練について述べた通り）、意識を能動的に変えなければならない。注意は意志の行為であり、惰性的な心の動きに抗ってなされる仕事である。ロロ・メイが言うように、「現代の精神分析のもたらしたあらゆる方法を用いて意志を分析すると、意志の座としては注意あるいは意図のレベルにまで遡ることになろう。意志の力を働かすための努力は、事実上注意する努力である。意志する際の力は、意識を明確に保つ努力、つまり、注意を一点に保つための力である[4]」。

注意を働かせるうえで、何よりも大切でよくとられる方法は、耳を傾けることである。われわれはとてつもなく長い時間を聞くことに費やしているが、そのほとんどをむだにしている。たいていの人が、まともに聞いてないからである。学校である科目を教えるのにあてられた時間数と、成人してからその科目を利用する頻度とは反比例する、と、かつてある産業心理学者から聞いたことがある。だから大ざっぱに言って、企業の幹部は、読むのに一時間、話すのに二時間、聞くのに八時間ついやすことになる。学校では、読み方に多くの時間をさき、話し方にはほんの少ししか、聞き方には通常まったく時間があてられていない。学校で教えることを卒業後やることと正比例させるのがいいとは思わないが、聞くことについてある程度教えるのは賢明なことと思う――簡単に聞けるようにするためではなく、それがどんなに難しいか子どもたちにわからせるために、である。上手に聞くことは注意を働かせることであり、めんどうな仕事にならざるをえない。たいていの人がよく聞かないのは、このことがわかっていないか、めんどうな仕事をしたくないか、のどちらかである。

少し前、私はある高名な人の、心理学と宗教に関する講演に出席した。そのテーマに、私は以前から興味をもっていた。ある程度専門知識があったので、演者がたいへん優れた人であることがすぐにわかった。聴衆には理解しがたい高度に抽象的な概念を、あらゆる例をあげてどうにか伝えようとする非常な努力に、愛を感じさえした。それで私は、全力を傾けて彼の話を聞いた。一時間半の講演中、冷房のきいた会場で、私の顔からは汗が文字通りしたたり落ちていた。講演が終わるころには頭がガンガンし、集中して聞いていたために首が凝って、精根つき果てた感じであった。この偉大な人物の、その午後に話したことの半分も理解できたとは思えないのに、自分の得たすばらしい洞察の多さに、私は驚いていた。講演には多くの教養人が出席していたのだが、講演のあとのコーヒーブレイクのとき、私は聴衆のあいだをぶらぶらしながら彼らのコメントに耳を傾けていた。概して彼らは失望していた。演者の名声を知っていたので、期待が大きかったのである。彼についてゆくのは難しく、話はわかりにくかった。彼らが期待したほどには、彼は有能な話し手ではなかった。ひとりの女性が頷きながら言った。「結局、彼は何も言わなかったのよ」

彼らと対照的に、私は、この偉大な人の話から多くのことを聞くことができた。それは、私が聞く仕事をしようとしていたからにほかならない。それにはふたつの理由があった。ひとつは、私が彼の偉大さを認め、彼の言うことには高い価値がある、と判断したことである。もうひとつは、その分野への関心から、自分の理解を深め、精神的成長を高めるために彼の言うことを吸収したい、と切望していたからである。彼の話に耳を傾ける私の行為は、愛の行為であった。私は彼を、注意を向けるだけの価値のある人と認めたからこそ愛し、私自身を、自分の成長のためにエネルギーを注ごうとしたからこそ愛したのである。彼は先生であり与える者で、私は生徒であり受けとる者であったので、私の愛は基本的に自分に向いており、何を彼に与えるかよりも、その関係から何を得られるかに動かされていた。それでもなお、彼が聴衆の内に私の集中、注意、愛の激しさを感じ取り、それによって報われていたことはありうることである。これからくり返し見ていくように、愛は受け手が与え手となり、与え手が受け手となる相互的な現象である。

受け手になって聞くこの例から、与え手として聞く一般的な場合、すなわち子どもの話を聞く例に移ろう。子どもの話の聞き方は、子どもの年齢によって異なる。ここでは、小学校一年生の六歳児をとりあげることにする。機会さえあれば、一年生はほとんどたえまなくしゃべり続ける。この果てしないおしゃべりに、親はどう対処できるだろうか。たぶんもっとも簡単な方法は、禁止することである。信じる信じないにかかわらず、子どもが話すことを事実上許さない家庭がある。そこでは、「子どもは監視せよ、話はきくな」という格言が、四六時中適用されている。そういう子どもは、面倒はみられても人とかかわることをせず、何も言わずに隅のほうからじっとおとなを見る子どもになる。二番目は、しゃべらせてはおくが耳を借さないことである。この場合子どもは、親とかかわることをせず、文字通り影も形もないものや自分に向かって話し、たえずバックグラウンド・ノイズをたてることになる。三番目は、聞いているふりをすることである。今やっていることや考えていることをできるだけ続けながら、子どもに注意を向けているふりをして、適当なときを見はからって、「ああ、そう」とか「それはよかったね」とあいの手を入れてやるのである。四番目の方法は、選択的に聞くことである。これは聞くふりをするうちでとくに注意を要するもので、何か大事なことを言っていると思ったときだけ聞き耳を立て、最小限の努力で、もみ殻から麦を選び出そうとするのである。難点は、人間のふるいにかける能力はたかが知れており、かなりのもみ殻が残って多くの麦が失われることである。五番目で最後の方法は、子どもの話に耳を傾け、精いっぱいの注意を払って一語一語吟味し、一つひとつの言葉を理解することである。

以上五つの方法を、必要な努力の量に応じて並べてみた。五番目の、本当に聞く方法は、もっと楽なほかの方法に比べとてつもないエネルギーを要求する。読者は無邪気に、いつも子どもの話を本気で聞かねばならぬ、と私が勧めているようにとられるかもしれない。それはできない相談である！　第一、六歳の子どものおしゃべりときたら、たえず耳を傾けていたら他のことをするひまがなくなる。第二に、へとへとになって何もできなくなる。最後に、六歳児の話は一般に退屈だからやりきれなくなってしまう。だから必要なことは、五つの方法全部のバランスをとることなのだ。ときには、黙りなさいと言わねばならないことがある――たとえば、子どものおしゃべりがその場合に必要な注意集中を妨げる場合、ぶしつけに人の話の腰を折る場合、憎しみや非現実的な思いにかられて一座を支配しようとしている場合、などである。六歳児は、おしゃべりを楽しんでいるだけのことが多いので、望んでもいないときや、ひとりごとにすっかり満足しているとき、彼らに注意を払っても何にもならない。しかし、ひとりごとに満足せず親とかかわりたがっているときがある。そんなときでも、聞くふりだけで十分満足する。こういうとき、子どもの望んでいるのはコミュニケーションではなく親しみだから、聞くふりだけで子どもの望む「一緒にいる」感覚を十分に与えることができる。そのうえ、子ども自身コミュニケーションについては移り気で、親が選択的に聞くことには理解がある。彼ら自身、選択的にしかコミュニケートしないからである。これがゲームのルールだと、子どもは理解する。だから、本当に耳を傾けてもらいたがり、またその必要のあるのは、全部のおしゃべりの比較的少ない部分なのである。親の仕事は、聞く聞かないのバランスをうまく取り、そのときどきの子どもの要求に適切に応えることである。

そのようなバランスを取る親はめったにいない。たとえ短い時間でも、本当に聞くのに必要なエネルギーをついやさない、あるいはできない親が多いからである。おそらくはほとんどの親が、である。彼らは聞くふりしかしない。せいぜい選択的に聞くだけなのに、本当に聞いていると思っている。しかしこれは、手抜きをごまかす自己欺瞞《ぎまん》である。本当に聞くことはどんなに短い時間であれ、ものすごい努力を必要とする。何よりも完全な集中がいる。ほかのことをしながら人の話を本当に聞くことなど、できることではない。子どもの話を本当に聞くためには、それ以外のことをすべてやめなければならない。その時間を、もっぱら子どもに捧げなければならない。それは子どもの時間である。自分自身の悩みやそのときどきの心配ごとも含めて、何もかもわきにのけておけないのは、本当に聞く気がないからである。次に、六歳児の話を集中して聞くには、偉大な講演者の話を聞く以上に努力しなければならない。子どもの話にはむらがある――やつぎばやに言葉を並べ、ところどころとぎれたりくり返したりする――ので、集中が難しい。それに子どもの話すことはたいてい、おとなに興味のあるものではない。それに対して、偉大な講演者の聴き手は講演のテーマに関心をもっている。言い換えれば、六歳児の話を聞くのは退屈で、集中し続けることが二重に困難になっている。だから、この年ごろの子どもの話を真剣に聞くのは、愛による真の労働である。愛の動機がなければ、とてもできることではない。

しかし、どうしてそんなめんどうなことをするのか。六歳児の退屈なおしゃべりに専心する、そこまでの努力をなぜ払うのか。第一に、そうすることが、子どもを尊重している最善の具体的な証《あかし》だからである。偉大な講演者に払うのと同じ敬意を子どもに払うことで、子どもは重んじられていることを知り、自分を価値ある存在と感じるようになる。彼らの価値をわからせる最善の、結局唯一の方法は、彼らを認めることである。第二に、子どもは自分の価値を信じれば信じるほど、価値ある話をするようになる。親の期待に応えて進歩するのである。第三に、子どもの話に耳を傾けるにつれ、とぎれたりどもったりの、見たところ無邪気なおしゃべりのなかに、実は価値あることが混じっているのがわかるようになる。大いなる知恵が「赤子の口」から出る、という格言は、子どもの話に真剣に耳を傾ける者には、確かな事実として認められている。子どもの話を十分に聞けば、子どもがかけがえのない個人であることがわかる。子どものかけがえのなさがわかれば、進んで子どもの話を聞く気になる。そしてより多く学ぶことになる。第四に、子どものことがわかるにつれていっそう教えやすくなる。子どものことをほとんど知らないと、ふつう、子どもに学ぶ用意がまだできていないことや、すでに知っている、おそらく親よりよく知っていることを教えようとする。最後に、親に認められ、かけがえのない人間と思われていることがわかってくると、子どもは進んで親の話を聞こうとし、親を認めるようになる。子どものことをよく知って適切に指導すれば、子どもは熱心に親から学ぼうとする。そして学べば学ぶほど、さらにかけがえのない人間になっていく。この過程が循環的な性質をもつことに気づかれたことと思うが、それが愛の相互性、悪循環とは逆に、進歩と成長に向かう上向きの創造的なサイクルである。価値が価値を生み、愛が愛を生む。

親と子は愛の対舞のうちに、ますます速く回りながら進んでいく。

これまで、六歳児を念頭において述べてきた。それより小さい、あるいは大きい子どもの場合には、聞く・聞かないのバランスはちがってくる。しかし、そのプロセスは基本的に同じである。子どもの年齢が低くなるにつれて、コミュニケーションはより非言語的なものになるが、完全に集中する時間が必要なことに変わりはない。うわの空でパティケィク（訳注／歌に合わせて両手を叩く幼児の遊び）はうまくできない。親が片手間にしか遊んでやらないと、子どもは熱心にものごとにとり組まなくなるおそれがある。思春期の子どもは、六歳児ほど長く聞いてやる必要はないが、本当に聞いてやることはもっと必要である。彼らがとりとめもなくしゃべることはないが、話すときは、真剣に親が聞くことを六歳児以上に望んでいる。

親に聞いてほしい気持ちは、成長するにつれ消えるようなものではない。ある才能豊かな専門職の三〇歳の男性は、自尊心の低さからくる不安のため治療を受けていた。そして、同じく専門職の両親が彼の話を聞かず、それをとるに足らないものとしか扱わなかった数知れぬ場面を思い出した。そのうちもっとも心に残る不愉快なものは、二二歳で大学を卒業するとき優等賞をもらった、議論を呼ぶ長編論文のことであった。彼に期待していた両親は、その賞に大喜びした。しかし一年間、居間の目につくところに論文のコピーを置いて、何度も「読んでいいよ」とほのめかしたのに、ふたりとも読むだけの手間をとってくれなかった。「やりようによっては読んでくれたかもしれません」。治療が終わりに近づくころ彼は言った。「率直に『ねえ、お願いだから読んでくれない？　僕がどんなことを考えているか、わかってほしいんだよ』って言えば、ひょっとしてお世辞のひとつも言ってくれたかもしれません。でも、話を聞いてくれって頼むなんて、どうだったでしょう。それに、二二歳にもなってわざわざ親に見てもらいたいなんて、やりきれません。頼まなきゃいけないんじゃ、自尊心も何もふっとんじまったでしょう」

本当に聞くこと、心を他者に集中することは、つねに愛の現れである。その本質的部分は、括弧《ブラケティング》づけの訓練であり、自分の偏見や枠組み、願望を一時的に放棄あるいは保留することにある。それによって、可能な限り話し手の世界を内側から、その人の身になって理解するのである。話し手と聞き手が一体となることは、事実上自分自身の拡張拡大であり、新しい知識はつねにここからくる。それだけでなく、本当に聞くことは括弧《ブラケティング》づけないし自己の保留を意味するので、一時的に他者を完全に受容することになる。こうした受容を感じると、話し手はますます心の奥深い部分をさらけ出す気分になる。こうなると、話し手と聞き手はお互いをいっそう理解しあうようになり、愛のデュエットが再び始まる。括弧《ブラケティング》づけの訓練と注意を完全に集中することには相当なエネルギーがいるので、お互いの成長のため自分自身を広げようとする意志が不可欠である。たいていの場合、われわれにはそのエネルギーがない。ビジネスや社交的な場面では、真剣に聞いているつもりでも大概は選択的にしか聞いていない。あらかじめ描かれた筋書きがあって、聞きながら、どうしたら望ましい結論にもっていけるか、どうすれば一刻も早く話がおしまいになるか、また、どうすればもっと望ましい方向に筋を変えることができるか、などと考えているものである。

本当に聞くことは愛の行為なのだから、結婚にこそふさわしい。しかしたいていの夫婦は、お互いの話を本当に聞いたことがない。だから夫婦がカウンセリングや治療にやって来たとき、うまく治療を進めようとすれば、聞き方を教えるのが主な仕事になる。うまくいかないことが少なくないのは、それに必要なエネルギーと訓練は、彼らが引き受けようとする以上のものだからである。なすべきことのひとつが、そのための時間をとって話し合うことと聞かされて、驚きうろたえる夫婦が多い。あまりに堅苦しく、ロマンティックでなく、不自然に思われるのである。しかし、本当に聞くことは、そのために時間をとって条件を整えなければ、できることではない。車のなかにいるときや料理しているとき、疲れて眠いとき、邪魔が入りやすかったり急いでいるときには、できないのである。ロマンティックな「愛」には努力がいらないので、本当に愛し聞くための努力と訓練をためらう夫婦が多い。しかし、実際にやってみれば結果はすこぶる満足できるものである。いったん本当に聞くプロセスが始まると、配偶者の一方が心から喜んで相手に言うのを、私は何度も耳にした。「私たち、結婚して二九年にもなるのに、これまであなたのことが全然わかってなかったのね」。これが起こると、結婚における成長が始まったことがわかる。

本当に聞く力が、練習によってしだいに身につくのは事実だが、それで努力がいらなくなるわけではない。いい精神科医の主な条件は、たぶん人の話を本当に聞く能力である。しかし平均「五〇分」のあいだに何回も、患者の話を本当に聞けていないのに気づく。ときどき私は、患者の話の筋をすっかり見失い、「すみませんが、ちょっとほかのことを考えていて、あなたの話を本当には聞いていなかったんです。さっきおっしゃったことを、もう一度言ってくれませんか」と言わなければならなくなる。おもしろいことに、こんなとき患者はまず怒らない。逆に彼らは、本当に聞くために肝心なことは、本当に聞いていないとき、そのことにいち早く気づくことだと、直観的に理解しているようである。注意のそれたことを私が認めることは、実はほとんどのときは本当に聞いていたと、彼らを安心させることになる。この、本当に聞いてもらっているとわかっていることは、しばしばそれだけできわめて治療的である。おとなであれ子どもであれ、われわれのケースのおよそ四分の一は、最初の二、三カ月、まだ問題の根源がまったくわからず、それらしい解釈もなされないうちに、改善を示す。この現象にはいくつかの理由がある。しかしそのなかでとくに大切なのは、ここ数年、あるいはたぶん生まれて初めて、本当に聞いてもらったと患者が感じることだ、と私は信じている。

傾聴することは、注意することのもっとも重要なかたちであるが、たいていの愛の関係、とくに子どものかかわってくる場合は、ほかのかたちも必要である。こうしたかたちにはかなりの多様性がある。ひとつはゲームをすることである。幼児の場合はパティケィクや、いないいないばあにあたる。六歳児についていては、手品や魚釣りや隠れんぼであろう。一二歳になるとバドミントンやジンラミー（トランプのゲーム）になる。小さい子どもに本を読んでやったり、年長の子どもの宿題を見てやるのも、注意のひとつのかたちである。家庭行事、すなわち映画、ピクニック、ドライブ、旅行、縁日、祭なども大事である。ある種のかたちはもっぱら子どもに奉仕することになる。四歳児につきそって浜辺で座っていたり、思春期の子どものためにいつまでもドライブしてやること、などである。これらのかたちすべてに共通しているのは——聞くことも例外ではない——子どもとともに過ごす時間が含まれることである。注意するとは、基本的にともに時間をすごすことであり、注意の質は、そのときの集中の程度に比例する。子どもと一緒に何かしてすごす時間は、うまく利用すれば、子どもを観察し理解を深めるための数知れない好機になる。ゲームに負けたときいさぎよいかどうか、宿題をどうしているか、どのように勉強しているか、何が子どもの心に訴えるか訴えないか、どんな場合に勇気を出したりおじけづくか——これらのすべてが、愛情深い親にとって一つひとつ重要な情報となる。子どもと一緒に何かする時間は、いろんな技能やしつけの原則を教える数多い好機でもある。子どもの活動を観察や教育に利用することは、もちろん遊戯療法の基本原理であり、経験のある治療者なら、子どもと一緒に遊ぶ時間をうまく利用して重要な観察や治療的介入をする。

浜辺で遊ぶ四歳の子から目を放さぬこと、六歳児の際限のない支離滅裂な話に注意を集中すること、思春期の子どもに車の運転を教えること、配偶者がその日会社やコインランドリーであったことを話すのを本気で聞くこと、相手の身になって理解し、一貫してできるだけ忍耐強く自分の意見は保留すること——これらすべてのことは、しばしば退屈でやっかいで、つねにエネルギーを消耗させる。つまり仕事なのである。怠惰ではとてもできない。少し怠惰でなくなれば、もっとひんぱんにもっとうまくやることになる。愛とは仕事なのだから、愛でないものの本質は怠惰である。怠惰の問題はきわめて重要で、訓練に関する第Ⅰ部と愛についての第Ⅱ部を通して流れている隠れたテーマである。それについては、より明確な見通しを得たうえで、第Ⅳ部で特に焦点をあてるつもりである。

失う危険性

愛の行為――自分自身を広げること――は前述したように、怠惰という慣性（仕事）、あるいは恐れによって生じた抵抗（勇気）に逆らって、動き出すことが必要になる。ここでは、愛の仕事から愛の勇気に目を転じることにしよう。自分自身を広げるとき、自己は、いわば新しい見知らぬ領域に入っていく。新しいちがった自己になる。自分が変わるのである。不慣れなことをやり見知らぬ地盤に立ってものごとをちがったやり方でする体験は、恐ろしい。それはつねにそうであったし、今後もそうであろう。変化することへの恐れに対する方法は、人によってさまざまである。しかし変化せざるをえないとすれば、恐れを避けては通れない。勇気とは恐れがないことではない。恐れにもかかわらず行動することであり、恐れからくる抵抗に抗して未知ないし未来へと動き出すことである。精神的成長の、したがって愛の、ある段階ではたえず勇気が必要であり、危険がともなう。これから考察することは、愛にともなう危険性である。

毎週教会に行っている人なら、毎日曜日、礼拝が始まるきっかり五分前に、教会の最後列の通路側のベンチの端に、ひっそりと腰かける四〇代後半の女性に気づいたことがあるかもしれない。礼拝が終わるとすぐに、静かにしかも足早にドアのほうに行き、教区の誰よりも早く、そして牧師が人々に会うために階段を降りてくる前に、姿を消してしまう。どうにかして話しかけ――おそらく見込みはない――礼拝のあとの茶話会に誘っても、丁重に礼を言っておどおどと目をそらせ、急ぎの用がありますので、と飛んでいってしまう。もし後をつけていったら、彼女がまっすぐ家に戻り、いつもブラインドが下がっている小さなアパートの鍵をあけ、入るとすぐに鍵をかけ、その日曜日二度と姿を見せないことがわかる。もし、さらに見張りを続けたら、彼女が大企業の下請けのタイピストとわかるかもしれない。そこで、彼女は無言のまま与えられた仕事を受けとり、間違いなくタイプして、できたものは何も言わずに返している。昼食は自分の机でとり、友人はいない。歩いて帰り、途中、いつも同じ、店員としゃべらなくてすむスーパーマーケットに寄ってわずかの食料を買い、そしてアパートのドアの向こうに消えると、次の日仕事に出かけるまで姿を現わさない。土曜の午後、毎週ちがった映画をかける映画館にひとりで出かける。テレビはもっているが、電話はない。郵便はめったにこない。どうにかして近づいて、寂しそうね、と言うと、ひとりでいるのが楽しいんです、と答える。ペットも飼ってないのかと尋ねると、以前とてもかわいがっていた犬がいたんだけど、八年前に死んでしまいました、あんな犬はもういません、と言うだろう。

この女性は誰か。彼女の心の秘密はわからない。わかっているのは、彼女の人生のすべてが危険を避けることに捧げられており、そのため、自分を広げるよりは、無きに等しいところまで狭め小さくしていることである。彼女は他の生き物にカセクトしない。ところでたんなるカセクシスは愛ではない、愛はカセクシスを超えている、と述べてきた。それはその通りである。しかし、愛はカセクトすることから始まる。われわれは、何らかの意味で自分にとって大切なものしか愛することができない。しかし、カセクシスにはつねに喪失や拒絶の危険がともなう。ひとりの人間に近づけば、その人に去られ、ひとりぼっちになって前よりも辛い思いをするおそれがつねにある。生きもの——人であれ、ペットや植物であれ——を愛すれば、いつかそれは死ぬ。人を信頼すれば傷つくかもしれない。人をあてにすれば裏切られることがある。カセクシスの代償は苦しみである。苦しむ危険を冒すまいとすれば、多くのことをなしですまさねばならない。子どもをもつこと、結婚すること、セックスの恍惚感、大望、友情など——すべて人生を活気づけ意味づけるものである。どのような次元ででも、動き出し成長すれば、そのむくいは喜びと苦しみである。全き人生には苦しみが満ちている。それがいやなら、十分に生きないか、まったく生きないことである。

　人生の本質は変化であり、成長と老化でひとそろいになっている。生きることと成長を選べば、変化と死の見通しを選ぶことになる。先に述べた女性が孤独な狭い人生を選ぶことになった理由は、おそらく死にまつわる体験である。それがあまりに苦しかったので、生きることを犠牲にしても二度と死を体験するまい、と決心したのであろう。死の体験を避けるには、成長も変化も避けなければならない。彼女は未知のものや予期せぬもののないわかりきった人生、危険や挑戦のない、生きながらの死を選んだのである。すべての情緒的疾患の根底に、当然引き受けるべき苦痛を避けようとする試みがあることはすでに述べた。驚くにはあたらないが、心理療法に訪れるほとんどの患者は（神経症は例外というよりはふつうのことであるから、おそらく患者でないほとんどの人も）年齢を問わず、死の現実にまともに向きあう点で問題をもっている。驚くべきことは、精神医学の文献がやっとこの現象の重要性を考えはじめたという事実である。死がつねに自分とともにあり、「左の肩」に乗っているのを知って生きることができれば、死はドン・ファンの言う「盟友」になることができる。それでも恐ろしいことに変わりはないが、たえず賢明な助言を与えてくれる源になる。死を考えることで、生きて愛する時間にかぎりあることをつねに意識すれば、おのれの時間を最高に生かしてもっとも充実した人生を送れるようになる。しかし、左肩にいる恐ろしい死の存在にしかと向きあおうとしなければ、死の意味を理解することはなく、確信をもって生きることも愛することもできない。死、ないしものごとの移ろいやすさから逃れることは、必然的に人生から逃れることになる。

自立にともなう危険性

したがって、そもそも人生は危険なものであり、愛をもって人生を生きれば生きるほど、多くの危険を冒すことになる。ところで、一生の間に冒す何千何百万にもなる危険のなかで最大のものは、成長する危険である。成長するとは、子どもからおとなへと踏み出す行為である。実際には歩み出すというより恐る恐る跳ぶ、と言ったほうが近い。それは多くの人たちが、生涯一度も本当にはできなかった跳躍である。表面上はおとな、それも立派なおとなに見えても、「成人」の大半は、たぶん死ぬまで心理的に子どものままである。そして親および親が自分に対して持っている支配力から、本当に自分を切り離したことがない。ひどく個人的なことであるが、成長の本質とそれにともなう危険の怖ろしさを説明するには、私自身が一五歳の終わり――幸いにも、人生のとても早い時期――に踏み出したおとなへのたいへんな一歩を述べるのが、一番よいと思う。この一歩は意識的な決断であったにもかかわらず、当時、自分がしようとしていることがまさかおとなになることだとは、まったく気づいていなかったことを前置きしておきたい。私にわかっていたことは、自分が未知のものに向かって跳んでいる、ということだけであった。

一三歳のとき、私は家を離れてフィリップス・エクセター・アカデミーに入学した。そこは名門の誉れ高い男子の私立進学校であり、私の兄が先に入学していた。そこに行けるのは幸運だ、と私にはわかっていた。エクセターに通っていれば、アイビー・リーグに属している大学に入学し、その後は既成社会の最上層に入るのがお決まりのパターンであった。その学歴のおかげで、私には広い道が開かれていたと言っていい。「金で買うことができる最善の教育」を与えてくれる、裕福な両親の子どもに生まれて非常に恵まれている、と私は思っていた。また、明らかにまっとうなパターンに属していることからくる、深い安心感もあった。唯一の問題は、エクセターに入学するやいなやひどく惨めになったことである。なぜなのかは当時まったくわからなかったし、今もまだ謎である。とにかく居心地が悪い。教師、学生、学科、建物、社交、何もかも合わない気がした。しかし、最善をつくして自分の不完全さを埋め、目の前に広がっている明らかに正しいと思われるパターンに合わせるよう努めるしかない、と思われた。そして二年半の間努力した。しかし一日一日人生は無意味になり、私はさらにみじめになった。最後の年は、眠る以外ほとんど何もしなかった。眠っている間は、とにかく何らかの慰めを見いだせたからである。今から思えば、たぶん眠ることで休息し、まもなく決行する跳躍に無意識のうちに備えていたのであろう。三年生の春休みに帰宅したとき、私は決行し、もう学校には戻らないと宣言した。父は、「やめるわけにはいかないよ」と言った。「何しろ金で買える最善の教育なんだからね。自分が何を捨てようとしているのか、わかってるのかい」

「いい学校だってことはわかってる」と私は答えた。「でも戻るつもりはないんだ」

「どうしてうまく合わせられないんだろう。もう一度やってみる気にはならないのかね」と両親は尋ねた。

「わからない。自分でもどうしてこんなにいやなのかわからないんだ。でも、いやなんだ。戻る気はない」。答えながらまったくうまくない感じであった。

「じゃあ、これからどうするつもりなんだ。将来に対してそんないい加減なことをして、一体何を考えてるんだ」

「わからない。わかっているのはもう学校に戻らないってことだけなんだ」と、再びみじめな気持ちで、私は答えた。

両親が驚いたのは当然である。彼らはさっそく私を精神科医のところにつれて行った。医者は、私が抑うつ的になっていると言い、一カ月の入院を勧めた。そして、本当に学校をやめたがっているのかどうかを決める、一日の猶予を与えてくれた。その夜は、私が自殺を考えた唯一のときであった。精神病院に入院するのは、本当にふさわしいような気がした。精神科医が言った通り、私はうつになっていた。兄はエクセターでうまくやっているのに、どうして自分はだめなのか。うまく合わせられないのは、すべて自分が悪いからとわかっていた。それでとことんだめな無能で価値のない人間という気がした。それどころか、たぶん気がふれていると思った。「こんなにすばらしい教育を放り出すなんて、おまえはおかしくなったのか」と父が言ってもいた。エクセターに戻れば、安全で保証された、正しくまっとうで建設的な、安定したすべてのもののところに帰ることになる。しかし、それは自分ではない。存在の奥深いところで、それが自分の道でないことを私は知っていたのである。それでは自分の道とは何か。もし戻らなければ、行先にあるものはすべて未知の、定まらない、安全でも安定もしていない、正当でもなく予想もつかないものであった。そんな道を選ぶ人は誰であれ、気がふれているにちがいない。私は怖ろしかった。しかし、絶望のどん底にあったとき、無意識から一連の言葉が浮かんできたのである。それは自分の声とは思えない、不思議な、肉体を離れた霊魂のお告げのようであった。「人生における唯一の真の安定は、不安定を享受することにある」。たとえそれが狂気を意味し、神聖と思われるすべてのものから足を踏みはずすことであっても、私は私のままでいようと決心した。そして気が楽になった。そこで翌朝再び精神科医のところに行って、エクセターに戻るつもりはありません、しかし入院の心づもりはできています、と言った。私は未知のものへ跳んだのだ。自分の運命を自分自身の手に引き受けたのである。

成長の過程は、通常たいへんゆっくり進む。八歳の子どもが、ひとりで自転車に乗って初めて郊外の店まで行ったり、一五歳の青年が初めてデートに出かけたりといった、未知に対する小さな跳躍を数知れず重ねて、成長していくのである。そんなことは危険と呼べないという人は、それがどんなに不安だったか、覚えていないのである。よく観察すれば、健康そのものの子どもにさえ、初めておとなっぽいことをしてみたい気持ちと裏腹に、ひるみや尻込み、安全な親しみのあるものにしがみつき、依存的で子どもっぽいままでいたい気持ちのあることがわかる。さらに多少ともかすかなレベルで、自分も含めておとなにも同じようなアンビバレンスがあり、とくに老人は、前からよく知っている、慣れたものに固執しがちであることがわかる。四〇歳にして、ほぼ毎日私は、ものごとを今までとちがったふうにする機会、すなわち成長の機会を与えられている。望むほど速くはないが、まだ成長し続けているわけである。小さな跳躍のなかには、とてつもなく大きな跳躍がまじっている。たとえば学校をやめたとき、私は、それまで育ってきた生き方と価値観のすべてを棄てなければならなかった。多くの人々は、このようなとてつもない可能性をもつ跳躍を、一度もしたことがない。したがって、実際にはまったく成長していない。見かけに反して、心理的には親の子のままであり、親から受け継いだ価値観によって生き、親の是認か否認かでものごとを決め（親はとっくの昔に死んで埋葬されていても、である）、おのれの運命を自らの手に引き受けようとしない。

このような大きい跳躍は、たいていは青年期になされるが、何歳であっても可能である。人を抑えつけて馬鹿にしてばかりいる、石頭の男尊女卑の男と結婚していた三人の子持ちの三五歳の女性は、夫に依存しながらの結婚生活が生きながらの死であることに、辛い思いをしながら気づくようになった。夫は、ふたりの関係の質を変えようとする彼女の試みをすべて妨害した。彼女は信じがたい勇気をもって夫と離婚し、夫の非難や隣人の批判という重圧に耐え、子どもと自分だけで未知の未来に賭けた。そうやって生まれて初めて自分自身になったのである。心臓発作の後うつになった五二歳のビジネスマンは、もっと儲けもっと出世しようという、常軌を逸した野心につき動かされていた人生をふり返り、その無意味さに気がついた。長いあいだ考えた末、支配的でいつも批判的な母親に認めてもらいたい気持ちに駆られていたことがわかった。母親に認めてもらうために、死ぬほど仕事をしていたのである。初めて母親の否認を受けとめて、同時に、裕福な暮らしを失いたくない贅沢な妻子の怒りをものともせず、彼は郊外に引っ越してアンティーク家具の小さな店を始めた。このような大きい変化、自立と自己決定への跳躍は、いくつになっても非常に苦しいものであり、とてつもない勇気を必要とする。それが心理療法の成果であることが多い。実際、それにともなう危険が大きいので、踏みきるにはしばしば心理療法が必要なのである。それは、治療が危険を少なくするからではなく、患者を支え勇気づけるからである。

ところで、愛することが新しい次元を開くことはさておいて、成長することは愛することとどんな関係にあるのだろうか。まず第一に、今まで述べてきたもろもろの変化にしろ、それ以外の似たような変化にしろ、すべて自己愛の行為にほかならない。私は自分を大切に思ったからこそ、自分の要求に合わない学校や社会的環境に、みじめなままでとどまるのを嫌ったのである。先の主婦は、自分を尊重したからこそ、自由を妨げ個性を抑えこむ結婚に、それ以上耐えることを拒否したのである。例のビジネスマンが、母親の期待に添うために自分を殺すことをやめたのは、自分自身を大切にしたからである。第二に、愛はそうした大きい変化を動機づけるだけでなく、それにともなう危険を引き受ける勇気を支える。私が、安心して親の期待にそむき、親の用意した生き方を退けることができたのは、両親が若い私を明らかに愛し尊重してくれていたからである。しでかしたことのために、自分をだめで価値のない、たぶん頭もおかしい奴と感じていたにもかかわらず、それに耐えられたのは、心の底に、どうなっても自分はよい人間だ、という感覚があったからにほかならない。それが狂気を意味したとしても、あえて変わり者であることによって、それまで両親の与えた何百もの愛のメッセージに、私は応えていたのである。それは「おまえはすばらしい人間だ。おまえはおまえであればいい。おまえがおまえであるかぎり、何をしようと私たちはおまえを愛してるよ」ということである。私自身の自己愛には両親の愛が反映していた。そこからくる安定感がなければ、私は、未知のものよりは既知のものを選び、親の気に入る生き方を求め続け、自分自身の基本的な独自性をすっかり破壊していたろう。最後に、完全な自分、心理的自立、ユニークな個人という未知の世界に飛躍して、初めてより高い精神的成長へ進み、もっとも偉大な次元において愛を表現することが可能になる。親を喜ばせようとして、あるいは社会全体を含めた他者の期待に応えるために、結婚し、就職し、子どもをもうけるかぎり、それらの営みは本質的に浅薄なものとなる。愛情深く子どもに接していても、そう期待されているからというのが主な理由である間は、親は子どもの暗に求めていることに鈍感で、微妙な、しかもしばしばもっとも重要な愛の表し方がわからない。愛の最高のかたちは、つねに完全に自由な選択であり、周囲に合わせるためのものではない。

真剣《コミットメント》にかかわることの危険性

浅かろうと深かろうと、真剣《コミットメント》にかかわることは純粋な愛情関係の基礎、根底をなしている。かかわりが深いからといって、関係がうまくいく保証はないが、ほかのどんな要因よりも、それをたしかなものにするのには役立つ。初めは浅いかかわりでも、時とともに深まるかもしれない。そうならない場合、関係は破綻しやすい。もしくは例外なく、病的で慢性的にもろいものになる。多くの場合、深いかかわりにともなう危険の大きさに、人は意識的に気づいていない。恋愛という本能的な現象の果たす役割のひとつが、結婚に際して、自分のやろうとしていることの恐ろしさを、全能の魔法のマントで当人から隠してやることであるのは、すでに述べた。私の場合、祭壇の前に妻と並ぶまでは、まあまあ冷静だった。しかし並んだ瞬間、全身が震えた。そしてあまりにも平静を失ったので、式のこともその後の披露宴のことも、ほとんど思い出せない。とにかく、結婚後恋愛から純粋の愛へ移行できたのは、真剣にかかわる気持ちがお互いにあったからである。また妊娠の後、生物学上の親から心理的な親になれたのも、真剣にかかわる気持ちがあったからである[6]。真剣にかかわることは、純粋な愛情関係ならばどれにも備わっている。相手の精神的成長を本気で考えれば、意識的あるいは本能的に、一貫した関係によってしかその成長を促しえないことがわかる。予測のつかない環境で、いつ棄てられるかわからないようでは、子どもが心理的に成熟することはない。結婚につきものの諸問題——たとえば依存と自立、支配と服従、自由と貞節など——は、それにまつわるごたごたと真剣に取り組むこと自体が夫婦の関係を壊すわけではない、という安心感がなければ健全なやり方で解決することができない。

　真剣にかかわることは、たいていの精神障害の本来的な部分をなしており、それが心理療法の流れに決定的な役割を果たす。性格障害の人々には、浅いかかわりしか作らない傾向があり、障害が重篤《じゅうとく》な場合は、かかわる能力がまったく欠けているようである。彼らは、真剣にかかわることの危険を恐れているというよりは、それがどういうものか、根本的に理解していない。子どものとき、親が意味深いかたちでかかわることをしなかったために、彼らはかかわりを経験せずに育った。彼らにとってかかわりとは、理解を超えた抽象概念、明らかには把握できない現象なのである。他方神経症の人々は、一般にかかわりの本質に気づいているのだが、それを恐れて身動きできなくなっていることが多い。幼少時の経験では、通常、親は十分子どもとかかわり、子どもも親とかかわっていた。しかしその後、親の死や遺棄、あるいは長期にわたる拒絶によってその愛が失われると、報われないかかわりは耐えがたい苦痛の経験となる。当然、新しくかかわることが恐ろしくなる。このような傷つきは、後日、より望ましい根本的なかかわりを経験することによってしか癒されない。かかわることが心理療法関係の要石《かなめいし》であるのは、何よりもそのためである。長期の治療が必要な患者を新たに受け入れるとき、私は、やろうとしていることの大きさに身震いすることがある。というのは、根本的な治癒が生じるためには、心理療法家が患者とのあいだに、純粋に子どもを愛する両親と同じ、強いかかわりを持たねばならないからである。治療者のかかわりの気持ちと一貫した配慮は、通常、何カ月、何年もの治療を通して、さまざまなかたちで試されたうえで必然的に明らかになる。

レイチェルは、冷淡で近寄りにくいほどおすましの二七歳の女性であったが、短い結婚生活が終わりを告げたところで私のところにやってきた。夫のマークは、彼女の不感症のために離れていった。「自分が不感症だってことは知っています」とレイチェルは言った。「そのうち感じるようになると思ってたんですけど、だめでしたわ。マークのせいじゃないと思うんです。誰としても、よかったことがないんですもの。それに本当のこと言うと、自分がそう望んでるのかどうかもはっきりしないんです。私のある部分は望んでいます。だっていつかは幸せな結婚もしたいし、ノーマルにもなりたいし――セックスって楽しいのがふつうなんでしょう。でももうひとりの自分は、このままで十分満足してるんです。『力まないで。身を任せることなんだ』ってマークがいつも言ってましたわ。でも私、たぶん、リラックスして身を任せるのがいやなんですわ。たとえできてもね」

私たちの仕事が三月目に入ったとき、私は、レイチェルが話しあいのため腰をおろすまでに、いつも少なくとも二回、「ありがとう」と言う事実を指摘した――最初は待合室で顔をあわせるとき、次に私のオフィスに入るときである。「礼儀正しくて、どこがいけないんでしょうか」と彼女は尋ねた。

「それ自体は別に悪くないんですよ」と私は答えた。「しかし、この場合には不必要でしょうね。それではまるでふつうのお客さんみたいじゃないですか。それも、歓迎されるかどうかわからないみたいなね」

「でも私は、ここではお客でしょう。ここは先生のおうちなんだから」

「それはそうです」と私は言った。「しかし、あなたがここで一時間を四〇ドルで買ってるのも事実なんですよ。あなたは、この時間とオフィスのこの場所を買ったんです。あなたが買ったんだから あなたには権利があるんですよ。あなたはお客さんじゃないんです。このオフィスも、待合室も、私と一緒にすごす時間も、あなたのものなんです。そのためにお金を払ってるのに、どうして礼なんか言うんですか」

「先生が本当にそう思ってらっしゃるなんて、信じられませんわ」とレイチェルは叫んだ。

「それじゃあ、私がいつでもあなたを追い出せるとでも思ってるんでしょう」と私は続けた。「いつか、入ってくるなり『レイチェル、あなたと仕事するにはあきあきしちゃったよ。もうやめた。さようなら、お元気で』とでも言われると思ってるんでしょう」

「ほんと、その通りですわ」とレイチェルはうなずいた。「自分の権利だなんて、今まで思いもよらなかったわ。誰に対してもよ。私を放り出すことなんてないよっておっしゃるんですか?」

「そりゃあ、しようと思えばできますよ。でもするつもりはありません。したいとも思いませんね。それに、それは何よりも道義に反することになる。ねえ、レイチェル」と私は言った。「あなたのように長くかかるケースを引き受けるとき、私はそのケース、その人にコミットするんです。私はあなたに賭けたんだ。一年、五年、一〇年、何年かかろうと、必要なかぎりあなたとやっていく。何とかなってからあなたがやめるのか、なる前にやめるのか、そいつはわからない。いずれにしても、決めるのはあなたなんですよ。死ねば別だけど、あなたが望むかぎり、私はいつまでも頑張りますよ」

レイチェルの問題を理解するのは、私には難しくなかった。彼女の治療を始めるちょうどそのとき、前夫のマークがこう言ったのである。「これにはレイチェルの母親がだいぶからんでると思うんですよ。母親は立派な人で、ゼネラル・モーターズの社長にでもなれそうな人です。しかしそれがよい母親かどうかはわかりませんね」。その通りだった。レイチェルは、規則通りしなければいつ放り出されるかしれない、と感じながら育った。というよりも育てられた。家のなかで、子どもらしく安心していられる——子どもにコミットしている親だけが与えられる感じを与えられず、たえずそれと逆のことを伝えられていたのである。それは、求められたものを作り期待通り行動しないかぎりお払い箱になる、雇い人の立場と同じであった。家のなかで安心していなかったのに、どうして私と一緒にいて安心できるだろうか。

親がコミットしないために生じるこのような傷は、ちょっとした言葉やうわべの保証で癒されるものではない。しだいにレベルを深めて、何度も何度もやり抜いていく必要がある。そのようなひとつの場合が、一年以上もたってから生じた。私たちは、レイチェルが私の前で泣いたことがない事実に焦点をあてていた――これは、彼女が自分を「解き放つ」ことのできないもうひとつの表れであった。ある日、いつも見張られているようでたまらなく寂しかった話をしているとき、彼女が泣く寸前にきているのを感じ、あとひと押しと思っていつもはしないことを、私はした。彼女が横たわっている長椅子に身を乗り出し、「かわいそうに、レイチェル。かわいそうに、レイチェル」とつぶやきながら、優しく彼女の頭をなでたのである。このしぐさは失敗した。レイチェルはさっと身をこわばらせ、乾いた目で起き上がった。「できませんわ」と彼女は言った。「私には身を任せるなんてとてもできませんわ」。セッションは終わりかけていた。次のセッションでレイチェルは、入ってくるなり、横になるかわりに長椅子に座りこんだ。そして「さあ、どうぞお話しになって」と宣言した。

「どういうことですか」と私は尋ねた。

「私のどこがいけないのか、洗いざらい話してくださるんでしょう」

私は戸惑った。「レイチェル。何のことやら、よくわからないのだけれど」

「これが最後のセッションなんでしょう。私のいけないところ、これ以上治療できない理由をみんな、かいつまんで話してくださるおつもりなんでしょう」

「これからどうするかなんて、ちっともわからないよ」と私は言った。

今度はレイチェルが戸惑う番だった。「いいわ」と彼女は言った。「この前、私に泣いてほしかったんでしょう？　先生はずっとそう望んでらしたんだわ。この前、できるかぎりのことをなさったのに泣かせられなかった。だから私のことはもう諦めるおつもりなんですわ。先生の思い通りに、私やれませんもの。だから今日で面接はおしまいなんです」

「レイチェル、私があなたを放り出すなんて、本当に信じてるの？」

「ええ、誰だってそうするのよ」

「いやいや、レイチェル。誰だってってわけじゃないんだよ。あなたのお母さんならするかもしれない。しかし私はあなたのお母さんじゃない。誰でもがあなたのお母さんみたいじゃないんだよ。あなたは私の使用人じゃないんだ。あなたがここにいるのは、私の望んでいることをするためじゃない。自分がしたいときにしたいことをするために、ここにいるんだ。私があなたをせかすことはあっても、押しつけることは何もないんだ。私のほうからあなたを放り出すなんてことはありっこないんだ。あなたは、来たいと思うかぎりずっと来たらいいんですよ」

両親から安定したかかわりを与えられなかった人が共通にもつ、おとな同士の関係における問題のひとつは、「棄てられる前に棄ててやる」症候群である。この症候群はさまざまな形や姿をとる。ひとつのかたちがレイチェルの不感症であった。意識に昇ることはなかったが、彼女の不感症は夫ないしは以前のボーイフレンドたちに、「あなたなんかに任せるもんですか。どうせ私を棄てるつもりなんてお見通しなんだから」という気持ちを表現していたのである。レイチェルにとって「任せる」ことは、性的であれ何であれ、自分をコミットさせることを意味していた。そして過去の経験から、コミットしても返ってこないのはほぼまちがいないと思っているので、コミットする気にならなかったのである。

「棄てられる前に棄ててやる」症候群は、レイチェルのような人が、他者に近づけば近づくほど強くなるものである。週二回の割で一年治療したあと、レイチェルは、週八〇ドルを払えなくなった、と言った。離婚してからやりくりが難しくなったので、治療をうち切るか週一回に減らしたい、と言うのである。現実的にはこれはふざけたことだった。彼女には給料に加えて何万ドルかの遺産があること、また、彼女がその地域の裕福な旧家の出であることを私は知っていた。ふつうなら私は、彼女がたいていの患者より余裕のあること、金銭の問題を持ち出して私ともっと親しくなるのを避けようとしていることを、わからせようと努めるところであった。他方レイチェルにとって、遺産がたんなる金以上の意味をもっているのも知っていた。それは彼女のもの、彼女を見捨てることのないもの、コミットできない世界の安全を保証する砦《とりで》だったのである。標準の料金を遺産から払えばよい、といってもよかったのだが、彼女にはまだそこまでの準備ができていないので、強要すれば本当に逃げてしまう危険があった。彼女は、自分の収入では週五〇ドルなら払えるし、一セッションあたりそれでどうか、と尋ねた。私は、料金を二五ドルにして今まで通り週二回会おう、と答えた。彼女は、恐れと不信と喜びのないまじった表情で私を見つめた。そして「本当にそのおつもりなの」と尋ねた。私は頷いた。長い沈黙が続いた。やっと、これまでになく、泣き出しそうになってレイチェルは言った。「私が裕福な家の出なもんですから、町のもの売りたちはいつだって、ぎりぎりまで値段をつり上げるんです。でもあなたは破格の料金をつけてくださるのね。そんな人、初めてだわ」

事実レイチェルは、その翌年も、お互いのかかわりが深まるのに耐えられなくて、何度か治療を中断した。そのたびに私は、一週間か二週間かかって、手紙と電話で彼女を呼び戻すことができた。治療を開始して二年目が終わるころ、とうとう肝心の問題についてもっとつっこんだ話しあいができるようになった。私は、レイチェルが詩を作っているのを知っていて、見せてほしいと頼んでみた。最初彼女は断ったが、やがて承諾した。しかし来る週も来る週も、もって来るのを「忘れた」。私は、詩を見せないのは、マークや他の男たちに性を許さなかったのと同じ意味をもつ、と指摘した。詩を見せることを、なぜ彼女は完全なコミットメントと感じたのか。性を分かちあうことを、なぜ彼女は同様のコミットメントと感ずるのか。私が彼女の詩から感銘を受けなければ、それだけで彼女はすっかり拒否されたと思うのか。彼女が優れた詩人でないからといって、私が彼女を見放すだろうか。たぶん詩を見せられればふたりの関係は深まるだろう。どうして彼女はこうした深まりを恐れるのか。などなど。

治療が三年目に入って、やっと彼女は、彼女に対する私のコミットメントを認め、「任せ」はじめた。そしてついに、思いきって詩を見せたのである。それからは、悲しいときに泣けるようになった。くすくす笑ったり、大声で笑ったり、からかったりするようにもなった。以前は堅苦しく形式張っていたふたりの関係が、温かく自然で、しばしば愉快で楽しいものになった。「今まで、人といてリラックスするってどんなことかわからなかったわ」と彼女は言った。「ここは生まれて初めて私が安心できるところだわ」。面接室と面接時間をもとに、彼女は急速にいろんな関係に入りこめるようになった。セックスとはコミットメントの問題ではなくて自己表現のひとつ、遊びであり、冒険であり、学習であり、楽しい自己放棄であることに、彼女は気がついた。傷ついたときには、私がいつでもいることを知って、自分の性的な面を自由に解放できるようになった。私は、彼女にはいなかったよい母親のようであった。そして不感症は消えていった。四年目に治療を終結するころには、レイチェルは陽気で率直に感情を表せる人になり、あらゆる面から人間関係を享受するのに忙しかった。

子ども時代のコミットメント欠如からくる悪影響を克服するに足る、コミットメントを彼女に与えることができたのは幸運であった。しかし、私がいつも幸運であったわけではない。第I部で転移の例としてあげた、コンピュータ技師の場合がそうである。彼の求めるコミットメントがあまりに全的なものだったので、私はそれに応じることができなかったし、応じようともしなかった。治療者のコミットメントが治療関係の紆余曲折を乗り切るに十分でなければ、根本的な治療が生じることはない。しかし治療者のコミットメントが十分であれば、通常——必ずとは言えないにしても——患者は、遅かれ早かれ、治療者と治療そのものに自分もコミットすることで応えるようになる。患者がこのコミットメントを表しはじめるときが、治療の転機である。レイチェルの場合、やっと私に詩を見せたとき、この転機が訪れたと思う。奇妙なことに、週二～三時間の治療を何年もまじめに受けているのに、転機に至らない人がいる。最初の数カ月でここまでくる人もいる。しかし、転機に達しないことには治療の見込みはない。転機のくるときは、治療者にとって喜びと安堵のすばらしい瞬間である。そこまでくれば、患者がよくなることにあえてコミットしたこと、したがって治療の成功がわかっているからである。

治療にコミットする危険は、コミットすることそれ自体の危険にとどまらず、自己との対決および変革の危険でもある。第Ⅰ部の、真実に忠実であるための訓練について述べた際、現実についての自分の地図や、世界観や転移関係を変えることがどんなに困難であるかを考察した。しかし、自分と深いかかわりのある新しい次元や領域にまで、自分自身を何度も広げていく愛の人生を送ろうとすれば、それらを変えていかねばならない。ガイド役の心理療法家の有無は別として、精神的成長の旅路には、新しい世界観に見合った、不慣れな新しい行動を起こさねばならないときが何度もやってくる。そのような新しい行動をとる——以前ずっとやっていたのとはちがったふうに行動する——ことは、個人的にはとてつもない冒険であるかもしれない。受動的な、同性愛傾向のある青年が、初めて積極的に女の子をデートに誘う。他人を信用したことのない人が、初めて分析者の長椅子に横たわり、分析者の姿が見えなくても耐えられる。それまで依存的だった主婦が、支配的な夫に対して、夫が何と言おうとも仕事をもつ、自分には自分の生活がある、と宣言する。五五歳のマザコンの男性が、子どもっぽいニックネームで自分を呼ばないでくれ、と母親に言う。感情の乏しい、表向きは傲慢《ごうまん》で「強い」男性が、初めて人前で涙を見せる。あるいはレイチェルが「身をゆだね」、初めて面接室で泣く。これらの行動は、数えあげればきりがないが、兵士が戦場におもむく以上の個人的な、したがってしばしば恐ろしくぞっとするような危険を含んでいる。兵士は、前からも後ろからも狙われているから逃げることができない。しかし成長を模索する人にはつねに、安直で馴れ親しんだ、より限定された過去へ退却する余地がある。

有能な心理療法家は、治療関係に患者と同じ勇気と関与の感覚を注ぎこまねばならない、とされてきた。治療者もあえて変化しなければならないのである。これまで私の学んだ心理療法の有用な法則のうちで、ときとして私があえて守らないでおこう、としなかったものはほとんどない。それは怠惰や、自制の欠如によってではなく、恐る恐る震えながらのことであった。教科書通りの分析家の役割という安全な路線からはずれ、あえて人と違って慣習に従わないことが、何らかの意味で患者の治療に必要だと判断したからこそなのである。成功したケースを一つひとつふり返ってみると、どのケースでもある時点で、あるいは何度か、自分が瀬戸際に立たされていたことに気づく。そのようなとき治療者が進んで苦悩することが、たぶん治療の要諦なのである。患者がそれに気づいたとき——たいていはそうなのだが——それが必然的に治療的に働く。治療者自身が成長し変化するのも、自分を広げ、患者とともに、そして患者のために、苦悩するこの積極性によってなのである。成功したケースをふり返ってみると、私の態度や観点に、有意義なしばしば根底からの変化をもたらさなかったケースはひとつもない。そうでないといけないのである。自分の内に他人を容れる余地を作らずに、他人を理解することはできない。この、余地を作ることが括弧づけ《ブラケティング》の効果なのだが、それが自己の拡張、したがって自己の変革を必要とするのである。

同じことが、心理療法だけでなく子どもの養育についても言える。子どもの話に耳を傾けるには、同じ括弧づけと自分の拡大が必要なのである。子どもたちの健全な求めに応じるには、親自身が変わらねばならない。その変化にともなう苦悩を自ら引き受けようとするとき、初めて子どもの求める親になることができる。子どもたちはたえず成長し、求めるものも変わっていくから、親も子どもとともに変化し成長せざるをえない。たとえば、青年期に達するまではうまくやれていて、以後、親としてだめになる人がいる。彼らは、今や大きくなって別人になった子どもに対して、自分の態度を変えることができないのである。愛に関するあらゆる例について言えることだが、子どもをうまく養育することにともなう苦悩を、ある種の自己犠牲とか殉難とみなすのは、誤りであろう。逆に養育の過程から、親は子ども以上に多くのものを得る。変化し成長し、子どもから学ぶ苦しみを引き受けようとせぬ親は――知ってか知らずか――老化の道を選んでおり、子どもたちや世のなかから取り残されてゆく。子どもから学ぶことは、有意義な老年を保証する最良の機会である。悲しいことに、ほとんどの人がこの機会を利用していない。

対決する危険性

愛にまつわる究極の、そしてたぶん最大の危険は、謙虚さを失うことなく力を行使することである。もっともよく見られるのが、愛しながら対決することである。対決するとは、本質的に「おまえはまちがっている。私が正しい」と言っていることになる。親が子どもに対決して「おまえはずるい」と言うとき、実は「おまえはまちがっている。私自身はずるくないし正しい。だからおまえを批判する権利がある」と言っているのである。夫が不感症の妻に対決するとき、「私は性的にまともだし、ほかの面でも悪いところはない。だから、おまえがもっと性的に感じないのが悪い」と言っている。夫に対決し、妻子とすごす時間が不十分だと責める妻は、「あなたが仕事ばかりするのが悪いのよ。私はあなたの仕事をやったことはないけれど、あなたよりずっとよくわかるのよ。あなたはもっとちがった時間の使い方をしたほうがいいんだわ。私にはちゃんとわかってるの」と言っているのである。「私は正しい。あなたがまちがっている。あなたは変わらねばならない」と言って人と対決することは、誰しもたやすくできる。両親、配偶者、それ以外のさまざまな人に、習慣的に何気なく、あれやこれやと矢つぎばやに批判の言葉を浴びせかける。このような批判や対決の多くは、通常怒りや困惑から衝動的になされるのだが、世のなかを明るくするよりはますます混乱させる。

本当に愛している人は、批判や対決を簡単にすることができない。それが、潜在的に傲慢になりやすいのが目に見えているからである。愛する人と対決することは、少なくともさしあたっての問題に関するかぎり、自分が愛する人よりも倫理的、知的に高いとすることである。しかし純粋な愛とは、他者のユニークな個性や別個のアイデンティティを認め尊重することであった（これについてはさらにあとで述べる）。愛する人の独自性や相異点を尊重し真に愛している人は、「私は正しい。あなたがまちがっている。何があなたのためになるのか、私のほうがわかっている」などと言えるものではない。しかし現実には、ときとして他人のほうが、何がその人のためになるのか本人より知っていることがあり、その件に関して卓越した知識ないし知恵を持っている場合がある。そのような状況では、賢明なほうが、相手の精神的成長を親身に考えた上で、実際に問題に直面させる義務がある。だから愛している人は、相手なりの道を尊重すると同時に、相手が必要としている場合は、愛のこもったリーダーシップを取るというジレンマに陥ることがしばしばある。

このジレンマは、骨身を削るような自省によってしか解消されない。つまり愛する者は、自分の「知恵」の価値と、リーダーシップをとる必要性の背後にある動機とを、厳しく検討する。「自分は本当に事態を明確にとらえているのか。愛する者を本当に理解しているか。愛する者のとっている道のほうが賢明ではないのか。そう思えないのは、視野が狭いからではないか。愛する人が方向を変えるべきだと思うのは利己的な動機からではないか」。これらは、本当に愛している者ならば、たえず問いかけねばならないことである。このように、できるだけ客観的に自省する態度が謙虚、温順の本質である。一四世紀イギリスの無名の僧で、魂の師であった人の言葉によれば、「温順さとはそれ自体、自己のあるがままを知り感じ取ることにほかならない。誰であれ、自分自身をあるがままに見、感じる人は、事実上、温順であるはずである[7]」。

だから、他者を批判したり対決するにはふたつの方法がある。本能的直観的に自分が正しいと思いこんでか、綿密に自分を省みておそらく自分が正しいと考えてか、である。はじめの方法は思い上がったやり方で、両親、夫婦、教師、一般の人々が日常茶飯的によく用いる。たいていうまくいかず、成長どころか憤りを買い、思いもよらない結果を招く。後のほうは謙虚なやり方で、あまり用いられない。事実、自己を純粋に拡大することが必要であり、成功する可能性が高い。私の経験では、破壊的に作用することはまずない。

人を批判したり対決する本能的な傾向を抑制してはいるが、温順という徳目の陰に隠れてそれ以上のことをせず、あえて力をふるわない人がけっこういる。そういうひとりにある牧師がいた。生来抑うつ神経症に悩んでいた中年の私の患者の、父親である。患者の母親は怒りっぽい暴力的な人で、かんしゃく発作と人を振りまわすことで家中を支配し、患者である娘の目の前で、夫に手をかけることもまれではなかった。牧師は一度もやり返したことがなく、娘にも、母親にもう一方の頬を向けるよう助言し、キリスト教的な慈愛の名において、とめどなく服従的かつ丁重であった。治療を始めたとき、娘は父の温厚さと「愛情深さ」をほめそやした。しかし、父の温順さが弱さであり、その受け身なありようが、娘から親との然るべきかかわりを奪っていたこと、そしてそれは思いやりのない自己中心的な母親とまったく変わらないと気づくのに、長くはかからなかった。彼女は、父親が母親から自分を守るために何ひとつせず、いっさい悪に対決しなかったので、そうした父親のえせ謙虚さを取り入れ甘んじて母親の犠牲となる以外どうしようもなかったことを、最後には理解するようになった。精神的成長に必要なとき対決しないのは、むやみに批判したり非難したり、露わに慈しみを拒むのとまったく同じで、愛することのできぬことを意味している。子どもを愛しているのなら、控え目に注意深くはあっても、ときには積極的に子どもと対決し、批判しなければならない。そのかわり、子どもが親と対決するのも許されねばならない。同様に、夫婦関係がお互いの精神的成長を促すのに役立つとすれば、愛しあう夫婦はくり返し対決しなければならない。夫婦がお互いの最良の批判者でなければ、結婚が本当にうまくいっているとは言えない。友人関係も同じである。友情とは、葛藤のない、礼儀にかなった好意と社交辞令を交換するだけの、「僕の背中をかいてくれ、君の背中をかいてやるから」といった関係だとする、伝統的な考えがある。そういう関係は、通常言われている友情の名に値しない。幸い、友情に関する考えは深まりはじめている兆しがある。お互いに愛をもって対決することは、意味深く実り多いあらゆる人間関係の重要な部分である。それがなければ、関係は実りのない浅薄なものになる。

対決したり批判するのは、リーダーシップや力を行使するひとつのかたちである。力の行使とは、意識的、無意識的にあらかじめ決まったやり方で行為することで、人間的ないしそれ以外の、ことの成り行きを変えようとする試みにほかならない。対決したり批判したりするのは、その人の人生のコースを変えたいからである。ことのなりゆきを変えるには、明らかにたくさんの、対決や批判よりしばしばよい方法がある。たとえば示唆、たとえ話、賞罰、質問、禁止や許可、体験させること、他者との協力など。力を行使する術に関しては、何冊でも本が書ける。しかし本論の趣旨からは、愛する人はこの術も心得ておくべきだ、と言うだけで十分である。というのは、他者の精神的成長を促すには、最も効果的な方法を心得ておくべきだからである。たとえば子どもを愛する親は、子どもにとって何が最善かわかっていると決めつける前に、まず、自分自身とその価値観を厳しく調べる必要がある。そしてそうと決まったら、子どもの性格や能力を十分考えて、ほめたり気をつけてやったりお話をするなどより、対決するほうがよいかどうかも考えてみなければならない。当人のどうすることもできない事柄について対決するのは、せいぜいのところ時間の浪費であり、有害な影響を及ぼす可能性がある。こちらの話に耳を傾けてもらいたければ、聞き手が理解できる言葉で、かつ実行可能なレベルで話さなければならない。人を愛するのなら、自らを広げ相手の能力に合わせてコミュニケートする必要がある。

愛をもって力を行使するのは、明らかにたいへんな仕事である。しかし、それにともなう危険についてはどうであろうか。問題は、愛すれば愛するほど人は謙虚になり、謙虚になればなるほど力を行使するのを恐れることである。ことのなりゆきを変えようとする自分とは、いったい何者なのか。どんな権威によって、子どもや配偶者や国家や人類に何が最善かを決める資格を与えられたのか。おのれの考えを信じこみ、あえてその意志を世界におよぼす権利を誰が与えたのか。神のごとくふるまう自分とは何者か。それこそが危険性なのである。なぜなら力を行使するときはつねに、世の人のたどる道を変えようとしており、したがって神のごとくふるまっているのだからである。たいていの両親、教師、指導者——力を行使する人のほとんど——には、このことがわかっていない。愛の要求する完全な自省ないし自覚なしに、居丈高《いたけだか》に力を行使しながら、おのれが神の役割を演じていることを知らない。しかし結果は破壊的である。真に愛する人、つまり、愛の要求する英知のために努める人は、それは神を演じることであるのを承知している。しかも、無為無力であるまいとすれば、それ以外にとるべき道のないことも知っている。愛は、まさしく自分のやっていることのとてつもなさを十分認識したうえで、神を演じることをわれわれに強いる。この認識によって、愛する人は、自ら神であろうとする責任を引き受け、不注意に神を演じるのではなく、まちがいなく神の意志をまっとうするのである。ここでまたしてもひとつのパラドックスにぶつかる。人間は、愛の謙虚さをもって初めて神であろうとすることができる。

愛とは訓練《ディシプリン》される

自律（セルフディシプリン）の仕事のためのエネルギーが愛から生じること、それが意志のひとつのかたちであることを述べてきた。そこから、自律とは行動に移しかえるとふつうは愛となる、と言うだけでなく、純粋に愛する人は誰でも自律的にふるまい、純粋な愛情関係はすべて訓練された関係だ、と言うことができる。本当に愛していれば、相手の精神的成長にもっとも役立つ方向に自分をもっていくのは明らかである。かつて治療を試みた、若くて知的で芸術家肌の「ボヘミアン」的な夫婦は、結婚して四年たっていたが、ほとんど連日、叫んだり皿を投げたりひっかいたりのけんかが絶えず、その上毎週行き当たりばったりの浮気沙汰を起こし、毎月のように別居していた。治療を始めてまもなく、治療が自律性を強化し、その結果ふたりの関係がもっとまともなものになるだろうことを、彼らは正確に把握した。しかし、「それでは私たちの関係から情熱が奪われてしまうんですよ」と彼らは言った。「先生の言われる愛と結婚には、情熱の入りこむ余地がありません」。そしてまもなく治療を中止した。三年後聞いたところによると、何人かの治療者を回って、夫婦げんかとごたごた続きの結婚パターンや彼ら個人の生活は、相変わらず不毛のままであった。ある意味で彼らの結びつきは、たいへん彩り豊かなものであることは疑いない。しかしそれは、子どもが思いのままに描きなぐった原色の華やかさである。ときとして心を引きつけないでもないが、たいていは、幼児画に特徴的な単調さを示している。レンブラントのコントロールのきいた無言の色合いには彩りがあるが、さらに測り知れない豊かさと独自性と意味がある。情熱とは非常に深い感情である。感情の抑制されていないことが、自律的《ディシプリンド》な感情よりも深いとは決して言えない。逆に精神科医は、「浅い流れは喧しい」とか、「静かな流れは底が深い」という諺《ことわざ》の真実であることを十分に承知している。感情を調節しコントロールする人を、情熱的でないと思いこんではいけない。

人は感情の奴隷になるべきではないが、自律《セルフディシプリン》が感情を握りつぶし殺してしまうことはない。感情とはあなたの奴隷であり、自律の技は奴隷を所有するようなものだと、私は何度も患者に言ってきた。何よりもまず、感情はエネルギーの源であり、馬力ないしは奴隷の力を与えてくれる。それによってわれわれは、生きるうえでのさまざまな仕事をなしとげる。それはわれわれのために役立つのだから、丁重に扱わねばならない。奴隷所有者のよくやる誤りは、リーダーシップを取る際の、まったく反対の極端なふたつのかたちである。ひとつは奴隷をしつけない。何の枠組みも制限も設けない。どんな指針も示さず誰が主人かも明らかにしない。その結果、奴隷たちはやがて働かなくなり、主人の館に入りこんで酒棚を荒らし家具を壊す。まもなく主人は、自分が奴隷たちの奴隷になっているのに気づく。そして先に述べた、性格障害の「ボヘミアン」的夫婦と同じめちゃくちゃの生活を送る羽目になる。

これと正反対のやり方は、罪悪感に駆られた神経症の人のよくやるやり方で、同じように自己破壊的なものである。この型では、主人は奴隷たち（感情）が言うことをきかなくなる恐れに取りつかれ、少しでもその兆しが見えると厳しく罰することに決めている。その結果、苛酷な扱いを受けた奴隷たちが次第に気力を失って、生産性を失ってゆく。そうでなければ、陰でだんだん反抗するようになる。これがずっと続くと、ある晩とうとう主人の危惧したことが起こり、奴隷たちは蜂起してしばしば中の主人もろとも館を焼き打ちする。ある種の精神異常や重度の神経症が、このようにして生ずる。感情を適切に処理するには、複雑な（したがって単純でも容易なことでもない）バランスを取りつつ中庸を保ち続けねばならない。つねに判断し、たえず調整し続けることが必要である。そこで主人は、自分の感情（奴隷）を丁重に扱い、ちゃんとした食物や住居を与え、医療を施しその声に耳を傾けて答えてやり、励ましたり身体の具合を尋ねてやることになる。一方、彼らを組織しコントロールし、立場のちがいを明確にして指導し、終始、誰が主人か疑う余地のないようにしておかねばならない。それが健全な自律の道なのである。

さまざまな感情のなかで、とりわけ鍛えられねばならないのが愛の感情である。前に述べたように、それ自体は純粋の愛でなく、カセクシスにともなう感情である。それが創造的エネルギーをもたらすのだから、大切に扱い養わねばならない。しかしそのままに放っておくと、結果は純粋な愛どころか混乱と不毛に終わる。純粋な愛には自己拡大がつきものだから、莫大なエネルギーを要する。そして好むと好まざるとにかかわらず、われわれのエネルギーの蓄えには一日の時間と同じように限りがある。われわれにすべての人を愛することはできない。たしかに、人類全体に対する愛の感情をもつことがある。しかしその感情を、特定の少数の人々に対する、純粋な愛のエネルギーとして役立てることもできる。われわれには、せいぜい数人の特定の人たちに純粋の愛を注ぐのが精いっぱいである。自分の限界を越えようとするのは、出せる以上のエネルギーを与えようとすることである。博愛の試みは、いきすぎるともう引き返せなくて、助けたいと願うまさにその人たちを裏切り傷つけることがある。だから、幸い多くの人たちに頼られる立場にあるのなら、そのなかから実際に愛せる人を選ばねばならない。この選択が容易ではない。胸が痛むほどに辛い。神のような力を手にすると、そうなることが多い。しかし選択しなければならない。そこでさまざまな要因を考える必要があるが、第一は、相手がそれによって精神的に成長する可能性である。この能力は人によってまちまちであるが、それについては後に考察する。しかし、厚い防壁の背後で心を閉ざしている人の多いことは否めない。彼らを精神的に成長させようとどんなに努めても、失敗することはほぼ決まっている。愛されても精神的に成長できない人を愛するのは、エネルギーの浪費であり、やせた土地に種を蒔くようなものである。純粋の愛は貴重である。純粋に愛する力のある人は、自律《セルフディシプリン》を通して、できるだけ実り多いところに愛を注がねばならぬことを承知している。

　多すぎる人を愛するのと逆の問題も考えねばならない。同時に少なくともふたり以上の人を愛し、いくつかの純粋な愛情関係を並行して保っている人がいる。このこと自体には、いくつかの理由から問題がある。ひとつは、ある人たちは「結ばれるべき運命にあった」とする、アメリカ的ないし西欧的なロマンティックな愛の神話である。こうなると、その人以外とは結ばれないことになる。だからこの神話は、愛情関係の排他性、とくに性的な面のそれを規定しているわけである。結果的にこの神話は、おそらく人間関係を安定させ実りあるものとするのに役立っている。たいていの人には、配偶者や子どもと純粋に愛の関係を築くだけでも、自分を拡大する能力の限界に挑むことになる。実際、配偶者と子どもと純粋に愛の関係を築いたと言えるなら、たいていの人が一生かかってなしうる以上のことをやりとげたことになる。家族との愛の結びつきに失敗し、家庭の外に愛の関係を求めてやっきになっている人には、どこか痛ましいところがある。純粋に愛する人の第一の義務は、つねに配偶者ないし子どもたちに対するものである。そうとはいえ、家庭内でちゃんと愛の関係を築いた上、まだ余りあるほど愛する能力に恵まれた人もいる。そのような人たちにとって、排他的な神話は明らかに誤りであるだけでなく、家族以外にまで自分を広げうる能力を不必要に制限することになる。この限界を乗り越えることは可能である。しかし、自分を広げる際に「安売り」しないためには、厳しい自律が求められる。監督教会の神学者で、*The New Morality*（邦訳『状況倫理——新しい道徳』新教出版社）の著者であるジョセフ・フレッチャーが、私の友人に「自由な愛は理想なんだが、残念ながら、ほんの一握りの人にしか可能でない」と言ったのは、このように途方もなく複雑な問題（ここでは軽く触れただけである）を指していた。彼が言いたかったのは、家庭の内と外の両方で、純粋に愛する関係を維持するだけの自律能力のある人はほとんどいない、ということである。自由と自律とはまったく相補的である。純粋な愛を鍛えることがなければ、自由が破壊的なものになることを避けられない。

ここまで本書を読んできて、自律という言葉にあきあきし、私が、陰気な禁欲的生活を提唱していると思う方もおありかもしれない。いつも自分を鍛えるなんて！　たえず反省するなんて！　義務！　責任！　これじゃあ新しいピューリタン主義と言っていいのじゃないか。しかし何と呼ぼうとも、純粋な愛とそれに必要な自律のすべてが、この世で本当の喜びをつかむ唯一の道なのである。それ以外の道で、つかのまの喜びを味わうこともあろう。しかしその瞬間はたちまち過ぎさり、時がたつにつれてますます捉えにくいものになる。純粋に愛するとき、私は自分を広げているのであり、自分を広げているとき、私は成長しているのである。愛すれば愛するほど、私は大きくなる。純粋の愛は自分を満たし続ける。他者の精神的成長を促し養うことは、それだけ自分も成長させる。私は徹底して利己的な人間である。自分のためでなければ他人に何かすることはない。そして愛によって成長するにつれ、喜びは今以上に、たえず大きくなっていく。私は新ピューリタン主義者かもしれない。喜びに夢中になってもいる。ジョン・デンバーが歌っているように。

至るところに愛がある。僕は知っているんだよ。
あなたはあなたのすべてだから、
あなたのままでいこうじゃないか。
人生は全《まった》きもの、僕は生きることを信じている。
おいで、僕と一緒にやろうじゃないか。[8]

愛とは分離性である

相手の精神的成長を養うことは、結果的に自分自身の成長になるのだが、純粋の愛の最大の特徴は、自分と相手の区別がつねに保たれて失われないことである。純粋に愛する人は、相手を自分とは完全に分離したアイデンティティのもち主であると、つねに見ている。そして、相手のユニークな個性をつねに尊重し助長さえしている。このような分離性を認めたり尊重することをせず、多くの精神疾患や不必要な苦悩をひき起こしていることがきわめて多い。

他人の分離性を認めないもっとも極端なかたちは、ナルシシズムと呼ばれている。もろに自己愛的な人は、事実、感情レベルで子どもや配偶者や友人を自分と別個の存在と認めることができない。私が自己愛がどういうものかを理解しはじめたのは、統合失調症の患者、かりにスーザン・Xと呼ぶ人の、両親と面接したときである。当時スーザンは三一歳であった。一八歳のときから、彼女は何度も本気で自殺を試み、過去一三年間ほとんど絶えることなく、さまざまな病院やサナトリウムに入院していなければならなかった。しかし、そのあいだに私以外の精神科医から受けたすばらしい治療のおかげで、やっと快方に向かいつつあった。一緒に仕事をした数カ月の間に、彼女はさらに能力を発展させ、信頼に足る人を信頼し信頼できる人とできない人を区別し、統合失調症に対処するため、これから大いに頑張って自分を律していかねばならないことを受け入れ、自分を大切にし、人に頼らないで必要なことは自分でするようになった。こうした進歩のため、生まれて初めて自立した人間としてやっていく日も間近だと、私は思っていた。彼女の両親と会ったのはこの時点である。彼らは五〇代なかばの魅力的で裕福な夫婦であった。彼女の目ざましい進歩と今後の見通しの明るさを詳しく説明するのは、たいへん嬉しいことであった。しかし驚いたことに、私が話しはじめると母親は声もたてずに泣き出して、希望的な報告をするあいだずっと泣いていた。最初はたぶん嬉し涙と思っていたのだが、表情から本当に悲しんでいるのは明らかだった。とうとう私は言った。「奥さん、私にはよくわからないんですが。今日の話はたいへん明るい話なのに、どうしてあなたは悲しそうなんでしょう」

「もちろん悲しいんですわ。かわいそうなスーザンがどれだけ苦しむことになるかと考えると、泣かずにはいられませんもの」と彼女は答えた。

そこで私は、以下のような長ったらしい説明をすることになった。なるほど病気のあいだスーザンはたいへん苦しんでいた。しかしその苦しみのなかから多くのことを学んだのも明らかで、そこから抜け出せた以上、私の判断では、これからはふつうのおとな以上に苦しむことはないと思われる。実際彼女は、この部屋の誰よりも苦しまずにすむかもしれない。統合失調症との闘いによって、それほどに彼女は賢くなったのだ、と。しかしX夫人は声もなく涙を流し続けていた。

「正直言って、奥さん。まだわけがわかりませんね」と私は言った。「この一三年間、あなたはこんな話し合いをスーザンの担当医と何十回としたでしょうが、私の知るかぎり、これほど楽観できるときはなかったと思いますよ。悲しいだけじゃなくて、嬉しい感じはないんですか」

「スーザンにとって生きていくのがどんなにたいへんか、ということしか頭にありませんわ」と夫人は涙ながらに答えた。

「ねえ、奥さん。スーザンについてあなたを元気づけ喜ばせるような話はないんですか」と私は言った。

「かわいそうに。スーザンの人生は苦しみばかりなんだわ」とX夫人はすすり泣いた。

そのとき突然、私は、夫人がスーザンのためにではなく、自分のために泣いているのに気づいた。彼女は自分の辛さと苦しみのために泣いていた。とはいっても、話し合いはスーザンについてであって彼女についてではない。それで彼女は、スーザンの名を借りて泣いていたのである。どうしてそんなことができるんだろう、と私は訝《いぶか》った。それから、X夫人はスーザンと自分とを事実上区別できないのだ、と思いあたった。自分の感じていることをスーザンも感じているに違いない。彼女はスーザンを利用して、自分自身の要求を表す手段としていた。これは、意識してとか悪意があってのことではない。感情レベルで、彼女はスーザンを、自分と別のアイデンティティをもつ人間と思えなかったのである。スーザンは彼女だった。彼女の心のなかでスーザンは、自分と別のユニークな人生を歩む、自分と異なるユニークな個人としては存在していなかった――おそらくスーザン以外の人についてもそうであった。知的には、他者を自分と別の存在であると認めることができた。しかしもっと根本的なレベルでは、彼女にとって他人は存在していなかった。心の奥深いところでは、世界全体が彼女、X夫人だけなのであった。

それ以後の経験で、統合失調症の子どもの母親が、X夫人のように極端に自己愛的な人であることをしばしば見いだした。だからと言って、統合失調症者の母親がつねに自己愛的で、自己愛的な母親は統合失調症の子どもしか育てられない、と言うのではない。統合失調症はきわめて複雑な疾患で、環境的な要因だけでなく、明らかに遺伝的な要素がからんでいる。しかし、スーザンが子どものころ、母親の自己愛的傾向によってどんなに混乱させられたかは、想像に難くない。また、自己愛的な母親と子どもとのやりとりを目のあたりにすれば、この混乱がどんなものか客観的に見ることができる。X夫人が自己憐憫《れんびん》の感情にひたっている午後、スーザンが学校でAをもらった絵をもって帰るとしよう。スーザンが、とっても絵がうまくなったのよ、と自慢するとX夫人はこう答える。「スーザン、お昼寝しに行きなさい。学校のことにそんなに根《こん》をつめるのはよくないわ。このごろの学校のやり方ってもうだめなのよ。子どものことなんてもう考えてないんだから」。他方、X夫人がご機嫌の午後、スーザンがスクールバスで男の子たちにいじめられて泣いて帰ってくると、「ジョーンズさんがよい運転手でよかったじゃない。あんたたちが騒いでも腹を立てたりしないものね。クリスマスに何かちょっと贈りものをしたらいいわよ」。自己愛的な人たちは、他人を自分の延長としか見ていないので、共感することができない。共感とは、他人の感じていることを感じとる能力である。自己愛的な親は共感性に欠けているので、感情的レベルではいつもピントはずれの反応をする。そのため、子どもの感情を認めたり確かめることに失敗する。だから子どもたちが、自分の感情を認めたり受け入れたり、うまく処理することに重大な障害を抱えこむのは無理からぬことである。

X夫人ほど自己愛的でないにしても、大多数の親は、ある程度、自分の子どものユニークな個性や「他者性」を、十分に認め評価することをしない。例をあげればきりがない。「彼は親父に生き写しだ」とか、「おまえはジム叔父さんそっくりだよ」などと、まるで子どもが親なり親戚の遺伝的なコピーであるかのように言う。実際には、遺伝子の組み合わせはたいへんな数なので、どの子どもも遺伝的には、親とも先祖とも似ても似つかぬ人間なのである。スポーツマンタイプの父親が、学究肌の息子に無理にフットボールをやらせたり、学究肌の父親がスポーツマンタイプの息子に本を押しつけて、息子に不必要な罪悪感や動揺を与えている。ある将軍の夫人は、一七歳になる娘のことで不満である。「サリーったら、家にいるときは部屋に閉じこもって陰気な詩ばかり作ってますのよ。不健全ですわよねえ、先生。デビューのパーティーは絶対にいやだって言い張るし。何かとても悪い病気にかかってるんじゃないかと心配で」。サリーは魅力的な快活な女の子で、優等生名簿に名前が載っており、友人も大勢いる。彼女と面接したあとで私は言う。彼女は申し分なく健康で、親とまるっきり同じになるよう無理強いしないほうがよい、と。そこで彼らは愛想をつかし、サリーはおかしいと言ってくれそうな医者を捜すのである。

思春期の子どもたちは、親が純粋な関心からではなく、体面を傷つけられるのを恐れて自分をしつける、と不満を漏らすことが多い。数年前、思春期の男の子たちはよく言ったものである。「親は僕の後を追っかけまわして髪を切れって言うんだ。どうして長髪がだめなのか、理由も言えないくせにさ。子どもが長髪だってこと、人に見られたくないだけなんだ。僕のことなんか、本当はどうでもいいんだよ。本当に気にしてるのは自分の体面なのさ」。このような、思春期の子どもの憤慨はおおむね正当である。事実、親たちはたいてい、ユニークな個性を評価せず、反対に、子どもを自分の延長とみなしている。ちょうど立派な服装や美しく苅《か》り込まれた芝生やピカピカの車が、自分たちの延長でありステイタス・シンボルであるのと同じように、である。子育てについて書かれた詩の中ではおそらく最高と思われるが、カリール・ジブランが次の詩で表現していることは、こうした軽い、しかし有害であることには変わりない、ありふれた親の自己愛への戒めである。

あなたの子どもは、あなたの子どもではありません。
生命そのものが再生を願う、その願いの息子であり、娘であるのです。
あなたを通して生まれてくるものの、あなたから生まれるのではなく、あなたと共にいるものの、あなたのものではありません。
子どもには愛を注ぎなさい。しかし、考えを押しつけてはいけません。
子どもには子どもの考えがあるのです。
家のなかに子どもの体を住まわせることはできても、
子どもの魂を住まわせることはできません。
子どもの魂は明日の家に住んでいて、あなたは夢のなかでさえ
そこを訪れることはできないのです。
あなたが子どものようになろうと努めるのはかまいませんが、
子どもをあなたのようにしようとしてはいけません。
人生はあと戻りも、昨日のままでとどまることもしないのです。
あなたは弓であり、そこから子どもという生きた矢が未来へと放たれていきます。
射手は無限の道の先に的を定め、力強くあなたを引き絞り、
その矢を素早く遠くへと飛ばします。
射手のその手のなかで身をたわませることをよろこびとしなさい。
射手は飛び去っていく矢も、手元でじっととどまっている弓も、
どちらも愛しているのですから。[9]

身近な人間との分離性を十分認識することが難しいのは、人間があまねく抱えている問題のようである。しかし、それが子育てだけでなく、結婚をも含むあらゆる親密な人間関係をそこなっている。少し前私は、夫婦のグループワークショップで、メンバーのひとりが、妻の「目的と働き」は家をきれいにし、おいしい料理を食べさせることだと言うのを聞いた。そして彼のうんざりするほどずうずうしい男尊女卑の考え――私にはそう思われた――に、唖然としてしまった。そこで、ほかのメンバーに配偶者の目的と働きをどう考えているか尋ねれば、私の気持ちを代弁してもらえるかもしれないと思った。驚いたことに、ほかの六人のメンバーが、男性も女性も、同じような意見を披露したのである。誰もが配偶者の目的と働きを自分とのかかわりで定義して、相手が根本的に自分とは別個の存在で、必ずしも結婚に縛りつけられてはいないことを認識していなかった。「何てこった」と私は叫んだ。「あなた方の結婚に問題があってもあたりまえですね。あなた方一人ひとりになすべき自分自身の運命があることに気づくまでは、いつまでたっても問題はなくなりませんよ」。その言葉に、グループは叱られたと思っただけでなく、すっかり混乱してしまった。そしてややけんか腰に、それでは先生の奥さんの目的と働きは何なのだ、と切り返してきた。「リリーの目的と働きは」と私は答えた。「彼女なりに精いっぱい成長することです。私のためではありません。自分のため、神のためにです」。しかし、しばらくのあいだ私の考えは彼らに受け入れられなかった。

親密な人間関係における分離の問題は、いつの時代にも人間を混乱させてきた。しかしこの問題は、結婚よりも政治的な見地から注目されてきた。たとえば純粋な共産主義は、先のグループメンバーとたいしてちがわない考えを表明している――つまり、個人の目的と働きは、関係、集団、全体、社会に役立つことである。国家の運命だけが考えられ、個人の運命は取るに足らないものとみなされる。他方純粋な資本主義は、関係、集団、全体、社会を犠牲にしてでも個人の立場を守ろうとする。寡婦や孤児が飢えたところで、企業家個人が個人として勝ち取るものを享受していけないわけはない。この純粋な解決策のどちらもが、関係のなかの分離の問題に対して満足なものでないことは、分別のある人には自明のことである。個人の健康は社会の健康に依存しており、社会の健康は個人の健康に依存している。夫婦の問題を考えるとき、妻と私は、結婚を登山の際のベースキャンプにたとえることにしている。山に登るには、ちゃんとしたベースキャンプが必要である。そこには安全な場所と食糧がある。次の頂上を目指してさらに挑む前に、栄養と休息を取ることができる。優れた登山家なら、実際の登山にかけるのと少なくとも同じ時間――それ以上ではないにしても――を、ベースキャンプの整備についやさねばならないことを知っている。彼らの生存が、頑丈なベースキャンプと十分な食糧のストックにかかっているからである。

男性の側から生ずるよくある問題は、結婚したとたん、夫が全エネルギーを登山に注いで、結婚、つまりベースキャンプを顧みないことである。彼は、休息と元気づけのために戻るとき、いつでもそこが申し分ない状態であるのを期待して、それを維持するための責任をとろうとしない。早晩、このような「資本主義的」アプローチはいきづまる。戻ってみると、彼の手入れしないベースキャンプは修羅場と化し、放っておかれた妻は神経をやられて入院するかほかの男と駆け落ちし、いずれにしろキャンプの管理人としての役割を放棄している。同様によくある、伝統的な女性の側の問題は、いったん結婚すると、人生の目的が達せられたと思いこむことである。彼女にとっては、ベースキャンプが山頂なのである。彼女は夫の、結婚以外の仕事やさまざまな経験を求める気持ちを、理解することも共感することもできない。それに嫉妬して、もっと家庭のことにエネルギーを注いでくれ、と果てしなく要求する。こうした「共産主義的」解決策は、息がつまって生気を失うような関係を作り出す。夫にしてみれば、罠にはまって閉じこめられた感じで、「中年の危機」に逃げ出してしまうかもしれない。ウーマンリブ運動は、明らかに唯一の、理想的な解決の道をさし示していることで有益であった。結婚とはまさしく共同的な制度である。それは相互の貢献と配慮、時間とエネルギーを必要とする。その主たる目的は、お互いが自分自身の精神的成長を目指して自分の旅を続けるのを支えることである。男性、女性のどちらもが、前向きに進むだけでなく、ホームベースを大切にしなければならない。

　青年のころ、私は、開拓者時代の詩人であるアン・ブラッドストリートが夫に語りかけた、「もしふたりがひとつであるのなら、私たちがそうなのだわ」[10]という愛の言葉に、胸をときめかせたものである。しかし成長するにつれて、きずなを豊かにするのはお互いの分離性だと、気づくようになった。よくあることだが、人間本来の孤独感におじけづいて結婚生活に没入する人に、立派な結婚生活を築けるはずがない。純粋な愛は、相手の個性を尊重するだけでなくそれを伸ばそうとする。たとえ離別や喪失の危険を冒してでも、である。人生の究極の目標が、個人の精神的成長、ひとりぼっちでしか登れない、頂上を目指す孤独な旅であることには変わりがない。うまく機能する結婚や社会に支えられてこそ、人生は有意義な旅となる。結婚や社会生活の基本的な目的は、そうした個人の旅を支えることにある。しかしあらゆる純粋な愛がそうであるように、相手の成長のために払う「犠牲」は、結果的に、同じかあるいはそれ以上の自らの成長につながる。たったひとりで人生の頂上に達した個人は、自分を育ててくれた結婚や社会を新たな高みに押し上げるというお返しをするのである。個人の成長と社会の成長とは、このように相互依存的なのだが、まさに成長の途にあるときは孤独であることを避けられない。ここで再び引用するカリール・ジブランの結婚についての言葉は、このような孤独を知りぬいてのものである。

夫婦は共に生まれ、いつまでも共にいます。
たとえ死の白い翼がふたりの日々を散り散りにしようとも。
そう、神の沈黙の記憶のなかでさえ、あなたがたはいつも一緒なのです。
しかしそんなふたりの間にも空間は必要です。
そこに天からの風を舞い遊ばせなさい。

愛し合いなさい。ただし、それが束縛となってはいけません。
ふたりの魂の岸辺の間を、愛が自由な波のように往き来できるように。
たがいの杯《さかずき》を満たし合いなさい。同じひとつの杯から飲むのではありません。
たがいにパンを分かち合いなさい。同じひとつの塊から食べないように。
共に歌い、共に踊って、楽しみなさい。

しかしおたがいに独立していることも大切です。
ちょうどリュートの弦が、それぞれ一本ずつ張られていながら、
一緒に震えてひとつの曲を奏でるように。

心を捧《ささ》げ合いなさい。ただし、相手にゆだねきってしまわないように。
あなたの心をしっかりと包み込んでいられるのは、生命の手だけなのですから。
共に立っていなさい。ただし、近づきすぎてはいけません。
神殿の柱はそれぞれ離れて立っていてこそのもの。
樫《かし》の木や杉の木も、たがいの影のなかでは育たないのですから。[11]

愛と心理療法

一五年前に自分がどのような動機で、またどれほどの理解をもって精神医学の領域に入っていったのか、今思い出そうとしても難しい。たしかに、私は人を「助け」たかった。医学の他の分野では、人を助けるのに技術が必要で、それがしっくりこなかったし機械的にすぎて私の好みに合わなく思えた。また、人を切ったりはったりするよりも、語りかけるほうが楽しかった。人の心の微妙さが、身体や身体を侵す細菌の不思議さよりもおもしろく見えた。精神科医がどうやって人を助けるのかは、まったく知らなかった。ただ、精神科医には患者と心を通わせる魔法の言葉と魔法の技

があって、それで心のもつれを解きほぐすのだろう、くらいに思っていた。魔法使いになりたかったのかもしれない。その仕事に患者の精神的成長が絡んでくるとは、ましてや自分自身の精神的成長が関係してくるとは、思いもよらなかった。

研修が始まって最初の一〇カ月間、私は重度の入院患者たちを診ていたが、私のやることより、薬やショック療法やいろいろと面倒をみてやることのほうがずっとききめがあるようだった。しかし私は、伝統的な魔法の言葉、心を通わせる魔法の技を学んでいた。この時期が終わって、私は初めて神経症患者を外来で扱うことになった。彼女をマーシャと呼んでおこう。マーシャは週三回やって来た。それは格闘そのものであった。彼女はこちらの望んでいることは話そうとせず、話しても私の望んでいたやり方ではせず、一言も口をきかないことさえあった。いくつかの点で、われわれの価値観は違いすぎた。悪戦苦闘するうちに、彼女はいくぶんか価値観を変え、私も自分の価値観を少し変えるようになった。しかし、魔法の言葉や技術や心構えをいっぱいつめこんでいたにもかかわらず、争いは続き、マーシャがよくなっている徴候は少しもなかった。事実、私と面接を始めてまもなく、彼女は手あたりしだいの男性遍歴を始め、何カ月ものあいだ、とどまるところを知らない無数の「悪行」について話すのであった。こんなことを一年も続けたあと、とうとう彼女は面接の途中でこう尋ねた。「私って、ちょっと人間のくずみたいなものかしら」

「私があなたをどう思っているか、言ってほしいみたいだね」と、うまく間をとるために私は言った。まさにその通りだ、と彼女は言った。ところでそこでどうしたものか。どんな魔法の言葉やテクニック、態度が役に立つのだろうか。私はこうも言えたろう。「どうしてそんなこと訊くんです」

「私があなたをどう思っているか、あなたはどんなふうに思ってますか」「マーシャ、大事なのは私があなたをどう思っているかではなく、あなた自身が自分をどう思っているかなんだよ」など。しかし、そういう手はごまかしだという、圧倒的な感じがあった。週三回の面接を一年も続けて、彼女に許されていない最大のものが、彼女をどう思っているかについての私の正直な答えだったのである。しかしこういうことは前例がなかった。自分がどう思っているか、面と向かって正直に相手に言うなんてことは、教授たちの教えてくれた魔法の言葉やテクニックのなかになかったのである。研修中に、そんなやり方を示唆されることも勧められることもなかった。それについて誰も触れなかったのは、してはいけないこと、偉い先生ならそんな事態に陥ることがないからだろう、と思っていた。そこでどうしたらよいのか。どきどきしながら、私はとてつもなくあぶない橋を渡りはじめた。「マーシャ」と私は言った。「あなたと面接を始めてもう一年になりますね。この長いあいだ、ことは順調に運んでいない。ほとんどの時間、私たちはけんかをしていた。それも退屈でいらいらするような、あるいは腹の立つものが多かった。しかし、それでもあなたは続けて来てくれたよね。毎回毎回ずいぶん無理しながら、何週間も何カ月もね。こんなことは、自分をよくするためなら努力を惜しまない人にしかできないことなんだ。あなたのように頑張っている人を人間のくずだなんて、とても私には思えない。だから答えはノーです。実は、あなたをとても尊敬してるんだ」

マーシャは、何十人もの恋人のなかからすぐさまひとりを選び、適切な関係を結んで申し分のない結婚生活を送るようになった。男遊びをすることは二度となくなった。また、自分の長所についてて話すようになった。不毛な争いという感じはたちまち消え去り、ふたりの仕事はスムーズな楽しいものとなって驚くほどの進歩が見られた。彼女に対する純粋に肯定的な感情をうちあける――そんなことは、してはならないと思っていた――あぶない橋を渡ったことが、彼女を傷つけるどころか、明らかに治療的にたいへん有益であり、われわれの仕事の転機となったのはたしかである。

これはどういうことだろうか。患者に対して肯定的な感情を吐露しさえすれば、治療はうまくいくのだろうか。とんでもない。第一に、治療においてはつねに正直でなければならない。私は心からマーシャを尊敬し好意をもっていた。第二に、セラピーを通して私は彼女を長いあいだ知っていた。実際、この転機の本質は、私の好意や敬意とさえかかわりなかった。それはわれわれの関係の性質そのものとかかわっていたのである。

かりにヘレンと呼ぶ、若い女性の治療にも同じような転機があった。彼女とは、週二回のペースで九カ月面接を続けたが、とくにうまくいかず、彼女に対して肯定的な感情をなかなかもてず、いったいヘレンがどんな人なのかもはっきりつかめないありさまだった。そんなにも長いあいだ、患者の人となりもつかめず問題の本質もわからないままで面接を続けたことは、今までになかった。私はまったく困惑し、何とかわかろうと幾晩もついやしたが、わからなかった。はっきりしているのは、ヘレンが私を信用していないことだった。本気で私のことを考えていない、お金がほしいだけだ、と彼女は文句を言い散らした。治療が始まって九カ月たったとき、彼女はこんなふうに言った。「先生とお話しするのがどんなにいらいらすることか、おわかりじゃないでしょう。先生は私に少しも関心をおもちでないし、私の気持ちなどわかってくださらないんですもの」

私は次のように答えた。「ヘレン、いらいらしてるのはお互いさまみたいだね。こんなことを言

う と気を悪くするかもしれないけど、この一〇年間心理療法をやってきて、あなたが唯一のすごくいらいらさせられる人なんですよ。こんなに長いあいだかかってこんなに効果のない患者には会ったことがない。あなたとやっていくのに私が向いてないというあなたの考えは、たぶん正しいのかもしれません。何とも言えないけどね。私は諦めたくない。でもたしかにあなたのことでは戸惑ってるし、いったいどこがまちがってるのか、気が変になるくらい悩んでるんですよ」

ヘレンの顔に輝くような微笑が浮かんだ。「それじゃ先生は、本当に私のこと気にかけてくださっているのね」

「はあ」と私は首をかしげた。

「だって私のこと、本気で気にかけてくださらなかったら、そこまで悩んだりなさらないはずよ」。彼女は当然だとばかりに答えた。

次の面接から、ヘレンは今まで隠したり嘘をついていたことを話すようになり、一週間で私は、彼女の根本的な問題を把握し、診断を下し、どのように治療を運んでいくべきか、大まかに知るようになった。

ここでも私の反応は、彼女とのかかわりの深さとお互いのはげしい葛藤のあればこそ、意味深く重要なものとなった。ここで、心理療法が有効で成功するための本質的要素が明らかになってくる。それは、「無条件の肯定的配慮」でも魔法の言葉でもテクニックでもない。人間的かかわりと闘いなのである。患者の成長を促すために進んで自分自身を拡張する——進んであぶない橋を渡り、感情的レベルで患者と深くかかわり、患者および自分自身と本気で取り組む治療者の態度、要するに、心理療法が意味深いものになる必須条件とは愛なのである。

　心理療法に関する西欧のおびただしい文献が、愛の問題をとりあげていないのは信じられないようなことである。ヒンドゥー教の導師は、自分の力の源泉が愛であることをはばからずに表すことが多い[12]。しかし西欧の文献では、うまくやっている心理療法家とやっていない療法家のちがいを分析し、せいぜい「暖かさ」とか「共感性」を指摘するにとどまっている。根本的にわれわれは、愛のテーマにまごついているらしい。その理由はたくさんある。ひとつには、第II部でとりあげたさまざまな混乱もさることながら、純粋な愛とロマンティックな愛を混同する、われわれの文化にゆきわたった傾向である。「科学としての医学」のもつ、合理的なもの、実証可能なもの、測定可能なものへの偏向も一因である。心理療法という職業は、いわゆる「科学としての医学」から派生したものだからである。愛は、触れることのできない、正確に測定することのできない、理性を越えた現象であるので、科学的な分析には不向きだったのである。

　もうひとつの理由は、分析家は冷静で超然としているべきだとする、根強い精神分析的伝統である。これはフロイト自身よりも後継者に責任があるらしい。この伝統の下では、患者が治療者に抱くどのような愛の感情も「転移」と決めつけられ、治療者の患者に対する愛の感情は、「逆転移」と呼ばれるのがふつうであった。それには、そのような感情は異常で解決につながるというよりは問題の一部であり、避けられねばならない、という含みがある。これはまったく馬鹿げたことである。第I部で触れたように、転移とは不当な感情、知覚、反応をさしている。何時間も批判ぬきに本気で話を聞き、おそらくそれまで受け入れられたことのない自分を受け入れ、自分を利用せず、苦しみを和らげるように尽力してくれる治療者を、患者が愛するのに不当な点はまったくない。多くのケースに現れる転移の本質は、患者が治療者と愛の関係を作り上げるのを妨げるものなのである。治るとは、転移を分析しつくして、患者が——多くは生まれて初めて——ちゃんとした愛の関係を体験できることにほかならない。同様に、患者が治療の厳しさに耐えて、治療者とその関係を通してうまく成長しはじめたとき、治療者が感じる愛の気持ちを不当とする理由はまったくない。集中的な治療は、多くの面で再養育の過程である。治療者が患者に愛の感情をもつのは、善良な親の、子どもに対するのと同様に、不当なことでは決してない。むしろ治療の成功には、治療者が患者を愛することが不可欠であり、治療がうまくいけば、治療関係は相互的な愛の関係になる。治療者が患者に純粋の愛を示すとき、同時に愛の感情を経験するのは避けられないことである。

大部分の精神疾患は、立派に成熟し精神的に成長するのに必要な愛を親から与えられない、あるいはその愛に欠陥があること、に因《よ》っている。だから、心理療法によって治るためには、今まで与えられなかった純粋の愛の、少なくともいくらかが治療者によって与えられねばならない。治療者が患者を純粋に愛することがなければ、純粋の治療は起こらない。どんなに信用のある、訓練をつんだ治療者でも、愛を通して患者にまで自分自身を広げることができなければ、その治療は概して思わしくない。逆に、信用もなく、訓練もほとんど受けていない素人の治療者でも、愛する能力を働かすことで、もっとも優れた精神科医に匹敵するほどの治療結果を達成することがある。

愛とセックスとは密接な関係があり、相互につながりあっているので、ここで治療者と患者の性関係という、近ごろ新聞がよく取り上げる問題に軽く触れておくのがよいと思う。治療的関係が必然的にもつ愛に満ちた親密な性質のために、患者と治療者の双方が、性的に強い魅力を感ずるようになるのはしかたのないことである。そのため、性的に結ばれる可能性はものすごく大きい。心理療法の仕事に従いながら、患者と性関係をもった治療者を責める人は、愛もなく、したがってそれにかかわる圧力のものすごさのまったくわかっていない人だと思う。それだけではない。注意深く十分に考えた上で、治療者と性関係をもつことがその精神的成長を促すとわかったケースであれば、私はすると思う。しかし開業して一五年のあいだに、まだそのようなケースに出会ったことがない。そういうケースが本当にあるのかどうかも考えにくい。何よりも、すでに述べたように、よい治療者の役割は主によい親のそれである。よい親が子どもと性関係をもたないことについては、いくつかの動かしがたい理由がある。親の仕事は子どもの役に立つことであって、個人的満足のために子どもを利用することではない。治療者の仕事は患者の役に立つことであって、治療者自身の要求を満たすために患者を利用することではない。親の役目は、子どもが自立の道を進むよう励ますことであり、患者に対する治療者の役目も同じである。患者と性関係のある治療者が、自身の要求を満たすために患者を利用していない、とは思いにくいし、それによって患者の自立を奨励しているとも思えない。

多くの患者たち、とくにともすれば誘惑しがちな人は、親に対して性的な愛着心をもっていて、明らかにそれが彼らの自由と成長をはばんでいる。理論的にも、入手可能なわずかばかりの資料からも、そのような患者と治療者が性関係をもつと、患者の未熟な愛着を弱めるよりも固定化させる可能性のほうがずっと高い。たとえ性関係はなくとも、治療者が患者と「恋に落ちる」のは有害である。すでに見たように、恋に落ちると自我境界が崩れ、個人のあいだに存在する正常な分離の感覚が薄れるからである。

患者に恋をしている治療者は、患者の要求に対して客観的になったり、あるいは患者と自分の要求を区別することが、おそらくできない。治療者が患者と恋に落ちるのを自ら許さないのは、患者を愛しているからこそである。純粋に愛するには、相手の分離したアイデンティティを尊重しなければならないのだから、真の治療者なら、患者の生きていく道が自分とは別であり、またそうあるべきことを受け入れる。これを、面接時間以外にはいっさい患者とかかわらない、と受けとめている治療者もいる。私自身は、そのような立場を尊重はするが、融通がなさすぎると思っている。私の経験では、昔の患者とかかわりをもつことが決定的に有害に働いたと思われる例がひとつあるが、相手にも私にも有益であった例がいくつかある。また幸せなことに、たいへん親しい友人を何人か分析して成功している。とは言え、たとえ治療が成功していたとしても、プライベートで患者と会うことが患者に害をもたらさないかどうか、細心の注意を払って厳しく吟味してはじめてするべきことである。

これまで、心理療法とは純粋な愛のプロセスである（成功するためには、そうでなければならない）ということを考察してきたが、これは、伝統的な精神医学界ではやや異端めいた考えである。この逆も、少なくとも同じくらい異端的ではある。心理療法が純粋に愛することならば、愛することはつねに治療的なのか。配偶者、親、子ども、友人を純粋に愛するなら、そして彼らの精神的成長を養うために自分を広げるのなら、心理療法を行うべきなのだろうか。私の答えは、そのとおりである。カクテルパーティーの席で、ときに言われることがある。「ペック先生、社会生活と職業生活を分けるのがたいへんでしょう。どのみち、家族や友人を分析してまわるなんてできっこありませんものねえ」。たいていの場合、話し手は軽いおしゃべりのつもりで、まじめに答えたところで興味も示さないし理解もしない。だがときおり、その場で心理療法を教える、または実践する機会に恵まれて、どうして私が職業生活と個人生活を分けようとしない、また分けたくもないか、説明することがある。妻子や親や友人が、現実離れの誤った考え、無知や不必要な障害に苦しんでいるのがわかれば、金を払ってくれる患者に対するのと同じく、事態を改善するためにできるかぎり、彼らに向かって自分を引き伸ばす義務がある。家族や友人がちゃんとした契約をせず、代金も払わないからといって、私が自分の力、知恵、愛を与えないでおくだろうか。とんでもない。あらゆる手段を使いあらゆる機会をとらえて、愛する人に知っていることを教え、その精神的成長を助けるためにできることをしないで、よい友、父親、夫、あるいは息子と言えるだろうか。それだけではない。私は、友人や家族が、できる範囲で同じサービスをしてくれるのを期待している。子どもはときおり、みもふたもない批判をしたり、おとなほどに思慮深くはないけれども、多くのためになることを教えてくれる。妻は、私が彼女を導くのと同じように私を導く。私の進んでゆく方向の当否や安全性について、忌憚《きたん》のない批判や愛のこもった配慮をしてくれないのなら、私は友人を友人とは呼ばない。彼らの助けがあればこそ、ない場合よりもいっそう早く私は成長することができるのではないか。真に愛のある関係はどれも、相互的心理療法のひとつである。

私がずっとこのような見方をしていたわけではない。以前は、妻に批判されるよりも賞讃されるほうがよかったし、妻の力よりも、その依存性を強めるようなことをしていた。夫ないし父親としての私の自己像は「稼ぎ手」であり、パンさえ持って帰ればその責任はすんだ。家庭が安らぎの場であって、挑戦の場でないことを望んでいたのである。当時の私なら、心理療法家が友人や家族に対しておのれの技を試みるのは危険であり、倫理的でもなく有害だとする考えに賛成しただろう。しかしその動機は、専門的技能を悪用するまいとする気持ちと、なまけ心とが半々であった。というのは、心理療法も愛と同じく仕事であり、一日八時間のほうが、一六時間働くより楽なのである。また、私の知恵を求めて私のところまで出向き、私の配慮には金を払い、時間も一回五〇分とかぎられている人を愛するほうが、配慮を当然とし、時間にはかぎりがなく、こちらを権威ある者とは認めずその知恵を求めようとしない人を愛するよりも、簡単なのである。家族や友人に対して心理療法を行うには、オフィスでやる場合と同じくらいの努力と自律が必要であり、それも理想とはほど遠い条件の下で行わねばならない。つまり、家庭ではいっそうの愛と努力が必要なのである。だから、こう言ったからといって、他の治療者はすぐにも配偶者や子どもに心理療法を始めるべきだ、と言っているわけではない。精神的成長の旅を続ければ、愛する能力はだんだん大きくなる。しかし、それにはつねに限界があり、愛する能力を越えて心理療法を試みてはいけないのは明らかである。愛のない心理療法は成功しないだけでなく、有害でさえある。もし一日六時間愛せるのなら、当分はそれで満足していればよい。その能力はすでにほとんどの人を上回っている。旅路は長い。能力が育つのには時間がかかる。友人や家族に対して心理療法を実践すること、四六時中互いに愛し合うことは、理想であり目指すべき目標ではあるが、ただちに実行できることではない。

前にも指摘した通り、専門家でない人も、純粋に愛する人である限り心理療法がやれるのだから、友人や家族に心理療法を行うことについて述べたことは、専門家にだけあてはまることではない。万人に通用する。ときどき患者に、いつ治療を終結したらよいか尋ねられるが、私は、「あなた自身がよい治療者になれるときですね」と答えることにしている。この返答は、グループセラピーのときに一番有効であることが多い。グループでは、もちろん患者同士がお互いに心理療法家で、治療者役をうまくとれないときは指摘することができるからである。このような返答を好まぬ患者も多く、実際、口に出して言う人もある。「そんな無茶な。それじゃしょっちゅう他人との関係を考えていなくちゃならない。そんなに考えるのはごめんです。とてもそこまでやれません。私はただ楽しみたいんですよ」。人間同士のかかわりあいはすべて学ぶか教えるか（治療するかされるか）のよい機会で、そこで学びも教えもしないのは、みすみすチャンスを逃しているのだと指摘すると、多くの患者が同じように答える。そんなに努力したくない、そこまで高遠《こうえん》な目標を達成する気はない、と言うわけである。大部分の患者は、もっとも熟練し愛に満ちた治療者の手にかかっても、可能性を出しきるにはほど遠いところで治療を終結する。彼らは精神的成長の旅路を少しばかり、あるいは相当なところまでいったかもしれない。しかし全行程をすましたのではない。それは困難すぎる、あるいは困難すぎるようにみえる。彼らは凡人であることに満足し、神を目指すことがないのである。

愛の不思議

この問題は、何ページも前に初めてとりあげた。愛とは不思議なものであり、その不思議はこれまでずっと無視されていた。今までに、その問題についてのいくつかの解答を示してきたが、簡単に答えられない問題がまだ残っている。

それは、今まで述べてきたことからむしろ論理的に派生してくる。たとえば、自律《セルフディシプリン》が愛から生ずることが明らかに述べられた。しかし、それでは愛はどこからくるのか、という問題は答えられないままである。そしてその問いを発するとき、同時に、愛の欠如の源は何か、を問う必要がある。これまで、愛の欠如が精神疾患の主な原因であり、愛の存在が結果的に、心理療法における不可欠の治療的要因であることを示してきた。だとすれば、愛の欠如した環境に生まれ育ち、いつも放っておかれ、気まぐれにせっかんされたにもかかわらず、ときには心理療法という愛の援助もなく、どうにか子ども時代を克服して健全に成熟し、おそらくは聖人と呼ぶにふさわしい人間になる人が、数は少ないが存在するのはどうしてであろうか。逆に、他の人より病気が重いわけでもないのに、もっとも賢明な愛情深い治療者による治療にも、部分的にか、あるいはまったく反応しない患者がいるのはどうしてであろうか。

こうした問題には、第Ⅳ部、恩寵《おんちょう》のところで答えるつもりである。その答えは、私をも含め誰をとっても満足のいくものではないだろう。しかしそれで、少しでも問題が明らかになればと思っている。

愛について論じたところで、ことさらに省略したり表面的にしか触れなかったことについて、もうひとつの疑問がある。愛する者が初めて裸ですべてを私の目にさらすとき、全身を駆けめぐる感情がある。それは畏《おそ》れである。なぜそうなるか。セックスが本能以上の何物でもないのなら、なぜ私は「興奮」したり欲望を感じたりしないのか。種の増殖を保証するためには、ただの欲望だけでこと足りる。それがなぜ畏れを感じるのか。なぜセックスが畏敬の念とからんでくるのか。このこととのかかわりで、何が美を決定するのだろうか。純粋な愛の対象は人間でなくてはならない、成長する可能性のある精神をもつのは人間だけだから、と私は述べた。それでは、彫刻の名人によるすばらしい作品はどうか。中世のマドンナの最高傑作についてはどうか。あるいはデルフォイのギリシャの戦士のブロンズ像はどうか。このような生命のないものは、創り手に愛されなかったのか。また、その美しさは創り手の愛と何ら関係がないのか。自然――ときとして「被造物」の名で呼ばれる――の美しさについてはどうか。また、美や喜びに触れて、しばしば哀しみや涙という不思議な逆説的な反応の生ずるのはどうしてだろう。音楽の、ある小節が心を揺さぶるのはどうしてだろう。六歳の息子が、扁桃切除術後初めてわが家ですごす夜に、まだ病気であるにもかかわらず、疲れて床に横たわる私のところにやってきて背中を優しくなではじめるとき、私の目がうるむのはどうしてなのか。

明らかに、今まで論じられなかった次元の愛があり、それらを理解するのはたいへん難しい。このような面（それ以外にもたくさんあるが）についての疑問が、社会生物学によって解決されるとは思わない。自我境界を扱う通常の心理学なら少しは役に立つかもしれない――しかしほんのわずかである。こういうことにもっとも詳しいのは、神秘主義の学徒、宗教家たちである。こうしたことがらについて漠とした洞察でも得ようとするのなら、宗教家ないし宗教のテーマに目を向ける必要がある。

本書の残りの部分では、宗教の諸側面を扱うことになる。第Ⅲ部では宗教と成長の過程のかかわりを、たいへん限られたやり方で論じるつもりである。第Ⅳ部では、恩寵という現象と、それが成長の過程に演じる役割に焦点をあてる。恩寵という概念は、宗教においては何千年も前からよく知られているが、心理学をも含めて、科学の分野ではなじみがない。にもかかわらず、人間の成長の過程を完全に理解するには、恩寵という現象を理解することが不可欠である、と私は信じている。以後の内容が宗教と、心理学という科学の共通領域を少しでも広げることになれば、と思っている。

第Ⅲ部

成長と宗教

Growth and Religion

世界観と宗教

訓練や愛や人生経験を通して人間が成長するにつれ、外界およびそこで占める自分の立場について、当然理解が広がっていく。逆に、成長しそこなうと理解も広がらない。したがって人々の間には、人生についての理解の幅と洗練度に驚くほどの多様性がある。

この、理解というのが宗教なのである。誰しも何らかの理解――どんなにかぎられ素朴で不正確なものであれ、何らかの世界観――はもっているのだから、誰しもが自分の宗教をもっていることになる。このことは大っぴらに認められてはいないが、たいへん重要なことである。

われわれは、宗教をあまりにも狭く定義するきらいがある。宗教を、神を信じたり儀式を行ったり礼拝グループのメンバーになることと考えやすい。教会に通わなかったり超越者を信じない人を、「あの人は宗教的じゃない」と言ったりする。私は学者たちが、「仏教は本当の宗教とは言えない」とか、「ユニテリアン教徒は彼らの信仰から宗教性を追い出してしまった」とか、「神秘主義は宗教というよりは哲学だ」などと言うのを聞いたことがある。われわれは宗教を、何か一様に作りあげられたものと思いがちであるが、そんな考えでは、こんなにかけ離れた人がどちらもキリスト教徒だなんて、と首をかしげることが起こる。ユダヤ教徒についても同じである。また、欠かさずミサに出席しているカトリック信者よりも無神論者のほうが、キリスト教的な道徳的センスをずっと発達させているのに驚くことがある。

何人かの心理療法家を指導していると、患者が外界をどう見ているかについて、彼らがあまりにも無頓着なのによく気がつく。この理由はいくつかある。自分は神を信じていないし、教会に属してもいない、だから宗教的ではない、と患者が言うと、宗教について詮索してもしかたがない、と考えるのはそのひとつである。しかし実際には、誰しも外界の本質について、それなりの考えや信念をはっきりと、あるいは暗黙のうちに抱いている。

患者は、外界を基本的には混乱した無意味なものと考え、どんなちっぽけな楽しみでも手に入るものは手に入れるべきだ、と思っているのかもしれない。この世は喰うか喰われるかの世界だから、生き残るためには冷酷であるにかぎるとか、この世は恵み深いところで、いつも何かよいことが起こるので先のことなどたいして気にしなくてもよい、と思っているのだろうか。あるいは、どんな生き方にせよ、とにかく生きなければならないと思っているのか、または、この世には厳しい掟《おきて》があり、少しでもはずれると打ちのめされ放り出されてしまう、と思っているのかもしれない、など。

人々の抱く世界観は実にさまざまである。治療を続けるうちにたいていの治療者は、早晩患者の世界観を知るようになる。もし治療者がとくにそのことに気をつけていれば、いち早くそれに気がつく。治療者がこの知識を得ることは、本質的に重要である。患者の世界観はつねに根本的問題であり、治療にはその修正が必要だからである。だから私は、指導する者に言う。「患者が宗教などないと言っても、そいつを見つけなければならない」と。

宗教や世界観はせいぜい不完全にしか意識されていない。患者は、自分が世界をどう見ているか気づいていないことが多いし、ときには、ある種の宗教をもっていると思い、実は、似ても似つかぬ宗教にとりこまれている。スチュワートは立派にやっているエンジニアであるが、五〇代なかばでひどいうつになった。仕事は順調で、模範的な夫であり父親であるにもかかわらず、自分を価値のない悪者だと感じていた。「私なんか死んだほうがいいんです」と言い、本気でそう思っていた。二度自殺を図り、あやうく死ぬところだった。どんな現実的な保証も、自分は無価値だという非現実的なセルフイメージを覆すことができなかった。不眠や不安といったうつにともなう症状のほかに、食物を飲みこむのがたいへん困難になっていた。「うまくないだけじゃないんです」と彼は言った。「まるで喉にはがねの刃が刺さってるみたいで、液体しか通らないんです」。レントゲンなどの諸検査では、身体的原因を明らかにすることができなかった。宗教には無関心だった。「単純明快な無神論者です」と彼は述べた。「科学者ですからね。目に見えるもの、触れられるものしか信じません。お恵み深い神様を信心していたら、たぶん、もっとよかったでしょうね。しかし、正直言ってそんなインチキには我慢できません。子どものときさんざん教えこまれました。すっかり忘れちまって、せいせいしてるんです」。彼は中西部の小さな町で、コチコチの正統派キリスト教の牧師と、同じくコチコチの信者である妻の息子として育った。自立するとすぐ、家と教会を見捨てたのである。

治療に入って数カ月後、スチュワートは次のような短い夢を報告した。「子どものころのミネソタの家でした。そこに子どもとして住んでいる感じでしたが、自分が今の歳であることもわかっていました。夜でした。ひとりの男が入ってきました。彼は私たちの喉をかき切ろうとしているのです。見覚えのある顔ではなかったのですが、妙なことにそいつが誰か知っていました。高校時代、何度かデートした女の子の父親だったんです。それでおしまいです。結末はありません。こいつが私たちの喉をかき切るつもりだとわかって、恐ろしくなって目が覚めたんです」

私はスチュワートに、夢の男について何でも思いつくことを話すよう頼んだ。「お話しすることなんか、何もないんですよ。その人には会ったことがないし。娘と何度かデートをしただけなんです——本当はデートじゃなく、教会の青年部の集まりのあと、家まで送っていっただけなんですよ。途中、暗闇に乗じて木陰でキスしたことはありましたけどね」と彼は言った。そこで少し神経質そうに笑って、続けた。「現実の世界では彼女の父親を知っているんですが、夢の中では、父親に会ったことがないという感じがありました。実は彼を見たことがあるんです——遠くからですが。彼は私たちの町の駅長でした。夏の午後、入ってくる列車を見によく駅まで行ったものでしたが、そこで、ときおり見かけたんです」

そのとき、私の胸にかちんと触れるものがあった。子どものとき、走り去る列車を眺めながら、怠惰な夏の午後をすごしたことがある。駅は活動の場であり、駅長はさしずめその指導者であった。大きな列車がそこからこの小さな町にやって来た遠い場所や、これから行く向こうの場所を彼は知っていた。どの列車が停車し、どの列車が通過するかも知っていた。スイッチを押し信号を操作し、郵便物を受け取り発送していた。このようなわくわくさせることをしないときは、オフィスに座ってもっとすごいことをやっていた。魔法のようなちっちゃなキーを叩いて、神秘的でリズミカルな言葉で、世界に向かってメッセージを送っていたのである。

「スチュワート」と私は言った。「あなたは無神論者だと言いましたね。私もそう思います。神なんて存在しない、と思ってるでしょう。しかし一方では、神――それも恐ろしい、喉をかき切るような神を信じてるんじゃないかって気がしてきたんですがね」

私の推察は正しかった。いやいやながらスチュワートは、自分のなかに奇妙でいやらしい信念、無神論でもどうにもならぬ考えのあることを、次第に認めはじめた。それは、この世は悪の力に支配されており、それは彼の喉をかき切ることができるだけでなく、ひどくそうしたがっている。彼が違反すれば直ちに罰してやろうと待ちかまえている、というものである。そこでわれわれは、ゆっくりと彼の言う「違反」に焦点をあてはじめた。それはほとんど、駅長の娘から「キスを盗んだ」ことに象徴される、ちょっとした性的事件であった。その結果、(うつの原因は他にもあったが、とりわけ)罪を償うために、象徴的に喉を切ったことが明らかになった。そうすれば、神によって喉を切られるのを防げる、と思っていたのである。

狂暴な神、悪意に満ちた世界という、スチュワートの考えはどこから生じたのか。各人の宗教とはどのように発達していくのか。何がその人独特の世界観を決定するのか。それらは複雑にからみあっている。また、それについて詳しく論ずるつもりはない。しかし、たいていの人々の宗教が形成されてゆくもっとも重要な因子は、明らかに彼らの文化である。ヨーロッパ人はキリストを白人と思うし、アフリカ人は黒人と思うだろう。ワーラーナシーかムンバイで生まれ育ったインド人はヒンドゥー教徒になり、厭世観《えんせいかん》と呼ばれるものを身につけやすい。インディアナ州で生まれ育ったアメリカ人は、ヒンドゥー教徒ではなくキリスト教徒になり、いくらか楽観的な世界観を抱く可能性が大きい。われわれは、まわりの人々の信じているものを信じ、人格の形成されるころ人に聞かされた、この世の本質を真実と受け取る傾向がある。

しかし、われわれの文化のもっとも重要な部分が個々の家族であることは、(心理療法家を除けば)あまり認識されていない。われわれが成長する文化的環境のなかで、もっとも基本的なものは家庭の文化であり、両親はその「文化的指導者」である。さらに、そのもっとも重要な側面は、神や世界の性質について両親が語ることではなく、その行動――夫婦間の、兄弟に対する、とりわけわれわれに対するふるまいである。言い換えれば、世界の本質について何を学ぶかは、家庭という小宇宙での実際の体験の質によって決まる。われわれの世界観を決めるのは、両親の言うことではなく、彼らがその行動を通して作りあげる独自の世界なのである。

「残忍な神という考えが自分にあるのは認めますが、それじゃそいつはどこから出てきたんでしょう」と彼は言った。「両親は、たしかに神を信じてました――しょっちゅう神の話をしていましし――でも彼らの神は愛の神なんです。キリストはわれわれを愛される、神はわれわれを愛したまう。私たちは神を愛しキリストを愛してるってわけです。愛と愛で、そればっかり聞かされてたんですよ」

「子どものころは幸せだったんですか」と私は尋ねた。

スチュワートは私を睨みつけた。「馬鹿なことを言わないでください。わかってるくせに。それはみじめなものでしたよ」

「どうしてみじめだったんですか」

「それもおわかりのはずですよ。めちゃくちゃに叩かれたんですよ。ベルトやら板やら箒《ほうき》やらブラシャら、手あたりしだいにね。何をやっても叩かれたんです。毎日叩いてれば医者いらず、子どもは善良なキリスト教徒になるってわけですよ」

「親御さんたちは首を締めたり、喉を切ろうとでもしたんですか」

「いいえ。しかし油断してたらやりかねなかったでしょうね」。長い沈黙がつづいた。スチュワートの表情はこのうえなく陰うつになった。そしてやっと、抑えつけるように言った。「だんだんわかってきましたよ」

私が「怪物神」と呼ぶものを信じているのは、スチュワートだけではない。同じような神概念、存在についての荒涼とした恐ろしい考え、に取りつかれている患者を私は何人か知っている。怪物神のイメージが、人の心にそれほどなじんでいないのは、むしろ不思議なくらいである。第Ⅰ部で述べたように、子どもの目に両親は神のような存在として映っており、何事であれ親のやり方が、あまねくこの世界でなされるべきやり方なのである。神の性質についてのわれわれの最初の（不幸にしてしばしば唯一の）考えは、両親またはそれにかわる者の性格を混ぜあわせたものにすぎない。親が愛情深く寛容であれば、神もそうだと信じやすい。そしておとなになってからも、子ども時代と同じく、この世を慈しみに満ちたところと思いこみやすい。親が無情で処罰的であれば、同じようにに無情の怪物神のイメージをもちやすい。親が十分世話をしてくれないと、世界もまた同じように冷淡なところと思いがちである。[1]

われわれの宗教ないし世界観が、子どものときの経験によってあらかた決められるという事実は、われわれを核心的な問題に直面させる。つまり宗教と現実との関係、小宇宙と大宇宙の問題である。

この世が、うっかりしていると喉を切られるような場所だというスチュワートの世界観は、子ども時代の小宇宙、彼の家庭ではまったく現実的なものであった。彼は、悪しきふたりのおとなの支配下に生きていた。しかし、親がすべて悪者でおとなもみんな悪人というわけではない。より大きな世界、つまり、大宇宙にはいろんな親、人々、社会、文化がある。

現実に則した――つまり、知りうるかぎりの宇宙の現実と、そこでの自らの役割に一致する――宗教ないし世界観を育てるには、たえず自分の考えを訂正、拡張して、より大きい世界について新しい知識を取り入れなくてはならない。たえず考えの枠組みを拡大しなければならないのである。ここで取り上げているのは、第Ⅰ部である程度考察した、地図の形成と転移の問題である。スチュワートの現実の地図は、家庭という小宇宙では正確なものだった。しかし、それをより広いおとなの世界にまでもちこんだために、まったく不正確な欠陥のあるものになった。たいていのおとなの宗教は、ある程度までもちこみの産物である。

たいていの人は、自分の能力を下まわる狭い考えの枠組みにもとづいて生活して、特定の文化、特定の両親、特定の子ども時代の経験が、自分の考えにおよぼしている影響を越えることができない。だから、人間の世界が葛藤に満ちているのは驚くにあたらない。互いにおりあってゆかねばならない全人類が、現実についてたいへん異なった見方をもっており、しかも、自分の見方こそ正しいと思いこんでいる。それはそれぞれが、個人的な小宇宙的経験だけによっているからである。

さらに具合の悪いことに、たいていの人はおのれの世界観を十分には意識していない。そのうえ、その源であるおのれの経験の特殊性については、もっとわかっていない。国際関係の専門家で精神科医のブライアン・ウェッジは、米ソ（当時）間のいくつかの交渉を調べ、人類、社会、世界についてアメリカ人のもつ数々の、ロシア人のそれとは劇的に異なる基本的な仮定を引き出すことができた。これらの仮定が、双方の交渉のしかたを決めていたのである。しかも双方とも、自分たちの仮定、ないし相手がちがった仮定のもとに動いていることに気づかなかった。必然的にロシア人の交渉のしかたは、アメリカ人には頭がおかしいかまたは悪意をこらしたものに見え、ロシア人にとってアメリカ人は、同じく頭がおかしいか悪意があるかのどちらかに思えるわけである。[2]

われわれはちょうど、諺《ことわざ》に出てくる三人の盲人に近い。三人とも象の特定の部分にしか触れていないのに、それぞれ象のすべてを知っている、と言う。そして小宇宙的世界観のちがいから言い争い、あらゆる戦争は聖なる戦いとなる。

科学という宗教

精神的成長とは、小宇宙から次第に広がる大宇宙へ向かう旅である。最初の段階（本書で扱っているのはすべてそれにかかわる）は知識の旅で信仰の旅ではない。過去の体験という小宇宙を離れもちこみ《トランスファレンス》から自由になるには、学ぶことが必要である。新しい情報を消化し取り入れることによって、たえず知識の領域と視野を広げていかねばならない。

本書の主なテーマは、知識を拡大していく過程についてのものである。第II部で、愛を自己の拡張――すなわち拡大――と定義したことを覚えているだろう。愛にともなう怖れには、未知の新しい経験世界に入っていく怖れが含まれることも、述べたはずである。また第I部の最後のところでは、新しいことを学ぶには以前の自分を放棄し、古くなった知識を捨てなければならないことを述べた。視野を広げるためには狭い視野を犠牲にする、つまり殺さねばならない。目先に限れば、こんなことはしないほうが楽である――今いるところにとどまって、相変わらずの小宇宙の地図に従い、今まで育んできた考えを捨てるような苦しみは避ければよい。しかし、精神的成長の道はそれと反対である。信じこんでいることをまず疑い、なじみのないものを積極的に求め、以前に教わり価値をおいてきたことを本当にそうなのか、慎重に吟味することから始めなければならない。聖なるものへの道は、あらゆるものを疑うところから始まる。

まったく現実的な意味でわれわれはまず科学から始める。両親の宗教を、科学の宗教におきかえるのである。まず両親の宗教に反発し、それを拒絶する必要がある。彼らの世界観は、われわれのそれよりも狭い。できあいの宗教によいものがあるはずがない。それが活気にあふれ、自分にとって最良のものであるためには、おのれの現実体験のるつぼのなかで、問いかけ疑い直すという火を通して完全に鍛えあげ、すっかり自分のものにしなくてはならない。神学者のアラン・ジョーンズが述べているように、である。

われわれの問題のひとつは、ほとんどの人間が、明確な独自の生活を発達させていないことである。われわれの周囲にあるすべてのものが、感情さえも借りもののように見える。何かするにしても、多くの場合、借りものの情報に頼らねばならない。私は、医者、科学者、農夫の言うことを信頼して受け入れる。不本意ではあるがそうせざるをえない。彼らは私の知らない生命について、直接の知恵をもっているからである。肝機能について、コレステロールの影響について、鶏の飼育方法については、受け売りの情報でやってゆける。しかし、意味、目的、死が問題となると、借りものの情報ではどうにもならない。借りものの神への借りものの信仰で生きていくことはできない。本当に生きるためには、自分の言葉、独自の対決がなくてはならない。[3]

だから心の健康と精神的成長のためには、両親の宗教に頼らず、自分の宗教を発展させる必要がある。しかし、「科学の宗教」についてはどうなのか。科学はひとつの宗教である。それがいくつかの中心的な信条をもつかなり複雑な世界観だからである。その信条の主なものを以下にあげる。宇宙は実在しており、したがって研究するに足る対象である。宇宙の研究は人類にとって価値がある。宇宙は合理的である――つまり、一定の法則に従い予測可能である、など。しかし人間は迷信や先入観や偏見にとらわれやすく、現実に存在するものよりも、見たいと思うものを見る傾向が強い。そのために、正しく調査し理解するためには、科学的方法を身につける訓練が必要である。この訓練の本質が経験である。実際に経験しなければ知ったことにならない。その訓練は経験から始まるが、経験それ自体は信頼するに足りない。経験は、実験というかたちで反復可能でなければならない。さらに実証可能、すなわち同じ条件下では誰もが同じ経験をしなくてはならない。

キーワードは「現実」、「調査」、「知識」、「懐疑」、「経験」、「訓練」である。われわれはこれらの言葉をずっと使ってきた。科学は懐疑主義の宗教である。子ども時代の経験や文化という小宇宙、親に教わった一面的な真理から脱出するためには、これまで学んだことを疑うことが不可欠である。小宇宙での個人的な経験を、大宇宙の個人的経験に変容させるのが科学的態度にほかならない。だからわれわれは、まず科学者になることから始めなければならない。

この過程をすでに一歩踏み出している患者は、しばしば次のように言う。「私は宗教的な人間じゃありません。教会にも行きません。教会や親が言ったことはほとんど信じてませんし、親の宗教は受け継いでません。ま、そんなに精神的じゃないってことです」と。

精神的でないという彼らの仮定がどういうものか訊いてみると、彼らにはショックであることが多い。「あなたには宗教がありますね」と私は言う。「それもかなり深いのがね。あなたは真理を探しているでしょう。成長しよくなっていくこと、つまり精神的に向上する可能性を信じてますね。そのおかげで、未知のものに挑む怖れや習ったものを捨てる苦しみを喜んで引き受けたのでしょう。あなたはあえて治療を受ける気になった。何もかもあなたの宗教のなせるわざですよ。ご両親より精神的でないというのが正しいかどうか。それどころか、実際はあなたのほうがずっと精神的に進んでいて、ご両親をはるかにしのいでいるんじゃないか。ご両親の精神性は問いかけるだけの勇気を出させるには不十分だったんじゃないでしょうか」

宗教としての科学が、他の世界観と比べて前進であり飛躍であると言えるのは、ひとつにはその国際的な性格による。だからわれわれは、世界的な科学的共同体についてうんぬんする。これは真の共同体を実現する手始めであり、カトリック教会よりもはるかに近しいものである。カトリック教会は、おそらく国際的な団体としては科学の後塵《こうじん》を拝する。世界中の科学者は、そうでない人々に比べてずっとうまく交流できる。ある程度まで、彼らは自国文化の小宇宙を超えるのに成功している。ある程度まで賢明になりつつあるわけである。

ただし、それはある程度までである。盲信や迷信、疑われたことのない憶説《おくせつ》にもとづく世界観と比べれば、科学的な人々の懐疑的世界観は格段の進歩と思う。しかし彼らのほとんどは、精神的成長の道をやっと一歩踏み出したにすぎない。とくに、科学的な人々の神の実在に関する考えは、親の信仰を盲目的に引きついでいる単純な農夫のそれと、偏狭さにおいてほとんど変わりがない。彼らが神の実在について考えるには、少なからぬ困難がある。

洗練された懐疑主義という立場から神の信仰という現象を見おろすと、あまり感銘は受けない。見えるのは教条主義であり、さらに戦争、宗教裁判、迫害である。偽善もある。人類愛を高唱する人が信仰の名のもとに仲間の人間を殺し、他人を犠牲にして私腹を肥やし、ありとあらゆる残虐行為をやってのける。わけのわからぬ複雑な儀式や何とも言えぬ聖像がある。六本の手足をもつ女神や玉座をしめる男神や、さらには象や無の本質だとか。神殿の神々、家の神、三位一体神、単一神など。そこにあるのは無知と迷信と頑なさである。神など信じないほうが人間のためになる、神なんて絵に描いたどころか毒入りの餅だ、などと思いたくもなる。神は人の心にある幻想――破壊的な幻想――であり、神を信じるのはありふれたかたちの、癒されるべき精神病理とするのが妥当に見える。

ここに問題がある。神を信じるのは病なのか。それは転移――小宇宙からくる親の考えを、大宇宙に投影した――の現れなのか。別の言い方をすれば、信仰は、高いレベルの意識や成熟を求める際に脱皮しなければならぬ、原始的ないしは子どもっぽい思考なのか。この問いに科学的に答えようとすれば、実際の臨床ケースに目を転じる必要がある。心理療法を通して成長していくにつれて、神の信仰はどうなっていくのだろうか。

キャシーの事例

キャシーのようにびくついた人を、私は見たことがなかった。初めて彼女の部屋に入ったとき、彼女は床の隅に座りこんでお祈りらしきものをつぶやいていた。そして、戸口に立っている私を見上げると、恐怖のあまり大きく目を見開いた。それから泣き叫んで隅に縮こまり、壁に身を押しつけて、入れるものならそのなかに入りこみたいかのようであった。

「キャシー、私は精神科医なんだ。君を傷つけたりなんかしないよ」、と私は言って椅子を取り、彼女から少し離れたところに腰をおろして、待った。一分ほど、彼女は隅に縮こまっていたが、やがてリラックスしはじめた。といっても、慰めようのないほどに泣きはじめたのである。しばらくして泣きやむと、再びお祈りを唱えはじめた。どうしたのか、と私は尋ねた。「私、死んじゃうの」。彼女は、お祈りのリズムが乱れないように早口で言った。そしてそれ以上何も言わずに、お祈りを続けた。五分おきかそこらに、彼女は疲れたようにお祈りをやめ、しばらくしくしく泣いてからまた祈りはじめるのだった。何を尋ねても、返ってくるのは「私死んじゃうの」であり、お祈りのリズムが乱れることはなかった。お祈りを唱えてさえいれば死なないと思いこんでいて、休むことも眠ることもできないようであった。

若い巡査である彼女の夫ハワードから、最小限の情報は得ていた。キャシーは、二〇歳で結婚して二年になる。結婚について問題はない。彼女は親にべったりだが、今まで精神的におかしくなったことはない。今度のことは寝耳に水で、その朝彼女はまったく元気だった。彼を仕事場まで車で送ってくれた。二時間後彼の妹から電話があり、彼女のところに行ったらこんなありさまだと言う。それでふたりで病院に連れていった。本当に最近、彼女がおかしかったことはない。ただし、ひとつだけ例外がある。この四カ月ほど、人のいるところに出てゆくのがとても恐いようだった。そのためスーパーマーケットの買いものはいっさいハワードが引き受けて、その間、彼女は車のなかで待っていた。ひとりぼっちになるのも恐ろしいようであった。彼女はよくお祈りをした――しかし、それは彼らが知りあったときからずっとそうだった。彼女の家族はたいへん信心深かった。母親は最低週二回ミサに行った。妙なことに――ものだが、結婚したとたんミサに行かなくなった。そのほうが彼にとってはよかった。それでも彼女はよくお祈りをした。健康状態？　すばらしくよかった。入院したこともない。何年か前、結婚式で気を失ったことがある。避妊？　彼女はピルを飲んでいた。ちょっと待てよ。一カ月ほど前、ピルをやめると言っていた。ピルが危険だとか何とか読んだらしい。彼のほうはそのことをあまり気にしていなかった。

私は、夜眠れるように大量の鎮静剤と安定剤を与えた。しかし次の二日間、彼女の様子は変わらぬままであった。ひっきりなしに祈り、もうすぐ死ぬということ以外何もしゃべらず、たえず恐れおののいていた。四日目にとうとう私は、アミタールナトリウム（自白剤）の静脈注射をした。「この注射は眠くなるよ、キャシー」と私は言った。「しかし眠りこむことはないし、死んじゃうのでもない。お祈りが止まるだけなんだ。すっかり緊張がほぐれて私と話せるようになる。そこで病院に運ばれてきた朝、何があったのか言ってくれないか」

「別に何も」とキャシーは答えた。

「ご主人を仕事場まで送っていったんだね」

「そうよ。それから家まで帰ったわ。そのとき、自分が死んじゃうんだってわかったの」

「ご主人を仕事場でおろしたあと、いつも通り家に帰っただけなんだね」

キャシーはまたお祈りを始めた。

「やめなさい、キャシー」と私は命令した。「絶対に大丈夫なんだから。ずいぶん気分が楽になってきてるんだ。あの朝家まで帰るのに、何かいつもとちがってたんだね。どこがちがってたのか言ってごらん」

「ちがう道を通ったのよ」

「どうしてそんなことしたの」

「ビルの家の前を通ったの」

「ビルって誰？」と私は聞き返した。

キャシーはまた祈りはじめた。

「ビルって君のボーイフレンドかい」

「昔のね。結婚する前のよ」

「ビルが懐かしくってしかたがないんだね」

キャシーはわめいた。「ああ、死んでしまうんだわ」

「その日、ビルとは会ったの」

「ううん」

「でも会いたかったんだね」

「死んじゃうわ」とキャシーは答えた。

「ビルとまた会いたいと思うだけで、神様に罰せられるような気がするのかい」

「そうよ」

「それで死んじゃうと思いこんでるんだね」

「そうよ」。キャシーはまたもや祈りはじめた。

十分ほど彼女を祈るがままにしておいて、私は自分の考えをまとめようとした。

そして言った。「キャシー。君は自分には神の心がわかってると思ってるんだね。だからすぐにも自分が死んじゃうと思ってるわけだ。しかしそいつはまちがってる。君に神の心などわかるはずがないからさ。神について君の知ってることなんて、全部人から聞いたことなんだ。私が何もかも知ってるわけじゃないけれど、君よりも、また君に話して聞かせた連中よりはよく知ってるんだ。たとえばね、私は毎日、君のように浮気してみたいと言う男の人や女の人に会ってるけれどね、そして何人かは実際にやってるけどね、神様に罰せられてなんかいないよ。なぜって、また私のところに来るからさ。そして私と話をして、気分が楽になって帰るのさ。君もそうなるんだよ。なぜって私たちは一緒に仕事していくんだからね。そして自分が悪い人間じゃないって、君にもわかるようになるんだから。本当のことがわかるようになるんだよ——自分についても、神についてもね。そうなれば気分が楽になる。自分のことでも、生きることでもね。でも今は眠りなさい。今度目が覚めたら、自分は死んじゃうなんて心配しなくなってるよ。そして明日の朝私と会うときには、ちゃんと話せるようになってるよ。そこで、神について、また君のことについて、話し合ってみようよ」

次の朝、キャシーはよくなっていた。まだ怯えていたし、死にはしないと確信もできなかったが、死んでしまうと決めつけてはいなかった。その日、それからその後何日もかかって、少しずつ、彼女の話が明らかになっていった。

高校三年生のとき、彼女はハワードと性関係をもった。彼は彼女に結婚を申しこみ、彼女も承諾した。二週間後、友人の結婚式の場で、結婚したくないという気持ちがふと湧いた。そして彼女は気を失った。それ以後彼女は、ハワードを愛しているのかどうかわからなくなってしまった。しかし、婚前交渉の罪を犯してしまった以上結婚しなければならない、と感じていた。結婚によって自分たちの関係を浄めなければ、この罪がさらに重くなると思ったのである。しかし子どもは、少なくとも、ハワードを愛しているともっとはっきり思えるまでは、まだ欲しくなかった。それで彼女はピルを飲みはじめた——それがまた新しい罪であった。このような罪を告白することには耐えられなかったので、結婚後はミサに行かなくなり、ほっとした。彼女はハワードとのセックスを楽しんだ。しかし彼は、結婚したその日から、彼女に対して性的な関心をほとんど失っていた。理想的な稼ぎ手ではあった。贈りものを買い、彼女を大切にした。たくさん残業して彼女に仕事をさせなかった。しかしセックスに関しては、たいてい彼女が頼まなければならなかった。その二週間ごとのセックスが、どうしようもない退屈をまぎらわすほとんど唯一のものであった。離婚は不可能だった。それは罪であり、考えられないことだった。

　自分の意に反して、彼女は浮気について空想するようになった。もっとお祈りすれば、たぶんそのような空想から逃れられると思い、一時間に五分、儀式的に祈ることを始めた。それに気づいたハワードが彼女をからかった。そこで彼女は隠れて祈ることにした。彼のいる夕方は祈らずに、その埋めあわせとして、彼のいない昼間にもっと祈るようになった。そのためには、もっとたびたび祈るか早くしなければならなかった。彼女はどちらもすることにした。そこで半時間ごとに五分間祈り、スピードを倍にした。しかし浮気の空想は続き、しだいに彼女の脳裡からはなれなくなった。外出するたびに彼女の目は男たちに注がれた。それで事態はますますひどくなった。彼女はハワードなしで外出するのを恐れ、一緒のときでも男性に会うような場所は恐れるようになった。そして、たぶん教会に戻ったほうがよいと考えた。しかし教会に戻ると、懺悔《ざんげ》して司祭に浮気の空想を告白しなければ罪を犯すことになる。それはできることではなかった。そこで祈りのスピードをさらに倍にした。これを容易にするために、手の込んだ方法を編み出し、一句を唱えることでそのお祈り全部を唱えたことにした。

　これが彼女のお祈りの由来である。そのうちに方法を改善し、五分間に千もの祈りを唱えられるようになった。方法の改善に忙しかった当初、浮気の空想は弱まったようだった。しかしいったんその方法になれてしまうと、再び空想が押し寄せてきた。彼女は、どうすれば空想を実現できるか思いめぐらすようになっていた。そして、昔のボーイフレンドのビルに電話しようか、午後、どの店に行けばよいのかしら、と思った。本当にやりかねないことに恐れおののいて、ピルの服用を中止した。妊娠の恐れが行動化を防いでくれる、と思ったのである。しかし欲望はますます強くなった。ある午後、マスターベーションを始めているのに気づいた。彼女は恐怖に駆られた。たぶんこれはもっとも重い罪である。冷たいシャワーがよいと聞いたことがあったので、ぎりぎり耐えられる冷たいシャワーにかかった。ハワードが帰宅するまで、それでどうにかもった。しかし翌日になるとすべて元のもくあみだった。

ついにあの朝、彼女は負けてしまった。ハワードを降ろしたあと、ビルの家へまっすぐ向かった。彼女は正面に駐車して、待った。何も起こらなかった。誰もいないようだった。彼女は車から降り、車にもたれて誘うようなポーズをとった。そしてそっと言った。「お願い。お願いだからビルに会えますように。彼が気づいてくれますように」。それでも何も起こらなかった。「誰か、誰でもいいから会わせて。誰かとしたいの。ああ神様、私は娼婦だわ。バビロンの娼婦だわ。ああ神様、殺して。死ななくっちゃ」。彼女は車に飛び乗ってアパートへ戻った。そして剃刀《かみそり》を取り出して手首を切ろうとしたが、できなかった。しかし神様ならできるだろう。神様ならなさるだろう。神様は当然の報いをお与えになる。そしてこんなことは終わりにしてくださる。それで自分も終わりになる。お通夜を始めてほしい。「ああ神様。恐いの、恐くてたまらないの。お願い。早くして。恐いわ」。

彼女は祈りはじめた。そして死ぬのを待っていた。義妹が彼女を見つけたのはそんなときであった。

この話は、何カ月も骨の折れる面接をしたあげく、やっと聞き出せたものである。この仕事の大半は、罪の問題に集中した。マスターベーションが罪だなどと、彼女はどこで学んだのだろうか。そう彼女に教えた人は、どうしてそれが罪だと知ったのだろうか。なぜマスターベーションが罪なのか。どうして不貞が罪なのか。罪とは何なのか。などなどである。心理療法を行うことほど、刺激的でありがたい仕事を私は知らない。しかし、これまでの生活態度の一つひとつを、微に入り細にわたって問題にしてゆくのは、ときに退屈なこともある。こういう作業は、ことがすべて明らかになる前に、少なくとも部分的に成功することが多い。たとえば、キャシーが自分の空想やマスターベーションの誘惑などについて詳しく話せるようになったのは、彼女自身が自分の罪悪感や、これらの行為を罪とする考えを妥当なものかどうか問題にしはじめてからのことである。このような問題を考えるため、カトリック教会全体、少なくとも彼女が知っている教会の権威と知識がまともかどうかの問題も、取り上げなければならなかった。カトリック教会を問題にするなんて、そうやすやすとできることではない。それができたのは、私という味方のいる心強さと、私が本当に彼女の味方であり、心から彼女のことを考えているのだから悪へ導くはずがないと、だんだん思えてきたからである。このように、彼女と私が作りあげていった「治療同盟」は、心理療法が大きな成功をおさめるためには欠くことのできないものであった。

この仕事の大部分は、退院後の外来診療でなされた。アミタールナトリウムを用いた面接から一週間後、キャシーは退院できるようになった。しかし、罪に対する思いこみを、「私、カトリック教会にいんちき商品を押しつけられたんだわ」と言えるようになったのは、四カ月にわたる集中的な治療の後であった。この時点で、治療は新しい局面に入った。そして、どうしてこんなことになったのか、なぜいんちき商品を買わされてしまったのか、これまでどんなかたちであれ、なぜ教会に疑問を感じなかったのか、などを問題にしはじめた。

「でもお母さんが、教会を疑っちゃいけないよって言ったんだもん」とキャシーは言った。そこで、両親との関係が取り上げられることになった。父親とは何のかかわりもなかった。誰もかかわる者がいなかった。父親は働いていた。働きに働いていた。家に帰るのはビールを持って椅子で眠るためだった。金曜の夜は例外で、ビールを飲みに出かけた。それが彼のすべてだった。家は母親が取りしきっていた。ひとりで、誰にも批判されず抗議も反対もされずにやっていた。彼女は優しかったが頑固だった。献身的だったがゆずることはなかった。穏やかだったが容赦はなかった。「そんなことするもんじゃないよ、おまえ。まともな女の子なら、そんなことしないよ」「そんな靴はきたいと思わないだろう、おまえ。ちゃんとした家の女の子なら、その手の靴ははかないわね」「おまえがミサに行きたいか行きたくないかなんて問題じゃないんだよ。神様がお望みなんだから」。しだいにキャシーは、カトリック教会の力の背後に、母親という巨大な力が控えていることを理解するようになった。母親はとても優しく、しかもこのうえなく支配的だったので、母親に反抗するなんて考えられないことのように思われた。

しかし心理療法が順調に進むことなどめったにない。退院後半年たったある日曜の朝、ハワードが電話で、キャシーがアパートのバスルームに閉じこもってまたお祈りを唱えている、と言ってきた。私の指示で、彼は、病院を受診するよう彼女を説得し、そこで私はふたりに会った。キャシーは、初めて会ったときと同じくらい、怯えていた。何がきっかけとなったのか、このときもハワードに手がかりはなかった。私はキャシーを部屋につれて行った。「祈るのはやめなさい」と私は命令した「何があったのか話してごらん」

「できないわ」

「いや、するんだ、キャシー」

祈りのあいまに、ほとんど息もつけないまま彼女が言った。「またあの薬（アミタールナトリウム）をくれたら、本当のことが言えるかもしれないわ」

「だめだ、キャシー。今度は自分の力でやりなさい。それだけの力はあるんだから」

彼女はわめいた。それから私を見て、お祈りを再開した。その表情から、私に対する怒り、ほとんど激怒に近いものがみてとれた。

「私に腹を立ててるんだね」と私は言った。

彼女は祈りながら頭を横に振った。

「キャシー」と私は言った。「君が腹を立てる理由は山ほど思いつくけれど、言ってくれないかぎりわからないんだよ。言えるだろう。大丈夫だよ」

「死んじゃうわ」と彼女はうめいた。

「いいや、死にはしないさ。私に腹を立てたからといって、死ぬなんてことはないよ」

「私、もう長くないわ」、とキャシーは嘆いた。「もうおしまいなのよ」

この言葉はどこかおかしいように聞こえた。それは私の予期していた言葉ではなかった。何か不自然に思えたのである。しかし、私もあれこれ同じことをくり返す以外、何を言っていいのかわからなかった。

「キャシー、君を愛しているよ」と私は言った。「君が私を憎んだって愛しているんだ。愛とはそんなもんだ。君が私を憎んでるからといって、君を罰したりできるもんか。愛してるんだから」

「私が憎んでいるのは先生じゃないわ」と彼女はすすり泣いた。

突然私にぴんとくるものがあった。「あなたの日々は長くはない。この地では長くない。これだろう、キャシー？　あなたの父と母を敬え。これはあなたの神、主が賜わる地であなたが長く生きるためである。十戒の五番目じゃないか。親を敬え、さもなくば死ね。そういうことなんだろう」

「お母さんが憎いの」とキャシーはつぶやいた。それから、恐れていた言葉を口にした自分の声に勇気づけられたかのように、声高に言った。「お母さんが憎いのよ。お母さんは、私にくれなかった……くれたことなんかなかった。……私に私をくれなかったのよ。私が私であることを許してくれなかった。自分のイメージ通りの私にしたのよ。母がこんなにしてしまった。自分らしく生きるなんて、ちっとも許してくれなかったのよ」

事実、キャシーの治療は依然として初期の段階にとどまっていた。さまざまな細かいことについて、真の自分であることへの恐れがまだあったのである。母親に完全に支配されていた事実を認めてから、キャシーは、なぜそうなったのかを問題にしなければならなかった。母親の支配を拒んだ以上、自分自身の価値観を築きあげ、自分で決断するプロセスに直面せざるをえなくなり、おどおどしていた。母親に決めてもらうほうがずっと安全で、母親の価値観や教会の価値観を借用するほうがずっと簡単だった。自分の生活を自分で管理するためには、まだまだ仕事が必要だったのである。後になってキャシーはこう言った。「昔の自分と今の自分をとりかえっこするなんて、金輪際ごめんだわ。でもね、ときどきあのころが懐かしくなるの。あのころは楽だったわ。少なくともある意味ではね」

以前より自立しはじめたキャシーは、ロマンチックな相手としては落第のハワードにはっきりものを言うようになった。ハワードは態度を改めると約束した。しかし何も変わらなかった。キャシーは彼を責めた。すると彼は不安発作を起こすようになった。そこで私のところにやって来た。それから私のすすめで、別の治療者のところに行くことになった。彼は根の深い同性愛的感情と取り組みはじめた。その感情を、キャシーと結婚することで防衛していたのである。彼女の体はたいへん魅力的だったので、彼は「掘り出しもの」と思っていた。彼女を手に入れたことが、自分にも世間にも、男性としての能力を示す証だったのである。しかし肝心のところで、彼は彼女を愛していなかった。

このことを認めてから、彼とキャシーはしごく円満に離婚に同意した。キャシーは大きな衣料店の店員として働くようになった。仕事に関してたくさんの、些細な、しかし自分でやらねばならぬ決断をめぐって、私のところでずいぶん苦しんだ。しかししだいに自分を主張することに自信をもつようになった。彼女は多くの男性と交際し、なりゆきしだいでは再婚し母親になることを考えていたが、さしあたってはは仕事を楽しんでいた。そしてその店の仕入れの副主任になった。治療終結後は主任に昇格し、つい最近の便りでは、同じ身分でもっと大きな店に移って、二七歳の自分にまったく満足している。教会には通っていないし、自分をカトリックとはもう考えていない。神を信じているのかどうかははっきりしないが、人生の現段階では、神の問題はたいして重要でない、と率直に言えるようになった。

キャシーの事例をここまで長く説明したのは、それが、宗教的なしつけと精神病理の関係を示す典型例だからにほかならない。キャシーのような人は何百万もいる。冗談めかして言えば、カトリック教会のおかげで、精神科医としての自分の商売がなりたっている、と言える。これをバプティスト教会、ルター派教会、長老派教会などにおき換えても同じである。もちろん教会が、キャシーの神経症の唯一の原因ではない。ある意味で教会は、キャシーの母親が、親の権威を固め広げるために用いた道具にすぎない。父親不在によって強められた母親の支配的な気質が、神経症のより根本的な原因である、と言ってよい。この点でも、キャシーの事例は典型的なのである。

とは言うものの、教会が非難を免れることはない。彼女の通っていた教区小学校の修道女のうちの、また教義の授業を担当していた司祭のうちの誰ひとりとして、宗教教義を合理的に問い直すとか、とにかく自分で考えるようキャシーにすすめた人はいなかった。教義がやみくもに教えこまれ、非現実的なまでに厳格に乱用されがちであることを配慮した証拠はない。キャシーの問題は次のように分析することができる。すなわち、神や十戒や罪の教えをひたすら信じている間は、彼女の宗教や世界観はお仕着せで、彼女の求めているものにそぐわなかった。彼女は自ら問い求め、考えることをしなかった。そして教会は——これもまた典型的である——彼女がより適切な自分本来の宗教を見いだすのに何ら手を貸すことをしなかった、と。たいていの教会は、お仕着せの類をとにかくよしとしているように思われる。

キャシーのケースは典型的だし、似たような事例が多いので、精神科医やカウンセラーの多くは宗教を敵《かたき》とみなしている。宗教それ自体が神経症である——根っからの非合理的な諸観念の集まり、人の心を縛りつけ心的成長に向かう本能を抑えこむ——とまで考えている人もいる。合理主義者であり、何よりも科学者であったフロイトは、事態をだいたいこの観点からとらえていたと思われる。彼は現代精神医学におけるもっとも影響力のある人物だったので（それも無理からぬことだが）、宗教を神経症とする考えは彼によるところが大きい。精神科医たちが自らを、古い宗教上の迷信や非合理的で権威的なドグマといった破壊的勢力との、高貴な戦いに従う現代科学の騎士とみなしたがるのはもっともである。実際のところ、明らかに有害な、時代遅れの宗教的観念や教えから患者の心を解放するために、治療者は莫大な時間とエネルギーを費やしている。

マーシャの事例

しかし、すべてのケースがキャシーのそれと同じではない。違ったパターンのものが多いし、ずいぶん似たものもある。マーシャは、私にとって初めての長期にわたった事例のひとつである。彼女は二〇代なかばの、たいへん裕福な若い女性であった。無快楽症ということで受診してきた。生活のどこといって具合の悪いところがないのに、喜びを感じられないのである。たしかに浮かぬ顔をして、裕福で大学教育を受けているにもかかわらず、貧しい薄汚れた年寄りの移民のようにみえた。治療を始めた最初の一年間、いつも青やグレーや黒や茶色の身に合わない服を着て、同じような色あいの大きな汚らしい破れた旅行鞄をさげていた。彼女はひとり娘で、親はふたりともたいへん優れた大学教授で、宗教なんて「あてにならない絵に描いた餅」と信じている社会主義者だった。思春期のころ、娘が友人と教会に通いはじめたとき、彼らは彼女をからかった。

治療を始めるころまで、彼女は心から両親の考えに同意していた。しょっぱなから、やや誇らしげに無神論者だと宣言した――それもそこらの感傷的なのとはわけがちがう。本物の無神論者で、神がいるとかいるかもしれないとか、そんな幻想はなくしたほうが人類のためになると思っている、と述べた。おもしろいことに、マーシャの夢は宗教的象徴に満ちており、鳥たちが、古代文字で書かれた神秘的なメッセージの巻き物をくわえて部屋に飛びこんでくる、といったものだった。しかし私は、無意識のこのような側面を彼女に突きつけることはしなかった。実際二年にわたる治療のあいだ、一度も宗教の問題に触れることはなかった。われわれが長時間集中的に扱ったのは、両親との関係であった。両親はたいへん知的で合理的な人たちで、物質的に彼女に不自由させることはなかったが、感情的には彼女からすっかり離れていた。それに加えて、ふたりとも自分の仕事に精力を注ぎこんでいたので、彼女のために割く時間もエネルギーもほとんどなかった。そのためマーシャは、快適な文句なしの家庭があったにもかかわらず、よく言われる「かわいそうなお金持ちの女の子」で、心理的に孤独だったのである。しかし彼女は、この事実に目を向けようとしなかった。両親の、子どもに対する配慮がずいぶん欠けていることをほのめかすと腹を立て、孤児のようなかっこうをしていることを指摘したときも怒って、これが今の流行で文句を言われる筋はない、と言いはった。

治療の過程はいやになるほどゆっくりしていたが、劇的なものであった。鍵となったのは、われわれが少しずつ築きあげてきた関係の、温かみと親密さである。それは、彼女が両親とのあいだにもっていた関係と好対照をなしていた。それはそれまでの旅行鞄の三分の一の大きさしかなく、鮮やかな色とりどりのものであった。それからというもの、およそ一カ月ごとに、彼女は新しい色――目のさめるようなオレンジや黄色、明るいブルーと緑――を自分の衣装に加えていった。それはまさに花がゆっくりと開いていくような感じだった。次回で面接が終わるというときに、彼女は自分がどんなに快適か、じっくり考えこんで言った。

「ほんと、不思議なのよ。でも私の内面が変わっただけじゃなくて、外側の何もかも変わってしまったようなの。私はまだここにいて、前と同じ家に住んで、同じようなことをしているのに、何もかもちがって見えるのよ。全然ちがった感じがする。温かくて安心できて愛があってわくわくして、とってもいい感じ。自分は無神論者だなんて言ったことがあったけど、今はどうかわからないわ。本当はそうじゃないと思うの。何もかもこれでいいんだと思えるようなとき、今でもときどき心のなかでつぶやくのよ。『ねえ、神様は本当にいるよね。でないと何もかもこんなにうまくいくわけないよね』って。変でしょう。何て言ったらいいのかわからないわ。自分が何かつながってる感じ。自分は本当にいて、本当に大きな絵の一部みたいな感じなの。その絵の大部分は見えないけど、そこにあるのがわかっていて、それはすばらしい絵だということがわかっていて、自分はその一部なんだという気がするわ」

治療を通じてキャシーは、神の概念を絶対とする立場から、まったく重要でないとする立場に変わった。他方マーシャの場合は、神を否定する立場からきわめて大切だとする立場に変わった。同じような方法で、同じ治療者によって、表面的には正反対の結果になったふたつの事例が、両方とも成功したのである。これをどう説明すればよいのだろうか。その前に、もうひとつ別のタイプの事例を考察したい。キャシーの場合、神の概念が彼女の人生にもたらす影響力を大幅に減少させるために、治療者は彼女の宗教的概念を積極的に問題にする必要があった。マーシャの場合は、神概念が強い影響力をもちはじめたのだが、彼女の宗教的概念を取り上げることはまったくなかった。そこで、治療者が患者の無神論や不可知論を積極的に取り上げて、意図的に患者を宗教性の問題に引き入れることは必要なのかどうか、という疑問が生ずる。

セオドアの事例

来談したとき、テッドは三〇歳の世捨て人であった。それまでの七年間、彼は森の奥の小さな小屋に住んでいた。友人といっても数人で、親友と呼べる人はひとりもなかった。三年の間、女性とつきあったこともなかった。たまにちょっとした大工仕事を引き受けたが、たいていは魚釣りや読書、夕食は何にしようか、どう料理しようか、安い道具を買いこめるかどうかなどの、どっちでもいいような決断をするのに果てしない時間を費やしてすごしていた。実際には遺産のおかげでたいへんな金持ちだった。知的な面でも優れていた。最初の面接で、動きのとれない自分についてこう言った。

「人生においてもっと建設的で創造的なことをしなくちゃいけない、とはわかってるんですが、ささいな決断にも苦労する状態なんです。ましてや大きな決断なんてとても。大学院に進学して、何かの職を身につけないといけないんだけど、どんなことにも熱心になれないんです。あらゆる職業を考えてみました——教師、学者、国際関係、医学、農学、エコロジー——どれをとってみても興味が湧かないんです。一日や二日の間は興味が持てるんですが、どの分野にも乗り越えがたい問題があるような気がしてしまうんです。人生が乗り越えがたい問題に見えるんですよ」

テッドによれば、問題は一八歳で大学に入ったときに始まった。それまでは何もかもうまくいっていた。安定した裕福な家庭で、基本的には平均的な子ども時代をすごした。兄がふたりいた。両親はお互い愛し合ってはいなかったが、彼をかわいがってくれた。私立の寄宿学校ではいい成績を取り、申し分なかった。そして——おそらくこれが決定的なのだろうが——ある女性と熱烈な恋に落ち、大学に入る一週間前にふられた。落胆した彼は、一年目のほとんどを酒びたりですごした。それでも成績はよかった。それからも二、三回恋愛したが、最初に比べるともうひとつ夢中になれず、うまくもいかなかった。成績は落ちはじめた。何についてレポートを書けばよいのか決められなかったのである。二年生のなかばに親友のハンクが交通事故で死亡したが、立ち直ることができた。その年、酒もやめた。しかし決断のしにくさはますますひどくなった。卒業論文のテーマを何にすればよいのか、まったく決められなかった。必要単位は取得していた。大学から離れたところに部屋を借り、あとは短い論文を提出すれば卒業できることになっていた。論文は一カ月で仕上げられる程度のものだった。しかしそれから三年かかった。それ以後は何もなかった。七年前から、この森に住んでいる。

自分の問題は性的なものに根ざしている、とテッドは固く信じていた。つまるところ、自分の問題は失恋を機に始まったのではなかったか。そのうえ、彼はフロイトの著作のほとんどを読んでいた（私自身よりよく読んでいた）。というわけで、治療の最初の六カ月間、われわれは彼の小児性欲に関して深く掘り下げてみたが、これといったものは何も得られなかった。しかしその間に、彼の人格の興味深い局面がいくつか現れてきた。そのひとつは何事に対しても全然夢中になれないことであった。彼が晴天を望んだとしよう。しかし晴れても肩をすくめてこう言うのである。「どうってことないさ。今日も明日も基本的にはよく似たものなんだから」。大きなかますを釣り上げても、「ひとりじゃ食べきれないし、分けてやる友人もいないので戻してやったんだ」と言うわけである。

この、夢中になれないことは、あらゆる面にわたる一種の気取りと関連していた。まるで、この世の中およびそこにあるものすべてを趣味の悪いもの、と思っているようであった。彼の目は批評家的なものであった。自分を感情的に動揺させるものと自分とのあいだに距離を保つために、この気取りがあるのではないか、と私は思うようになった。彼にはまた、秘密主義の傾向が極度にあり治療は難航した。あらゆるできごとについて、肝心なことはやっとの思いで引き出されねばならなかった。彼は夢をみた。「僕は教室にいた。何かがあった——何かわからない——。僕はそれを箱に入れた。中身がわからないように、そのまわりに箱を作ったのだ。その箱を枯れた木のなかに置き、精巧に作られた木ねじを使って、もと通り箱の上に樹皮をかぶせておいた。しかし教室で座っているとき、ねじが樹皮と平らになっているかどうか確かめなかったことを突然思い出した。そこでものすごく不安になり、木のところに飛んでいってねじと樹皮の見分けがつかないように細工した。そこではっとして教室に戻った」。多くの人の場合と同じく、テッドの夢に出てきた授業や教室は治療を象徴している。神経症の核を見つけられたくない、と彼が思っているのは明らかであった。

治療を始めて六カ月目、テッドの鎧《よろい》に初めて小さな亀裂が入った。前の晩、彼は知人の家に泊まった。「とんでもない夜でしたよ」とテッドは嘆いた。「彼が新しく買ったレコードを聞かせたがりましてね。カモメのジョナサンの、ニール・ダイヤモンドのサウンドトラック盤ですけどね。まるで拷問なんです。どうして教養ある人が、あんな腐りきったものを楽しんだり音楽だなんて言えるのか、僕にはわかりませんね」

その気取った反応の激しさが、私の耳にひっかかった。「カモメのジョナサンは宗教的な小説でしょう」と私は口をはさんだ。「音楽も宗教的だったんですか」

「あれを音楽と言うのなら、まあ宗教的とも言えるでしょうね」

「君が腹を立てているのは、たぶんその宗教性じゃないかな」と私は言ってみた。「音楽そのものというよりね」

「まあ、あの手の宗教性にははっきり言ってむかつきますね」とテッドは答えた。

「あの手の宗教って？」

「涙もろい感傷的なやつですよ」と、テッドは吐き捨てるように言った。

「他にどんな宗教があるのかな」

テッドは、どう答えてよいか当惑したようだった。「いやあまりないと思います。とにかく宗教というのはぴんとこないんですよ」

「ずっとそうだった？」

彼は悲しげに笑った。「いや、僕が若くて頭がいかれてたころは、宗教にぞっこんだったんです。寄宿学校の最高学年のときは、そこの小さな教会の助祭もしてたんですよ」

「それで？」

「それでって？」

「うん、君の宗教はどうなったんだい？」と私は尋ねた。

「要するに卒業したんですよ」

「どうやって卒業したんです」

「どうやって卒業したかって？　どういうことですか」。明らかにテッドはいらいらしてきていた。

「要するにそうなった。それだけですよ」

「いつ卒業したの」

「わかりませんね。そうなったんですよ、とにかく。大学に入ってからは、教会に足を運んでませんね」

「全然?」

「一度も」

「それで高校三年のとき、教会の助祭だった」と私は言った。「そしてその夏、君は失恋した。それから二度と教会に行かなくなった。そいつは突然すぎる。ガールフレンドにふられたことが何か関係していると思いませんか」

「ちっとも思いませんね。友達の多くも同じパターンをたどってますし。とにかく宗教がかっこいいと思えない歳にさしかかってたってことなんですよ。ガールフレンドのことは、関係してるかもしれないし、してないかもしれません。そんなことわかるはずがない。わかってるのは、宗教に興味をもてなくなったってことだけなんですよ」

次に亀裂が入ったのは、一カ月後だった。われわれは、彼の何事にも熱心になれないことに焦点をあて続けていた。「夢中になったのをはっきり思い出せる最後のやつは、一〇年前の、二年生のときです。現代イギリス詩について、秋学期のレポートを書いているときでした」

「そのレポートは何について書いたの」

「いや、はっきり覚えてない感じです。ずいぶん昔のことですから」

「嘘だ。その気になれば思い出せるはずだよ」

「えーっとあれは、ジェラルド・マンレイ・ホプキンズの何かでした。彼は本当の現代詩人と言える最初のひとりでしたね。肝心の詩は『美しきまだら』だったと思います」

私はオフィスを出て書庫に行き、大学時代の挨をかぶったイギリス詩の本を手にして戻った。

「美しきまだら」は八一九頁にあった。私は読み上げた。

神に御栄えあらんことを　斑のもののために――
　ぶちの牛のように　くっきりと白い雲を浮べた青空のために
　　水を切るますの黒く散りばめられた背にうかぶばら色のぶちのために
ぱらぱらと落ちるとちの実の鮮やかな炭火の輝き　ひわの翼
区画され　つぎ合わされた大地のたたずまい――囲いのあるもの　休ませてあるもの
　　　　　　　　　　　　　　　　　　　　　たがやされているもの
　そしてまた　すべてのいたつき　そのからくりと　営みと　秩序のために

よろずのものは互いにさからい　自らなる価値を持ち　はみ出し　斬新さを帯びる
うつろい行くすべてのものは（どのようにかは誰が知ろう？）
　迅さとおそさ　甘さとすっぱさ　まぶしさと薄暗がりの斑模様に織りなされ
それらすべてを創り給いしは　その美しさいつも変らぬかのお方
　　　　　　　　　　　　　　　　　かの人を讃えまつれ
（『ホプキンズ詩集』安田章一郎・緒方登摩訳、春秋社、一九八二年、一三四～一三五頁）

私の目に涙が浮かんできた。「これ、これ自身が感慨の詩なんだね」と私は言った。

「そうですね」

「たいへん宗教的な詩でもある」

「そうです」

「君は秋学期の最後に、この詩についてレポートを書いたんだね。一月じゃなかったかい」

「そうですよ」

「私の記憶に間違いなければ、あれは次の月、二月だったね。友人のハンクが死んだのは」

「そうです」

私は途方もない緊張感のわいてくるのを感じた。何をすればよいのかはわからなかった。しかし何かを期待しながら続けた。「君は一七のとき、初めてのガールフレンドにふられて教会への熱意を失ったんだね。その三年後親友が死んで、なにごとにも熱心になることをやめてしまった」

「やめたんじゃありません。なくなっちまったんです」。今やテッドはどならんばかりだった。彼がこんなに感情的になったのは見たことがなかった。

「神が君を見捨てたから、君も神を捨てたんだね」

「その、どこがいけないんです」と彼は言った。「世のなかなんてくそくらえですよ。いつもそうだったんだ」

「君はとても幸せな子ども時代を送ったと思ってたんだがね」

「とんでもないです、ひどいものでしたよ」

事実そうだったのである。表面上は平穏無事だったが、子ども時代の家庭は彼にとって血なまぐさい戦場だった。ふたりの兄は悪意に満ちたひどい意地悪をした。両親も自分のことやお互いの憎しみにかまけ、うわべはたいしたことがない子どもの問題をほったらかしにして、一番小さくて弱い彼をまったく守らなかった。田舎のほうへ、ひとりぼっちの長い散歩に逃げ出すのが最大の慰めだった。われわれは、彼の世捨て人のような行動パターンが、一〇歳にもならないころに原因をもつことをたしかめることができた。寄宿学校では、たいしていじめられなかったので救われた。これらのことを話すにつれて、彼の世のなかに対する恨み《ルサンチマン》——というより恨みの発散——は、どんどん勢いを増していった。それから数カ月間は、子ども時代の苦しみやハンクの死だけでなく、無数の小さな死、拒絶、喪失を再体験していった。人生のすべてが、死と苦難、危険と残忍さの大渦のようであった。

一五カ月間の治療の後、転機が訪れた。テッドは来談時に小さな本を携えてやってきた。「先生はしょっちゅう僕が秘密主義だって言われるけど」と彼は言った。「昨夜昔のものをひっかきまわしていて、大学二年のときにつけていたこの日記を見つけたんです。僕はなかを見てもいませんから修正なんかしてません。一〇年前の未修正の僕を、読んでみたいんじゃないかと思ったものですから」

読んでみよう、と答えて、私は二晩がかりで読みあげた。実際には、その日記に新しい事実はほとんどなく、ただ心の傷から生じた気取りによって孤立してひとりぼっちになる、彼のパターンがそのころからすでに抜きがたく存在していたことが確認されたにすぎない。しかし、ある短い文章《ビネット》が私の目をひいた。一月のある日曜日、ひとりでハイキングに行ってひどい吹雪に遭い、暗くなってから数時間後に寮にたどりついたことが書かれていた。「無事に部屋に帰り着いたとき、僕はある種の高揚感を体験した。それは去年の夏、死ぬ一歩手前までいったときに感じたのとよく似ていた」。翌日の面接で、死ぬ一歩手前までいったとはどういうことか、尋ねた。

「そのことは前に話したと思うけど」とテッドは言った。

このときまでに、テッドが前に話したと言うときは何か隠そうとしているのを、私はよく知っていた。それで「また隠そうとしているね」と応じた。

「いや、たしかに言ったと思いますよ。そのはずです。どっちみち、たいしたことじゃありません。大学一年と二年の間の夏、僕がフロリダで働いてたことは知ってますね。ハリケーンがあったんです。僕は何ていうか嵐が好きなんです。それで嵐の最中に埠頭《ふとう》まで出ていったんですよ。そこで波にさらわれたんです。そして別の波が押し返してくれたんです。それだけのことです。あっというまのできごとだったですねえ」

「ハリケーンのまっ最中に埠頭に行ったって?」。耳を疑って私は訊き返した。

「言ったでしょう。僕は嵐が好きなんです。自然の猛威を肌で感じたかったんです」

「気持ちはわかるよ」と私は言った。「私も嵐が好きだからね。しかしそんな危険に身をさらすことはしないだろうなあ」

「そうですね、僕には自殺傾向があるんですよ」とテッドはいたずらっぽく言った。「それにあの夏、本当に死にたい気分だったんです。それについて分析してみたけど、正直言って、意識的に自殺する気で埠頭まで行った記憶はないんです。しかし命なんか惜しくなかったのはたしかだし、自殺の可能性は認めますね」

「波にさらわれたんだね」

「そうです。何が起こったのかさっぱりわからなかった。水しぶきがひどくて何も見えなかったんです。特別大きな波がやってきたんだと思います。そいつがのしかかってきたみたいで押し流されていく感じでした。それから水中に沈んだように感じました。助かるにも助かりようがなかったんです。死ぬんだな、と思いました。恐かった。およそ一分後、波に押し返されていくのを感じました——たぶん一種の引き波だったんでしょう——次の瞬間、埠頭のコンクリートに叩きつけられていました。埠頭の端まで這《は》っていきそこをつかんで、手で一歩一歩、陸まで這っていったんです。ちょっと怪我しました。それだけです」

「それについてどう思う」

「どう思ってるかって、どういう意味ですか」

テッドはいつもの反抗的な態度で訊き返した。

「質問した通りだよ。それについてどう思ってる」

「助かったってことですか」と彼は問いただした。

「そうだ」

「うーん、運がよかったような気がしますね」

「運がよかったって?」と私は訊き返した。「ただのまれな偶然だって。その引き波が?」

「ええ、それだけですよ」

「奇跡と言ってもいいぐらいだよ」と私は言った。

「ラッキーだったんだと思います」

「ラッキーだったたって言うんだね」と私はけしかけるようにくり返した。

「そうですとも、ラッキーだったんですよ」

「そいつはおもしろい、テッド」。私は言った。「とても辛いことがあると神に毒づいて、くそったれ、何て世のなかだって言うくせに、いいことが起こると、ラッキーだったですますんだね。ちょっと辛いことがあると神様のせいだ。奇跡的な恩恵はちょっとラッキー。これ、どう考える?」。

運不運に対する態度の矛盾を指摘されて、テッドは世のなかとうまくいってる部分、苦いところだけでなく甘いところ、明るい面や暗い面にも次第に目を向けるようになった。ハンクの死や、他にも経験したいくつかの死について徹底的に分析し、人生のもうひとつの面を吟味するようになっていった。苦悩の必要性を認め、存在のもつ逆説、「白でも黒でもないこと」を受け入れるようになった。もちろんこのような受容は、われわれの関係が暖かく愛に満ち、ますます楽しいものになっていくにつれて生じたものである。彼は動きはじめた。おそるおそる、また女性とつきあうようになった。少しは夢中にもなりはじめた。その宗教的な性質が開花した。いたるところに生と死、創造と腐朽《ふきゅう》と甦《よみがえ》りの神秘を見た。神学の本を読み、「ジーザス・クライスト・スーパースター」や「ゴスペル」に耳を傾け、『かもめのジョナサン』を一冊、わざわざ自分用に購入した。

治療が二年たったある朝、テッドは、そろそろ潮どきのきたことを告げた。「心理学科の大学院を受けようと思ってるんですが」と彼は言った。「先生は自分のまねをしてるだけじゃないかって言われるでしょうけど、よく考えてみたんです。そうじゃないと思います」

「それで」と私は先をせかした。

「ええ、いろいろ考えていて、一番重要なことにトライすべきだという気がしてきたんです。大学に戻るなら、一番重要なことをやりたいんです」

「それで」

「重要なのは人間の心だってことになったんです。治療することも重要です」

「人間の心と心理療法。それが一番重要だって言うんだね」と私は問いただした。

「うーん、神様が一番重要だと思います」

「じゃどうして神について研究しないの」と私は尋ねた。

「それはどういうことですか」

「神が一番重要だと言うのなら、どうして神について研究しないの」

「すみません。ちょっとわけがわからないのですが」とテッドは言った。

「それは君が理解しようとしないからだよ」と私は答えた。

「本当にわからないんです。神なんてどうやって研究できるんですか」

「心理学を研究する学校があるように、神を研究する学校もあるさ」と私は答えた。

「神学校のことですか」

「そうだよ」

「それじゃ牧師になれっていうことですか」

「そうさ」

「とんでもない、そりゃ無理です」。テッドは唖然としていた。

「どうしてだめなんだ？」

テッドはうやむやにごまかそうとした。「心理療法家だって牧師だって、たいしてちがいませんよ。つまりその、牧師だってかなり治療しますしね。それに心理療法ってのも、まあ、牧師みたいなものですよ」

「それじゃ、どうして牧師になれないのさ」

「そりゃ押しつけだ」とテッドは腹を立てた。「何になるかは僕個人の決めることですよ。どんな職につこうと僕しだいです。治療者は患者に命令すべきじゃありません。僕のかわりに決めるのは先生の役じゃないんだ。自分のことは自分で決めますよ」

「ねえ、私は何も君のかわりに決めてんじゃないよ」と私は言った。「今の場合、純粋に分析的な君に可能な方法を分析してるんだよ。どういうわけか君は、そのなかのひとつに目を向けたがらないからね。君は一番重要なことをしたがっている。そして神が一番重要だと思ってるんだ。ところが聖職につくことに君の目を向けようとすると、君はそいつを締め出すんだ。そんなことはできないって言うのなら、それはいい。しかしなぜできないと思うのか、なぜそれもひとつの可能性として認められないのか、そこに興味をもつのが私の仕事なんだよ」

「牧師なんかなれっこないんです」とテッドはぎこちなく言った。

「どうしてだめなんだ?」

「だって……だって牧師になるって大っぴらに神に仕えることでしょう。つまり、信心してるってことを大っぴらにしなくちゃいけないでしょう。人前で信心深いところをみせなきゃならないなんて、できっこないですよ」

「そうさ、君は隠さなくちゃならないんだろう?」と私は言った。「それが君の神経症なんだ。それで大事にしまっておかなくちゃならない。人前じゃ熱心なところをみせられないわけさ。そいつは隠しとかなくっちゃいけないんだろ」

「ほら」とテッドはわめいた。「先生にはわからないんです、それが僕にとってどういうものか。僕の身になってごらんなさい。何か熱中していることを一言でも洩《も》らすと、いつも兄貴たちがからかったんです」

「それじゃ君はまだ一〇歳だ」と私は口をはさんだ。「そして兄貴たちに取り巻かれてるっていうわけさ」

テッドはいらいらして、今や本当に泣いていた。「それだけじゃないんです」と彼は泣きながら言った。「そうやって両親は僕を罰したんです。何か悪いことをするたびに、僕の愛してるものを取りあげたんです。さて、テッドが一番熱を上げてるのは何かな。そうだ、来週叔母さんのところに行くことだ。とっても喜んでたからなあ。じゃ、おまえは悪かったんだから叔母さんのところには行けないよ。それがいい。次は弓矢だ。あれは本当に大事にしてるねえ。だから取りあげてやろう。しごく単純なやり方なんです。僕が熱中するものは何でも取りあげるんです。好きになったものは全部なくなっちゃうんです」

ここでテッドの神経症の、もっとも深い核にやっとたどりついたわけである。しだいに彼は、もう一〇歳ではないこと、親の支配下にまだあるわけではなく、兄たちにいじめられることもないことを、意識的にたえず思い出しながら、少しずつ自分の情熱、人生に対する愛、神への愛を表現することを自分の課題としていった。そして神学校に進む決意をした。出発する数週間前、私は彼から前月分の小切手を受け取った。一目見て何か気になった。サインがいつもより長いように見えたのである。そこでもっと目を凝らして眺めてみた。以前、彼はいつも「テッド」とサインしていた。今回はそれが「セオドア」だったのである。そこでこの変化について訊いてみた。

「気づいてくれるかな、と思ってたんですよ。ある意味で、まだ秘密をもってたいんでしょうね」と彼は言った。「僕がずっと小さいとき、叔母が、セオドアって名前を誇りにしなくちゃいけないよ、『神を愛する者』という意味なんだからね、と話してくれたんです。僕は嬉しかった。それで兄貴たちに話したんです。そしたら奴ら、僕を馬鹿にしたんです。女々しい何とかっていう、あだ名を一〇もつけたんです。『女々しい聖歌隊員、祭壇にキスしましょうよ。指揮者にキスしに行くんだろ』とかね」。テッドは微笑した。「あなたにはお見通しでしょう。僕はその名前がいやになったんです。二、三週間前、いやでないことにふと気がついたんですよ。だからもうフルネームを使ってもいいだろう、と決めたわけです。結局のところ、僕は神を愛する者ということになるんでしょう」

赤ん坊と風呂桶の湯

前項までの事例は、神を信じることは精神病理のひとつのかたちなのか、という問いに対するひとつの答えである。子どものころの教え、地方の伝統と迷信の泥沼から這い上るのなら、それは応えねばならぬ問いである。しかしこれらのケースは、単純な答えがないことを示している。ある場合には「イエス」である。教会や母親によって教えこまれたキャシーの盲目的な神信心は、明らかに彼女の成長を妨げその精神を閉じこめていた。信心に疑問をもちそれを棄ててはじめて、彼女はより広い、より生産的な生活に入ることができた。そのとき初めて、自由に成長することが可能になった。しかし答えが「ノー」になるときがある。マーシャが子ども時代の冷たい小宇宙から、より大きな温かみのある世界に入っていくにつれて、神に対する信仰が、心のなかで静かにかつ自然に育っていった。また、テッドの捨てた信仰は、彼の精神の解放と復活になくてはならないものとして、甦らなければならなかった。

このどちらとも定まらない解答に対して、われわれはどう対処すればよいのだろうか。科学者たちは、真理の探究のため問い続けることに献身している。しかし彼らもまた人間であり、すべての人間と同様、きれいですっきりした簡単な解答を望んでいる。神の実在を問うて、科学者たちは、単純な解決を求めるあまり次のようなふたつの罠に陥りやすい。ひとつは、赤ん坊を風呂桶のお湯と一緒に捨てること、もうひとつは視野狭窄《きょうさく》である。

神の実在のまわりには、たしかに汚れた湯がどっぷりある。聖なる戦い、宗教裁判、動物のいけにえ、人身御供《ひとみごくう》、迷信、無能化、教条主義、無知、偽善、独善、頑固、残酷、焚書《ふんしょ》、魔女狩り、禁制、恐怖、服従、病的な罪悪感、狂気。例をあげればきりがない。しかし、これはすべて神が人間にしたことなのか、それとも人間が神にしたことなのか。神への信仰が、しばしば教条的で破壊的であるのはあまねく知られている。そこで問題は人間が神を信じやすいことなのか、それとも教条的になりやすいことなのか。コチコチの無神論者が、信心家と同じく、不信仰について教条的なことはよく知られている。排除すべきは神への信仰か教条主義か。

科学者が、汚れた湯と一緒に肝心の赤ん坊まで捨てがちなのは、先に言ったように、科学自身がひとつの宗教だからである。科学的世界観を身につけたばかりの新米の科学者は、十字軍やアッラーの戦士に負けないくらい熱心な信奉者になる。信仰と無知や迷信、頑迷や偽善が固く結びついている社会や家庭から科学に入った場合、とくにそうなりやすい。そういう場合、原始的信仰の偶像を撲滅するために、知性と感情が動員されるからである。科学者としての成熟を示すひとつの指標は、科学が他の宗教と同様、教条主義に陥りやすいことに気づいていることである。

今まで、精神的に成長するためには、人から教えられたこと――つまりある文化のもつ共通の考えや仮定――を疑う科学者になることが、不可欠であることを強調してきた。しかし、科学の概念それ自体がしばしば文化的偶像になるので、それに対して懐疑的になることが必要である。成熟したために信仰を捨てることは実際にありうる。ここで言いたいのは、成熟したために神の信仰に入ることもある、ということである。懐疑的な無神論や不可知論が、人間の到達しうる最高の知識段階であるとは必ずしも言えない。それどころか、神についての偽りの考えや誤った概念の背後にも、神そのものの現実が存在すると信じてよい理由がある。これこそポール・ティリッヒが、「神を超えた神」という言葉で言い表そうとしたものであり、また何人かの学識あるキリスト教信者がおもしろがって、「神は死んだ。神よ、とこしえにあれ」と公言していた理由である。精神的成長の道は、まず迷信から不可知論へ、不可知論から正しい神認識に進んでいくのではなかろうか。スーフィー教徒のアバ・サイド・イブン・アビール・カイルが九〇〇年以上も昔に述べているのは、この道についてである。

僧院や尖塔《せんとう》が崩れ落ちるまで
聖なる仕事は終わったと言えない
信仰が拒絶に変わり、そして拒絶が信仰に変わるまでは
真のモスリムはあり得ない[4]

精神的成長の道が、懐疑的な無神論ないし不可知論から正しい神の信仰へ進んでいくかどうかはともかく、マーシャやテッドのような知的に洗練された懐疑的な人たちが、信仰に向かって成長していくらしいのは事実である。そして、成長のあかつきにたどりついた信仰は、キャシーが捨てた信仰とはまったくちがうことを忘れてはならない。懐疑主義以前の神と、くぐり抜けた後にくる神には共通するものがほとんどない。この第Ⅲ部の冒頭で述べたように、単一で一枚岩のような宗教

など存在しない。たくさんの宗教があり、信仰にもおそらくさまざまなレベルがある。ある人々にとってある宗教は不健全かもしれないが、別の宗教なら健全かもしれない。

これらのことはすべて、精神科医ないし心理療法家といった科学者にとって、とりわけ重要である。成長過程を直接に扱うので、彼らは誰にもまして、個人の信仰が健全なものであるかどうか、判断が求められることになる。心理療法家は概して、厳格な伝統的フロイト派とまではいかずとも懐疑派に属しているので、熱狂的な信仰はすべて病的とみなしがちである。このような傾向はときに限度を踏みはずして、あからさまな先入観や偏見になる。

先日私は、数年のうちに修道院に入ろうと本気で考えている、大学四年の青年に会った。彼は前の年から受けはじめた心理療法を今も続けていた。「しかし修道院や自分の信仰の深さについては、治療者に言い出せずにいるんです」「わかってもらえないと思うものですから」。彼にとって修道院がどんな意味をもつのか、あるいは、そこに入りたいのが神経症からきているのかどうかについて判断できるほど、彼と深く知り合ってはいなかった。次のような言葉が喉まで出かかってはいたのだが。「そのことは絶対に治療者に伝えるべきだよ。どんなことでも隠しだてしないことが治療には必要なんだ。こういう深刻な問題についてはとくにね。治療者の客観性を信頼しなくちゃいけない」。しかし言わなかった。というのは、彼の治療者が客観的かどうか、言葉の真の意味を理解してくれるかどうか確信がもてなかったからである。

宗教に対して単純な態度をとる精神科医や心理療法家は、一部の患者にはひどい仕打ちをしていることになる。これは、宗教は全てよくて健全だとみなす場合にあてはまる。また、風呂桶の湯と一緒に赤ん坊も流してしまう、つまり、あらゆる宗教を病ないしは敵《かたき》とみなす場合にもあてはまる。そして最後に、事の複雑さにへきえきして、宗教的問題に全然触れようとしない場合にもあてはまる。この場合治療者は、完全な客観性という口実のもとに、患者の精神的、宗教的問題に入りこむのは自分の仕事ではない、としてひっこんでしまうのである。

しかし患者はしばしば、治療者が入りこむことを必要としている。治療者は客観性を捨てるべきだとか、客観性と精神性のつりあいをとるのは簡単だなどと言っているのではない。それは容易なことではない。ただ何派の心理療法家であれ、宗教的問題に巻きこまれまいと逃げるのではなく、もっと理解するよう努力すべきではないかと言いたいのである。

科学的視野狭窄

精神科医はときおり、奇妙な視覚障害に悩む患者に出会う。彼らは目の前の、きわめて限られた範囲のものしか見えない。視野の中心の右も左も上も下も見えないのである。となりあったふたつのものを同時に見ることができない。一度にひとつのものしか目に入らないので、もうひとつのものを見るためには、頭の向きを変えなくてはならない。彼らはこのような症状を、トンネルを覗きこむのにたとえている。つまり、出口の小さなまるい明るみしか見えないのである。彼らの視覚系には、症状の原因となる身体的欠陥は見いだせない。まるでそれは、自分の目に直接触れるもの、自分が注意を向けるもの以外は見たくないかのようである。

科学者が風呂桶の湯と一緒に赤ん坊も流してしまいやすいもうひとつの大きな理由は、赤ん坊が見えないことである。要するに多くの科学者は、神の実在の証拠を見ないのである。彼らはある種の視野狭窄《きょうさく》に陥っており、心理的な目隠しを自分に強いることで、魂の領域に注意が向くのを防いでいる。

科学的視野狭窄について、科学的伝統の本質からくるふたつの要因をとり上げたい。ひとつは方法論の問題である。科学は経験、正確な観察、実証性を重視する。そのため測定に重きを置いてきた。測定するとはある次元で経験することであり、それは、ほかの人がやっても同じ結果の出る非常に正確な観察の可能な次元である。測定することで科学は、物質世界の理解に飛躍的な進歩をもたらすことができた。しかし成功のおかげで、測定は一種の科学的偶像になってしまった。その結果は、多くの科学者に見られる測定不能のものはてんで相手にしない態度である。彼らはこう言いたがっているように見える。「測定できないものは知ることができない。知ることのできないことについて思い悩んでもしかたがない。だから測定できないものには観察する価値がない」。この態度のために多くの科学者が、触れることのできないもの――あるいはそう思われるもの――については、すべてまじめに考えようとしない。もちろん、神の問題はここに含まれる。

研究しにくいものを研究してもしかたがない、というこの奇妙な、しかしふつうにまかり通っている仮定は、最近の科学的発展によって、疑問視されはじめている。

そのひとつは、ますます洗練度を高めつつある研究法の発達である。電子顕微鏡、分光光度計、コンピュータといったハードウェア、および統計的手法のようなソフトウェアを用いて、十数年前には測定不能だった複雑な現象がどんどん測定可能になっている。その結果、科学的視野の幅が広がりつつある。このまま拡張が続けば、「われわれの目を逃れるものは何もない。何かを研究すると決めたらそれに見合う方法論が必ず見つかる」と言える日も近いだろう。

科学的視野狭窄から脱け出すのに役立つもうひとつの発展は、比較的最近、科学によって発見された逆説的現実である。一〇〇年前、逆説《パラドックス》とは科学的には誤りを意味した。しかし光の性質や電磁気、量子力学や相対性理論などの研究を通して、物理学は過去一世紀の間に、あるレベルでは現実が逆説的であるという認識をいっそう深める域にまで成熟してきた。J・ロバート・オッペンハイマーは次のように述べている。

もっとも簡単に思われる事柄に対して、私たちは全く答えないか、あるいは一見したところ物理科学の単刀直入な肯定というよりは奇妙な教義問答を思わせるような答えを与えようとするものです。例えば、電子の位置はいつも同じなのか、と質問すれば、私たちは〝否〟と答えねばなりません。電子の位置は時間と共に変化するのか、と質問すれば、私たちは〝否〟と答えねばなりません。電子は静止しているのか、と質問すれば〝否〟、電子は運動しているのか、と質問すれば〝否〟と答えねばなりません。仏陀は人間の死後の様子について尋ねられたとき、このような答えを与えています。しかしながら、これらは十七世紀、十八世紀の科学の伝統にとってなじみのある答えではありません。[5]

神秘主義者たちは時代を通じて、パラドックスを使って語り続けてきた。科学と宗教の出合う場を見いだすことはできるのだろうか。「人間は死すべき存在であると同時に永遠の存在である」、また、「光は波であると同時に粒子である」と言えるのなら、科学と宗教に共通の言葉が話されはじめたことになる。宗教的迷信から科学的懐疑主義に進む精神的成長の道は、最後には純粋な宗教的現実に行き着くのだろうか。

この、宗教と科学の融合という始まったばかりの可能性は、今日のわれわれの知的生活におけるもっとも重要で刺激的なことがらである。しかしそれは始まったばかりである。宗教家も科学者も、たいていは自ら課した狭い考えの枠組みから出ようとせず、依然としてそれぞれに特有の視野狭窄によって現実を無視している。一例として、奇跡についての双方の態度を検討してみよう。多くの科学者にとっては、奇跡という観念すら禁物である。過去四〇〇年かそこらのあいだ、科学は多くの「自然法則」を明らかにしてきた。たとえば「ふたつの物体のあいだに働く引力は、その質量に比例しその距離に反比例する」とか、「エネルギーは創造も破壊もされない」ということである。しかし自然法則の発見には成功したが、世界観においては自然法則の概念からひとつの偶像を作り出した。ちょうど測定概念から科学的偶像を作り出したように、である。その結果、これまでにわかっている自然法則で説明できない事象は、科学的権威によって実在しないものとみなされる。方法論に関しては、「研究がたいへん困難なものは、研究する値打ちがない」と考えられやすい。そして自然法則に関しては、「理解するのが非常に難しいものは存在しない」としがちなのである。

教会のほうが少しばかり視野が広かった。宗教的組織にとって、既知の自然法則で説明のつかないことは奇跡であり、奇跡は実在するのである。しかし教会は、それを承認する以外、奇跡を厳密に調べることをしなかった。「奇跡は科学的に検証される必要がない」というのが、行き渡った宗教的姿勢である。「奇跡は神の御業《みわざ》としてただ受け入れられるべきである」。科学者が、宗教によって科学を揺るがされたくなかったように、宗教家も、科学によって宗教を揺すぶられるのを望まなかった。

　たとえばカトリック教会は、奇跡による癒しを聖人の証として利用してきた。多くのプロテスタント宗派で、それがほとんど標準的な出しものになっている。しかし教会側が、「こんなすごい現象を、一緒に研究してみませんか」と医者に呼びかけたことはない。また医者のほうも、「そういう現象は職業上たいへん興味があるので、一緒に研究させてもらえませんか」と言ったことがない。逆に、奇跡による癒しなど存在せず、それで治った病気などそもそも存在していなかった、それは転換ヒステリー反応のような想像の産物か、診断が誤っていたかのどちらかだ、というのが大方の医者たちの態度である。しかし幸いなことに、少数の真摯な科学者、医者、宗教的探究者たちが、最近になって、ガン患者の自然寛解や、心霊治療《サイキック・ヒーリング》の明らかな成功例といった現象の本質を調べはじめている。

　一五年前に医学部を卒業したころ、私は、奇跡など存在しないと思いこんでいた。今では、奇跡はいっぱいあると確信している。このような意識的変化が生じたのは、ふたつの要因が相まって働いたからである。ひとつは、精神科医となって以来のさまざまな経験である。それは、当初まったくあたりまえのように思われたが、よくよく考えてみると、患者の成長を目指して患者とともにやってきたことは論理的に説明のつかない——つまり奇跡的な——ものに大きく支えられていたように思われる。

これらの経験のいくつかは後に詳しく述べるが、奇跡など起こるはずがないという以前の私の仮説に、疑問を投げかけることになった。いったんこの仮説に疑問を持つと、奇跡の存在する可能性に、開かれた態度を取るようになった。この態度が、私の意識に変化をもたらしたふたつ目の要因である。そして私は、ありふれた存在の内にいつも奇跡を見いだそうとするようになった。見れば見るほどに奇跡があった。本書の残りを読んでくださる方に、ひとつだけ望んでよいことがあるとしたら、それは、奇跡を感じとれる人であってほしい、ということである。この能力に関して、最近書かれたものがある。

自己実現はある特有の意識のなかに生まれ、熟してゆく。その意識は、さまざまな人々によってさまざまに表現されてきた。たとえば神秘主義者たちは、それを、神性とこの世の完全さを感知することだ、と述べている。リチャード・バックは、宇宙的意識と呼んだ。ブーバーは我と汝の関係という言葉で表した。マズローはこれを「存在認識」と呼んだ。ここではウスペンスキーの用語を採用して、奇跡的なものの知覚と呼ぶ。ここで言う「奇跡的なもの」は、例外的な現象だけを指すのではなく、ありふれたものも含む。というのは、どんなことでも、十分に厳密な注意を払えば、この特別な意識を呼び覚ますことができるからである。知覚が先入観や個人的興味の枠から解放されると、あるがままの世界を経験し、それに固有な壮厳さを自由に見ることができる……。奇跡的なものに気づくには、信仰も仮説もいらない。生命を与えられているもの、つまり、いつもあるのでたいていはあたりまえのものと片づけられているものを、じっくりと細かく観察するだけでよいのである。この世の真の奇跡はどこにでも見いだせる。われわれの体のほんの小さな部分にも、宇宙の果てしない広がりのなかにも、これらのものすべてが深く相互につながっていることのなかにも……。われわれは見事にバランスのとれた生態系の一部であり、そこでは相互依存と個性化が共存している。われわれは個人であるとともにより大きな全体の一部であり、筆舌につくし難いほど広く美しい何かのなかで、一体となっているのである。奇跡に気づくことは、自己実現の主観的な本質であり、人間の最も気高い特性と経験の育ってゆく根源である。[6]

われわれのもつ奇跡のイメージは劇的なものでありすぎたと、私は思う。奇跡と言えば、燃える茂み、ふたつにわかれた海、とどろく天の声、といったことをわれわれは考えるが、そうではなく、平凡な日常茶飯のできごとのなかにこそ、奇跡の証を見いだし、同時に、科学的な感覚をも失わないようにしなければならないのである。次の部からは、精神科の実践の場で日常的に起こることを吟味しながら、そのことを試みたい。それが私に、恩寵という特異な現象を理解させてくれた。

しかしここでもうひとつ、読者の注意を喚起して締めくくりとしたい。科学と宗教の中間領域は、危なっかしい難しい分野である。超感覚的知覚や「心霊《スピリチュアル》」ないし「超常《パラノーマル》」現象とともに、それ以外のさまざまな奇跡的なものを扱うことになる。そこで、欺されないことが肝心である。先日私は、信仰による治癒に関する研究会《カンファレンス》に出席した。そこでは学識豊かな演者たちが逸話的な証を提示して、自分たちあるいは他の人が病を治す力をもっていることを示そうとしていた。そして、それらの証拠が厳密に科学的とは言えないのに、そうであるかのような口ぶりであった。癒し手が患者の腫れた関節に手を置いて、次の日に関節炎が治ったからといって癒し手が治したことにはならない。関節炎とは、施された治療に関係なく、早晩ゆっくりと、あるいは突然によくなるものである。ふたつのことが同時に起こったからといって、そのあいだに因果関係があるとは必ずしも言えない。この分野は何もかもがはっきりせずあいまいなので、自分も含めて人を惑わさないためには、なおさら健全な懐疑主義をもってかかることが大切である。

たとえば、多くの人を誤解させるのは、心霊現象を公に支持する人たちに、懐疑的態度や理論的な現実吟味が欠けていることである。こういう人たちが、この分野の評判を落とす。心霊現象の分野は、現実吟味能力の乏しい多数の人々を引きつけるので、より現実的な観察者は、誤って、心霊現象自体を存在しないと決めつけたくなる。難しい問題に簡単な答えを見つけようとし、多くの人がたいして考えもせずに、大衆的な科学概念と宗教的な概念とを結びつける。そのような試みの多くが失敗しているからといって、それが不可能だとかお勧めできないととるべきではない。しかし、科学的視野狭窄によって視野の歪められないことが肝要であるように、魂の領域の輝くばかりの美しさに目がくらんで批判能力や懐疑能力を失わぬことも、大切なのである。

第Ⅳ部

恩寵

Grace

健康の奇跡

われをもすくいし　くしきめぐみ
まよいし身もいま　たちかえりぬ

おそれを信仰に　変えたまいし
わが主のみめぐみ　げにとうとし

くるしみなやみも　くしきめぐみ
きょうまでまもりし　主にぞまかせん

わが主のみちかい　とわにかたし
主こそはわが盾　わがいのちぞ[1]
（賛美歌第二編　一六七『われをもすくいし』原恵訳）

このアメリカ建国当初の有名な福音派の賛美歌のなかで、恩寵（めぐみ）に結びつけられた最初の言葉が、「くしき」という言葉である。事がふつうのコースをたどらず、われわれの知っている

「自然の法則」によって予測できない場合、われわれは驚かされる。しかし次のくだりでは、恩寵はありふれた現象、ある程度まで予測のつく現象としてあげられている。とは言うものの実際の恩寵は、従来の科学やわれわれの理解している「自然の法則」の概念的枠組みでは、説明がつかない。それは奇跡ないし驚くべきこととしてとどまる。

精神科の臨床では、私をも含めて、多くの精神科医を驚かせ続けるいくつかの面がある。そのひとつは、びっくりするほど患者が精神的に健康なことである。他科の医師は、精神科臨床をあいまいで非科学的だとしばしば非難する。しかし本当のところ、神経症の原因については、それ以外の大多数の疾患よりもよくわかっている。精神分析によって、患者の神経症の原因やその進行の過程をたどることが可能である。その厳密さと正確さは、ほかの医学分野ではあまり見あたらない。ある個人がどのように、いつ、どこで、そしてなぜ、特定の神経症的症状や行動パターンを発達させることになったのか、厳密かつ正確に知ることが可能なのである。また同じような厳密さと正確さで、どのように、いつ、どこで、そしてなぜ、その神経症が治るのか、あるいは治ったのかを知ることもできる。知ることのできないのは、なぜこんな軽い神経症ですんでいるのか——なぜもっと重くないのか、重度の神経症患者ならば、なぜ完全に精神病にならないのか、ということである。ある種の神経症に悩む患者は、それに対応する特定の精神的外傷を受けていることが必然的に明らかになる。しかし外傷の程度があまりにひどいので、ふつうに考えれば、神経症の程度がもっと重くても不思議ではない。

三五歳のたいへん成功しているビジネスマンが、ほんの軽い神経症で私のところにやってきた。

彼は婚外子で、幼少期はずっと母親ひとりの手でシカゴのスラム街で育てられた。その母親は聾啞《ろうあ》者だった。五歳のとき、州はそのような母親に子どもを養育する力がないと考えて、何の勧告も説明もなく彼を母親から引き離し、次々と三カ所の里親家庭に預けた。そこで彼はずっと冷遇され、愛情をまったくかけてもらえなかった。一五歳のとき、脳血管の先天性動脈瘤が破裂して部分麻痺の状態になった。一六歳のとき、最後の里親の元を離れてひとりで暮らしはじめた。案の定、一七歳のときわめて悪質な意味のない暴行をはたらいて刑務所に入った。刑務所で精神科的治療を受けることはまったくなかった。

半年にわたる退屈な拘留の後、当局は、まあまあの会社の倉庫番の仕事を彼のために見つけた。精神科医やソーシャル・ワーカーなら誰しも、暗い先ゆき以外考えもしなかったろう。しかし三年もたたないうちに、彼は会社史上最年少の課長になった。五年の後、同じ管理職の女性と結婚して会社を辞め、自分で事業を始めて成功し比較的金持ちになった。そのうえ、私のところに来るまでに、愛情深い有能な父親で、独学の知識人、地域のリーダーかつ熟達した芸術家になっていた。どうして、いつ、なぜ、どこで、こうなったのであろうか。因果律というふつうの概念では説明がつかない。原因と結果というお決まりの枠組みのなかで、彼の軽い神経症の決定因を探りそれを治すことはできた。しかし、彼の予想外の成功の源についてはまったくわからなかった。

この事例を引用したのは、目についた外傷経験がたいへんドラマチックで、成功の事情もはっきりしていたからにほかならない。大部分の事例では、子ども時代の外傷は明らかにもっととらえにくく（通常同じくらい有害ではあるのだが）、健康さのしるしがこれほどすっきりしていない。しかし基本的にパターンは同じである。たとえば、基本的なところで両親より精神的に健康でない患者など、めったにお目にかからない。なぜ精神的に病むのかについては、よくわかっている。わからないのは、なぜ人々がそこまでうまく外傷体験を乗り越えられるのか、ということである。ある人がなぜ自殺したのかは正しくわかる。通常の因果律でわからないのは、なぜほかの人たちは自殺しないのか、ということである。せいぜい言えるのは、どんな仕組みかよくわからないが、いかなる逆境の下でも心の健康を守り育む力が、たいていの人たちには常時働いているらしいことである。

精神疾患の過程は、身体疾患の過程に対応しないことが多いのだが、この点では明らかに関連がある。われわれは身体疾患の原因について、身体が健康である理由よりも多く知っている。たとえば、髄膜炎《ずいまくえん》の原因についてどんな医者に尋ねても、「そりゃ髄膜炎菌に決まってる」という答えが即座に返ってくる。しかし、ここに問題がある。今年の冬、私が住んでいる小さな村の住人の喉から、この細菌を毎日採取したとしよう。たぶん一〇人中九人の喉に、ある程度はこの細菌が棲んでいることがわかる。しかし、私の小さな村からは何年も髄膜炎の患者は出ていないし、この冬も出そうにない。これはどうしたことだろうか。髄膜炎というのは比較的まれな病気であるが、それを引き起こす菌はどこにでもいる。医者は、この現象を抵抗力の概念を用いて説明し、髄膜炎菌だけでなく、その他あまねく病気を引き起こすたくさんの有機体が体内に侵入するのを防ぐ、一連の防衛体制が体に備わっていると仮定している。これが真実であることは疑う余地がない。このような防衛とその機能については、多くのことが解明されている。しかし疑問はつきることがない。この冬、髄膜炎菌で死亡する国民の何人かは、衰弱していたか何かで抵抗力が低下していたことがわかるかもしれない。しかし大多数は、それまで抵抗システムに欠陥など見あたらなかった健康な人たちであろう。あるレベルでは、彼らの死因は髄膜炎菌だとたしかに言えるのだが、それは明らかに表層的な説明である。もっと深いレベルでは、彼らがなぜ死んだのか知ることはできない。せいぜい、通常われわれの生命を守っている力が、彼らの場合、どういうわけかうまく働かなかったのだ、と言えるにすぎない。

抵抗力の概念は、髄膜炎のような伝染病にもっともよく用いられるが、あらゆる身体疾患にも何らかのかたちで適用できる。ただし、どのように抵抗力が働くのか、ほとんどわかっていない非伝染病の場合は別である。ある人は単純な、比較的軽症の潰瘍《かいよう》性大腸炎——ふつう心身症と考えられている——にかかって、完治した後は一生再発しないかもしれない。別の人は再発をくり返し、慢性的な病人になるかもしれない。もうひとりは病気が急速に進行し、最初の発病であっけなく死ぬかもしれない。病気は同じでも結果がまったく異なるのである。なぜか。ある種の性格パターンをもつ人は、病気に抵抗するのにいろんな困難があるらしい。しかし、大多数の人々はそれほどの困難をもたない、と言うよりしかたがない。どうしてそうなるのか。それはわからない。この手の疑問は、心臓発作、脳卒中、ガン、胃潰瘍などのありふれた病気を含めて、ほとんどあらゆる病気についいて考えられる。ますます多くの研究者が、ほとんどすべての病気は心身症と言えるのではないか——つまり免疫系に生じるさまざまな障害の原因として、何らかのかたちで心《サイキ》がかかわっている——と考えはじめている。ただ、驚くべきことは免疫系に生ずるこのような障害ではなく、現に免疫系がちゃんと働いていることである。なりゆきしだいでわれわれが、生きたまま細菌におかされガンにむしばまれ脂肪や血栓で塞栓を起こし、酸におかされても決しておかしくない。病気になって死ぬことはさほど驚くことではない。真に驚くべきことは、われわれがいつも病気をしているわけでなく、また、あっというまに死なないことなのである。だから身体疾患についても、精神疾患と同じことが言える。すなわち、そのメカニズムははっきりわからないが、身体的健康を守り助ける力は、悪条件の下でも、たいていの人には常時働いているらしい。

事故という、さらに興味深い問題がある。多くの医者やたいていの精神科医は、事故多発傾向という現象に直面した経験がある。私の経験した多くの例でとりわけ劇的だったのは、収容治療施設に入所する手続の一環として面接を依頼された、一四歳の非行少年の場合である。母親は彼が八歳のときの一一月に死んだ。九歳の年の一一月に、彼ははしごから落ちて上腕骨を骨折した。一〇歳の一一月にバイク事故を起こし、頭蓋骨骨折とひどい脳震盪《のうしんとう》を経験した。一一歳の一一月には天窓から落ちて腰骨を折った。一二歳の一一月には、スケートボードからひっくり返って手首を骨折した。一三歳の一一月には車にはねられて骨盤を折った。この少年が事故に遭いやすい傾向をもつことには誰も疑問をもたない。しかしこれらの事故はどうして起こったのか。少年が意識的に自分を傷つけようとしていたのではない。また、「おふくろのことなんかすっかり忘れたよ」と軽い口調で話し、意識のうえで母親の死を悲しむことはなかった。このようなことがどうして起こるのかを理解するのに、疾病への抵抗力という概念を事故にあてはめれば、事故を防止する抵抗力というものがあるのではないか、という思いにいたった。つまり、ある人は人生のある時期に事故に遭いやすい、というだけでなく、通常われわれのほとんどには事故に対する抵抗力がある、ということである。

九歳の冬、私は学校から帰ろうと信号の変わりはじめた雪道を横断していて、すべって転んだ。そのときスピードを出して近づいてきた車がスリップし、私の頭とフロントフェンダーとがすれすれのところで止まった。私の脚と胴体は車の真下にあった。私は車の下から這い出し、あわてふためいて飛んで帰ったが、無傷だった。事故それ自体はたいしたこととは思えない。要するに運がよかったのである。しかしその他の場合も考えてみよう。歩いていたり自転車や車に乗っていて、危うく他の車にぶつかりそうになったことがある。車を運転していて歩行者にぶつかりかけたり、暗い道でバイクに乗っている人をもう少しではねるところだったこともある。急ブレーキをかけて、相手の車との距離が数センチで止まったこともある。スキーで木立にぶつかりそうになったり、窓から落ちかけたり。ゴルフのクラブが私の髪の毛をかすめて振られたこともある。これはどういうことなのか。私は呪われた人生を歩んでいるのか。読者がここで自分の人生をふり返ってみれば、同じようなパターン、すんでのところで避けられたいくつかの災害、もう少しで起こるところだった事故の件数が、実際に起こった件数をはるかに上回っていることに気づくだろう。それだけではない。生存、つまり事故防止のパターンが意識的な決断によるものでは決してないことを、読者は認めてくださると思う。これは、われわれの多くが「守られた人生《チャームド・ライフ》」を送っている、ということなのか。あるいは、「恩寵によってここまで何事もなく生きてこれた」という歌の一節が本当なのか。

こんなことはちっとも驚くべきことではない、これまで述べてきたことは生存本能の現れにすぎない、と考える人もあろう。だがそう名前をつけたからといって説明したことになるのだろうか。

われわれに生存本能があるという事実は、それを本能と呼ぶから当然のこととみなしているのではないか？　本能の起源やメカニズムについて、われわれは少ししか理解していない。生存傾向は本能とは別物で、それよりずっと奇跡的なものである。事実、事故にかかわる諸事実は、それがそれ自体奇跡的であることを示唆している。われわれは本能についてほとんど何もわかっていないのに、それが個人の境界内で機能しているとは考えている。精神障害や身体疾患に対する抵抗力が無意識の心や身体的プロセスのなかにある、と想像することはできるのである。しかし事故の場合、人と人、あるいは人と無生物との相互作用が絡んでくる。九歳のとき、車の車輪が私をひかずにすんだのは私の生存本能のおかげなのか、ドライバーに私をひくまいとする本能的な抵抗があったからなのか。おそらくわれわれには、自分の命を守るだけでなく、他人の命をも守る本能がある。

私個人は経験してないが、原形をとどめないほどめちゃくちゃになった車から、「犠牲者」が事実上無傷で這い出してきた、という自動車事故を見た友人が何人かいる。彼らの反応は、まったくの驚きであった。「あんなひどい事故でどうして助かったのか、信じられないね。おまけにたいした怪我もないなんて！」ということなのである。これを何と言えばよいのだろうか。まったくの偶然か。友人たちは宗教的な人たちではない。偶然など問題にならないからこそ驚いたのである。「助かるはずがなかった」と彼らは言う。彼らは宗教的な人ではなく、言っていることを深く考えているわけではなかったが、「さあ、神様は酔っ払いが好きなんだろう」とか、「いや、彼の番がまだきてなかったんだ」と言うことでしめくくった。読者はこのような事件を「単なる偶然」、説明のつかない「なりゆき」、「運命のいたずら」として納得し、それ以上の詮索はしないかもしれない。

しかし、このような事件をさらにつきつめて考えれば、本能の概念ではとても説明がつかない。自分がつぶれるのになかの人間が助かるだけの空間を残す本能が、命のない車にあるだろうか。あるいは人間に、衝突の瞬間、つぶれた車体の空間に自分の体を合わせる本能があるのだろうか。このような問いかけはおそらく話にならない。以下、このような事故を何とか説明できるよう努めるが、そこで本能という伝統的な考えの役に立たないのは明らかである。おそらく共時性《シンクロニシティ》の概念のほうがまだ役に立つ。しかし共時性の概念について考える前に、まず無意識と呼ばれる心の部分の働きの、いくつかの側面を検討することが有益であろう。

無意識の不思議

新しい患者と仕事を始めるとき、私はよく大きな円を描く。それから円周のところに小さなくぼみを描き入れる。そしてくぼみの内側を指して、「あなたの意識的な心とはこんなものです。他の部分、九五パーセント以上でしょうが、それが無意識です。十分時間をかけてみっちりやれば、今は知らぬも同然のこのところが、想像を超える豊かさに満ちているのがわかってくるでしょう」と言う。

この広大ではあるが隠された心の領域の存在と、それが含む豊かな富を知るひとつの方法は、夢によるものである。かなり著名な人が、永年にわたるうつのためにやってきた。仕事に喜びを見いだせないのがなぜかわからなかったのである。両親は比較的貧しく無名であったが、父親の先祖には何人か有名人がいた。彼らについて、患者はほとんどふれなかった。彼のうつは多くの要因によっていた。数カ月たって、初めて彼の野心が問題になりはじめた。その問題が初めて出された次のセッションに、彼は前の晩にみた夢をもってきた。その一部は次のようなものである。「私たちは、大きくて圧倒されそうな家具でいっぱいのアパートにいた。私は実際よりずっと若かった。父は何かの理由で、入江のむこうの島に置いてきたボートを私がとってくるよう望んでいた。私はそれに心をそそられて、どうしたらボートがみつかるか尋ねた。すると父は、私を部屋の一方の側につれていった。そこには、例の特別大きな威圧するような家具、少なくとも一二フィートの長さの、天井まで届くような巨大なたんすで、大きな引き出しがおそらく二〇から三〇ついたのがあった。父は、たんすの角にそってよく見ればボートはみつかる、と言った」。最初、夢の意味ははっきりしなかったので、お決まりのごとくこの大きなたんすについて連想をとった。即座に彼は答えた。「どういうわけか――たぶんあの家具があんまり威圧的だからでしょうが――石棺を思いおこします」。「引き出しについては?」と私は尋ねた。突然彼はにやりとし、「たぶん私は、先祖を片っぱしからやっつけたいんだと思います」と言った。「家族の墓か納骨堂、一つひとつの引き出しがみんなの死体を入れられるほどのやつを連想しますね」。そこで夢の意味が明らかになった。実際、彼は若いころ、人生の目的、父方の有名な血統を継ぐという目的を与えられており、これまで、その目的を目指して生きてきた。しかし、それが自分の生活を圧迫する力であることに気づき、押しつけがましいその力から逃れるために、先祖を心理的に殺してしまいたいと思っていたのである。

夢をかなり扱ったことのある人なら、これが典型的な夢であることがわかる。そこで典型例のひとつの側面、その有用性に焦点をあててみたい。この男性がひとつの問題に取りかかると、すぐに無意識が、それまで気づかれていなかった問題の原因を明らかにするドラマを生み出した。それは象徴を用いて、もっとも優れた脚本家に劣らぬたくみさで仕上げられていた。治療のこの時点で、彼と私にとって、ほかならぬこの夢ほど力強い啓示となったものを考えるのは難しい。彼の無意識は明らかに、彼および治療作業を助けようとしており、完璧な技でそれを果たしたのである。

心理療法家が、一般に夢分析をその仕事の重要な一部としているのは、夢が必ずと言っていいほど役に立つからである。ここで、まったく意味のわからない夢がたくさんあることは、告白しておかねばならない。そんなとき、無意識がもっとわかりやすい言葉で折り目正しく語りかけてくれたら、と願いたくなる。しかしうまくその意味がとれた場合、そのメッセージはいつもわれわれの精神的成長を促すためのもののように思われる。私の経験では、解釈できる夢は必ず夢見手に有益な情報を与える。このような援助はさまざまなかたちをとる。落とし穴について警告したり、解くことのできぬ問題にヒントを与えたり、正しいと思いこんでいることがまちがっていることを的確に示したり、誤りではないかと恐れているときにそうでないと正しく励ましたり、自分自身について気づいていない必要な情報をもたらしたり、途方に暮れているときに方向を示し、どうしてよいのかわからぬときに指針を与えたりする。

覚めているときも、眠っているときと同様、やや異なったかたちではあるが、無意識は優しく慈しむように語りかける。それは「とりとめのない思考」や、断片にしかすぎぬものである。夢の場合もそうであるが、このようなとりとめのない考えはまったく注意を払われず、無意味なものとして退けられる。精神分析で、頭に浮かぶことは何でもどんなに馬鹿げて無意味に思えても言ってください、と何度も何度も念を押すのは、このためである。私の経験では、患者が「馬鹿げたことなんです。でもその馬鹿げた考えが頭に浮かんでくるんです――全然意味がないんですが、先生が言わなくちゃならないっておっしゃったもんだから」というときは、金脈を掘りあてたときである。患者が無意識からきわめて貴重なメッセージ、その状況を意味深く照らし出すメッセージを受けとったところなのである。このような「とりとめのない考え」は、自分自身について洞察を与えることが多いが、他人や外界についての劇的な洞察を与えることもある。その「とりとめのない考え」、無意識からのメッセージ、後のほうのカテゴリーに入る一例として、ある患者を引き受けていたときの個人的経験を述べたい。患者は若い女性で、思春期のころから、いまにも倒れそうなめまい感に悩まされていたが、身体的原因は見つかっていなかった。この感じがあるので、彼女は脚をつっぱり、がに股のよちよち歩きに近い歩き方をした。しかしとても知的で魅力があった。数年にわたる心理療法で治すことができず、私のところに来ることになった。はじめ私には、めまいの原因が何か見当もつかなかった。三回目の面接中、彼女がゆったりと腰かけてあれこれしゃべっていると き、突然ひとつの言葉が私の心に浮かんだ。「ピノキオ」。私は彼女の話に集中しようとして、すぐにその言葉を意識から追いやった。しかし一分もしないうちに、意に反して、再びその言葉が浮かんできた。まるでまぶたの裏にピノキオとはっきり書かれているかのようにくっきりと、である。そこで困ってまばたきをし、患者に注意を戻そうと努力してみた。しかし一分もたたないうちに、まるでそれ自身に意志があるかのようにその言葉が戻ってきて、どうしても認めてもらいたがっているようだった。「ちょっと待てよ」と私はひとりごちた。「もしこの言葉がそうまでして意識に入ってきたいのなら、気にかけたほうがいいのかもしれないぞ。こういうことには概して重要なことが多いんだから」。というわけでその通りにした。「ピノキオ！　いったいどういう意味なんだ。まさか患者と何か関連があるなんて思えるかい。彼女がピノキオだって？　あれ、待てよ。彼女はかわいくてお人形さんみたいだぞ。赤と白と青の洋服を着て。ここに来るときはいつも赤と白と青の洋服だな。変な歩き方をするし。まるで木で作った、脚の曲がらないおもちゃの兵隊みたいだ。あっ、それだ！　彼女はあやつり人形なんだ。なるほど、彼女はピノキオだ！　人形なんだ！」。たちまち患者の本質が明らかになった。彼女は本当の人間ではなかった。堅い木製のちっちゃな人形で、一生懸命生きてるふりをしているけれど、いつひっくり返り、棒きれと糸のごちゃごちゃのかたまりになるかわからないことを恐れていたのである。次々とそれを裏づける事実が現れた。糸を操っている恐ろしく支配的な母親。彼女は、「夜を徹して」娘にトイレット・トレーニングをしたのが大の自慢であった。外からの期待に応えること、清潔で小ぎれいでまともできちんとしていること、正しいことしか言わないこと、求められたことを必死に何とかこなすことだけに、一切の意志が集中された。そのため、内的な動機づけと自主的に決断する能力が完全に欠けていたのである。

この測り知れない価値のある洞察は、歓迎されない侵入者として私の意識に現れた。私が招いたのではない。私は望みもしなかった。それは私になじまなかったし、そのときやっていることとは合わない、不必要に注意を拡散させるもの、という気がした。最初私は抵抗し、何度かそれをドアの外に蹴り出そうとした。この、見たところなじみのない望ましからぬ性質が、無意識の材料が意識に現れる際の特徴である。フロイトとその初期の弟子たちが、無意識を、人間の内なる原始的・反社会的な悪しきものの貯蔵所とみなしがちだったのは、ひとつにはこの特性と、それに対する意識の抵抗のためである。意識が歓迎しない事実から、彼らは無意識的内容を「悪しきもの」と決めつけたかのように思われる。同じように、精神疾患を無意識の底深く悪魔のように棲みついたもの、と仮定する傾向があった。このような考え方を最初に正したのがユングである。そのために彼は、「無意識の知恵」という名言を創りだした。私自身の経験はユングの見解を裏づける。その結果、精神疾患は無意識の産物ではなく、意識的現象、あるいは意識と無意識の関係の損なわれたもの、という結論に達することになった。たとえば抑圧の問題を考えてみよう。フロイトは多くの患者の内に、本人は気づいていない性的欲望や敵意のあることを発見した。明らかにそれが病気を作っていた。そのことから、疾患を「引き起こした」のは無意識だ、という考えが生じた。しかし、これらの欲望や感情がなぜ無意識内に生じたのか。なぜそれらは抑圧されたのか。答えは、意識がそれを望まなかったからである。そして問題は、この望まない、ないしは自分のものとして否認するところにある。人間が、そのような敵意や性的感情をもつことが問題なのではない。むしろ人間の意識が、これらの感情に直面しそれに対処する苦しみに耐えるのをいやがること、そしてそれらを目のつかないところに追いやろうとすること、が問題なのである。

もし聞くだけの気持ちがあれば（たいていはないのだが）、無意識が姿を現し語りかけてくる第三の方法は、行動を通してである。私は、言いまちがいその他の行動上の「誤り」、あるいは「フロイト的失錯行為」のことを言っている。それについてフロイトは、「日常生活における精神病理」

のなかで、無意識の現れとして紹介している。このような現象を説明するのに「精神病理」という言葉を用いたのは、無意識に対する否定的な態度を改めて示している。彼は無意識を、われわれを正直にさせようと一生懸命の、一種の善意の妖精としてよりも意地悪役、少なくともわれわれをつまずかせようとするいたずら好きの悪魔、とみなしていた。治療場面で患者が言いまちがえるのは、治療ないし治癒のプロセスに必ず役に立つ。こういうとき、患者の意識は治療に抵抗しようとしており、自分の本質を治療者からも自分自身からも隠そうとしている。しかし無意識は治療者と組んで、オープンに正直に誠実で現実的であろうとし、「ありのままを語ろう」と努めるのである。

　いくつか例をあげよう。ある女性は気が小さくて、内にある怒りの感情を認めることができず、そのためあからさまにそれを表現することもできないまま、決まって数分、面接に遅刻しはじめた。これは、私か治療、もしくはその両方に対して憤りを感じているからだと私は指摘した。彼女は、そんなことはありえないとはっきり否定し、遅刻は偶然のなせる業で、自分は心から私に感謝していると言った。その日の夕方、私への支払いも含めて彼女は月々の払いをすませた。しかし、私あての小切手にはサインがなかった。次の面接で私はこのことを伝え、あなたは腹を立てているのでちゃんと支払わなかったのではないか、と言ってみた。彼女は「そんな馬鹿な！　小切手にサインしないなんて、今まで一度もありませんわ。そういうことにどれだけ私がきっちりしているかはご存じでしょう。サインが抜けてるなんて、ありえませんわ」と答えた。私はサインのしていない小切手を見せた。面接のときはいつも、極度に自分を抑えているのだが、このとき彼女は突然泣きはじめた。「私、どうなってるのかしら。どうにかなってしまいそう。私のなかにふたりの人間がいるみたい」。「あんたは内部分裂した家みたいだね」と私が言うと、彼女は苦しそうに、少なくとも自分の一部は怒りを感じているかもしれない、と初めて認めた。前進の第一歩が踏み出されたわけである。もうひとりの患者は、家族の誰に対しても怒りを感じたり、ましてやそれを表現するなどもってのほか、と信じこんでいた。ちょうど妹が彼のところに来ており、彼は妹のことを「すばらしく愉快な人」と言っていた。面接の後半で彼は、その晩開くことになっているちょっとしたディナーパーティーについて話しはじめ、近所のご夫婦と「もちろん義理の妹も一緒にね」と言った。今、妹さんのことを義理の妹と言いましたね、と私は指摘した。「こいつをフロイト流のまちがいとおっしゃるつもりなんでしょう」、と彼は楽しそうに言った。「その通り」と私は答えた。「あなたの無意識は、妹さんが自分の妹であってほしくない、あなたにとっては義理の妹にすぎない、実のところ大嫌いだって言ってるんですよ」。「そんなことはないんですが」と彼は答えた。「でも実によくしゃべるんで、今夜のパーティーでも会話をひとり占めするんでしょうねえ。たぶん、ときおりは彼女にうんざりしてるんでしょうねえ」。ここでも小さな端緒《たんしょ》が開かれた。

すべての言いまちがいが、敵意や抑えつけられた「否定的」感情を表しているわけではない。それらは否定的なものであれ肯定的なものであれ、抑えつけられたあらゆる感情を表す。真実、ことがこんなふうにあってほしいという思いに逆らってありのままの姿を露わにする。私の経験したおそらくもっとも印象深い言いまちがいは、ある若い女性の初回面接のときのものである。彼女の両親は冷淡で感受性の鈍い人たちで、彼女をたいへん礼儀正しく育てたが、愛情や純粋な配慮に欠けていたことを私は知っていた。彼女は、すばらしく成熟し自信に満ちた、自由で独立した世慣れた女性として私の前に現れた。治療を受けるのに、「今のところどっちつかずなんです。それに時間はたっぷりあるし、精神分析をかじってみるのも知性を磨くのにいいかしらと思って」と説明した。なぜどっちつかずなのか尋ねて、彼女が妊娠五カ月で大学を中退したところとわかった。結婚は望んでいなかった。漠然と、子どもを生んだらすぐ養子に出してヨーロッパで勉強を続けることを考えていた。私は、ここ四カ月も会っていないという子どもの父親に、妊娠のことは知らせたのか訊いてみた。「ええ」と彼女は答えた。「私たちの関係って子どもが作ったのね、っていう短いメモを、彼のところに置いてきましたわ」。私たちの関係が子どもを作ったと言うつもりが、ついうっかり、世慣れた女性の後にいる愛情に飢えた小さな女の子が、自身母親になることで母性を獲得しようと、死にもの狂いで妊娠したことを洩《も》らしてしまったのである。私は、この言いまちがいをとりあげなかった。彼女に、その依存欲求を受けいれ、それがあってもよいとする準備ができていなかったからである。にもかかわらず、この言いまちがいは私に、目の前のこの人がおどおどした小さい子どもで、できればこれからずっと、優しい保護ともっとも原初的な、身体的と言ってもいい慈しみを必要としていることを気づかせ、それが彼女にも役立ったのである

言いまちがいをしたこの三人の患者は、自らを私に隠そうというよりは、自分自身に隠そうとしていた。最初の患者は、自分のなかに怒りなどひとかけらもないと思いこんでいた。二番目は、家族の誰に対しても憎しみなどない、と信じきっていた。最後の患者は、自分を世故《せこ》にたけた女性としか思っていなかった。複雑な諸要素がからみあい、程度の差こそあれ、意識的な自己概念は必ずと言っていいほど実際の自分とくいちがう。われわれはほとんどつねに、自分が思いこんでいるよ

りは有能か無能である。しかし無意識は本当のことを知っている。われわれの精神的成長における本質的課題は、意識的な自己概念を現実に近づけるように不断に努力することである。この、生涯の課題の大きな部分が、たとえば集中的な心理療法で比較的短期間のうちに達成されると、人はしばしば「生まれかわった」と感じる。患者は、「私はもう以前の私ではない」と、劇的な意識の変化について本当の喜びをもって言う。そんな人にとって、「かつて自分は見失われていたが、今や見いだされた。かつてはものが見えなかったが、今は見える（われをもすくいし　くしきめぐみ　まよいし身もいま　たちかえりぬ）」という歌の文句を理解するのは、難しいことではない。

　自己を、自己概念あるいは自己意識もしくは意識全般と同一視するのなら、無意識とのかかわりで、自分の内には自分より賢明な部分がある、と言わねばならない。これまでこの「無意識の知恵」については、主に自己認識、自己開示ということで述べてきた。私の無意識が、患者はピノキオだと教えてくれた例は、自分自身についてだけでなく、他人についても無意識のほうが賢いことを示した。事実、何事についてもわれわれより無意識のほうが賢い。休暇で、初めてシンガポールに暗くなってから到着し、妻と私はホテルから散歩に出かけた。すぐに広い空地に出ると、そこから二、三ブロック先に大きな建物のぼんやりした輪郭が暗闇のなかに浮かびあがっていた。「あの建物は何かしら」と妻が言い、即座に私は、「ああ、あれがシンガポール・クリケットクラブだよ」と、思いつきでしかし確信をもって答えた。その言葉がまったく自然に飛び出したのである。すぐさま私は後悔した。まったく根拠がなかったからである。それまでシンガポールに行ったことがないばかりか、クリケットクラブも見たことがない——日中でもそうなのだから、暗闇のなかではなおさらである。しかし驚いたことに、さらに行って向こう側の建物の正面に回ると、入口のそばの真ちゅうの飾り板に、シンガポール・クリケットクラブという文字があった。

知りもしないことがどうしてわかったのだろう。可能な説明のひとつに、ユングの「集合的無意識」の理論がある。それによるとわれわれは、個人的な経験がなくても先祖の経験による知恵を受け継いでいる。これは科学的に考えれば奇妙に思えるかもしれないが、不思議なことに、その存在は日常のふつうの言葉のなかに認められている。

「認める《リコグナイズ》」という言葉自体をとりあげよう。本を読んでいて心に響く考えや理論に出くわすと、それが「ぴんとくる」。それを正しいと「認める《リコグナイズ》」のである。その考えや理論は、それまで意識的に考えたことはないかもしれない。しかし認めるという言葉通りでは、その考えを「再び知る《リ・ノウ》」ことになる。つまり、ずっと昔に知っていて今は忘れており、それが旧友のようにそれとわかるのである。まるですべての知識や知恵があらかじめわれわれの内にあり、「新しいこと」を知るのは、以前から内にあったそれらを発見するにすぎないかのようである。この考えは、「教育《エデュケーション》」という言葉にも反映している。それはラテン語のエデュカレに由来しており、字義通りには「引き出す」とか「導き出す」の意味になる。したがって人を教育するとは、言葉通りに用いるなら、新しいものをつめこむことではない。むしろ何かを引き出す、つまり無意識から意識へと引き出すのである。その知識は以前から内在していたことになる。

しかしその源、われわれよりも賢いわれわれのこの部分とは何なのか。それはわからない。ユングの集合的無意識の理論では、その知恵は遺伝される。記憶現象に関連する遺伝物質についての最近の実験は、知識が遺伝することは事実上可能で、それが細胞内の核酸による暗号のかたちで蓄えられることを示している。人間の頭脳に潜在的にひそんでいる情報が、数インチ四方の脳組織のなかにどのように蓄えられているかは、情報の化学的記憶装置の概念で説明がつく。しかし、遺伝ないし経験による知識が小さな空間のなかに蓄えられるという、このきわめて洗練された理論的モデルも、心にかかわるもっとも大きい疑問には無力である。どんな精密なモデルを考えても、心の現象――それがどのように作られどのように協応するのか、など――を前にしては、畏敬の念をもってたたずまねばならない。このような問題を考えることは、神が、大天使やその他もろもろの天使たちを使って宇宙に秩序をもたらす仕事をさせているのだ、とする宇宙観とほとんど変わらない。奇跡など存在しないと、時として信じるその心自体が奇跡なのである。

セレンディピティの奇跡

これまで述べてきた無意識の類まれな知恵を、究極的には説明可能な奇跡的なしくみで機能する脳分子の働きと考えることは、おそらく可能である。しかし、明らかに無意識と関係のある「心霊現象」について、納得できる説明はまだない。モンタギュー・ウルマン博士とスタンレー・クリップナー博士は、一連の精密な実験で、覚醒状態の人が何部屋もへだてたところで眠っている別の人に、くり返し恒常的にイメージを「伝達」することが可能であり、そのイメージが眠っている人の夢に現れることをはっきりと示した。[2] このような伝達が、実験室でしか起こらないということはない。たとえば、知り合っているふたりの人が、別々に、同じか信じられないほどよく似た夢を見るのは、まれなことではない。こういうことがどうして起こるのか、さっぱり見当がつかない。

しかしそれは起こる。その妥当性は、科学的には確率的に証明されている。私自身ある晩、一連の七つのイメージからなる夢を見たことがある。後に、二日前私の家に泊まった友人が、同じ七つのイメージが同じ順序で出てきた夢を見て、目を覚ましていたことがわかった。彼も私も、どうしてそんなことが起こるのか見当もつかなかった。自分たちの経験と結びつけることはできなかったし、意味のある解釈もできなかった。しかし、たいへん意味深いことが起こったのはわかっていた。私の心には、夢を作るための何百万というイメージがある。偶然だけで、友人と同じ順序で七つのイメージを選ぶ確率は、天文学的に低いはずである。そんなことが、偶然に起こるとは考えられない。

原因について既知の自然法則の枠組みでは決めかねる、ほとんどありえない事象が信じがたい頻度で起こることが、共時性《シンクロニシティ》の原理として知られるようになった。友人と私が、なぜ不思議なほどよく似た夢を見たのか、原因も理由もわからない。しかしひとつ言えるのは、その夢が時を近くして起こったことである。どういうわけか、こういう事象にはタイミングが重要で、おそらく決定的な役割を果たしている。先に事故多発傾向、防止傾向について述べたとおり、めちゃくちゃになった車から乗り手が無傷で出てくるのがまれでないことを述べた。車が、本能的にドライバーを守るようなかたちにつぶれたとか、ドライバーのほうが、本能的につぶれた車のかたちに体を合わせた、と考えるのは馬鹿げている。車のかたち（事象A）がドライバーを救ったとか、ドライバーのかたち（事象B）が車のつぶれ方を決めたとするには、そういう自然の法則が知られていない。つまり、一方が他方を引き起こしたわけではないのに、事象Aと事象Bが共時的に――つまりときを同じくして――起こり、事実、ドライバーは無事であった。なぜ、どのようにしてこのことが起こるのかは、共時性の原理では説明できない。そういう考えられない組み合わせが、偶然では予期できないほど多く起こることを述べているにすぎない。共時性の原理は奇跡を説明するためのものではない。奇跡がタイミングの問題であり、驚くほど身近なことがらであることを明らかにしようとするだけである。

よく似た、ほとんど共時的と言っていい夢の生じたことは、意味は明らかではないけれども、統計的確率の低さから、純粋に心霊的な「超常」現象とみなすことができる。おそらく、少なくとも大部分の純粋に心霊的超常現象の意味は、大部分同じようにはっきりしない。しかし統計的確率の低さとは別に、そうした心的現象のもうひとつの特徴は、そのかなりのものが幸運――それにかかわる人に何らかのかたちで有益――らしいことである。私の分析を受けていた立派な、しかしたいへん懐疑的な科学者が、最近、次のような話をした。「前の面接の後、あまりによい天気だったので湖をまわって家に帰ることにしたんです。ご存じのように、湖のまわりは見通しのきかないカーブがやたらとあるでしょう。そんなカーブのたしか十番目に近づいたとき、突然、対向車がカーブを曲がってこっちのレーンにずっと入ってくるぞ、という考えが浮かんだんです。それ以上何も考えず、力いっぱいブレーキをかけて急停車しました。同時に一台の車が本当にすごいスピードでカーブを曲がり、センターラインから六フィートも入りこんで、私の車すれすれに飛ばしていったんです。私はこっちに車を止めておいたのに、ですよ。もし止まっていなければ、カーブで衝突することは避けられなかったでしょう。何が私を止まらせたのかまったくわかりません。他のカーブで止まってもよかったのにそうしなかった。その道は何度も通ったし、危険と思ったことはあるけれども、それまで止まったことがないんですよ。ＥＳＰとかそういう類のものが本当にあるんだろうか、と思いたくなりますね。それ以外に説明がつかないんですから」

共時性や超常現象のひとつと言えるほど統計的に確率の低いできごとが、有益と言うよりは有害な場合もある。不思議に事故にならなかった話と同時に、珍しい事故の話がある。方法論的に難しい点がいっぱいあるが、明らかにこの問題は調査する必要がある。今私に言えるのは、統計学的には起こりそうにない事件のうち、はっきりと有益なものが有害なものよりはるかに多いという、確固とした、しかし「非科学的」な印象だけである。こういう有益なできごとの結果が、命を助けることとは限らない。生活を豊かにし成長を促す場合のほうがはるかに多い。そのすばらしい例に、ユングが「共時性について」という論文で述べている、「甲虫の夢」体験がある。ここでその全文を引用する。[3]

この症例は若い女性で、双方の努力にもかかわらず、心理的に近づきにくいことが明らかになっていた。あらゆることを彼女のほうがよく知っているところに難点があった。優れた教育が、この目的には理想的な武器、つまり洗練されたデカルト的合理主義、申し分のない「幾何学的」な現実認識を身につけさせていた。もう少し人間的な立場から、彼女の合理主義を和らげようと何度か試みて失敗した私は、予測しない非合理的なことが起こって、彼女の閉じこもっている知的な殻が破れないかと望むしかなかった。ある日、窓を背にして彼女と向きあって座り、その弁舌に耳を傾けていた。前の晩彼女は、誰かに黄金の甲虫——高価な宝石——をもらう、印象深い夢をみた。彼女がまだこの夢を話しているとき、私は後ろで優しく窓を叩く音を聞いた。振り返ると、かなり大きな昆虫が外から窓ガラスにぶつかって、明らかに暗い部屋に入りこもうとしていた。それがたいへん不思議だったので、私はすぐ窓をあけ虫が飛びこんでくるのを宙で捕らえた。それはコガネムシ科の甲虫、どこにでもいるハナムグリ（ケトニアアウラタ）であったが、その緑がかった金色が金の甲虫と酷似していた。「これがあなたの甲虫でしょう」と私はそれを患者に手渡した。この経験が望み通り彼女の合理主義に穴をあけ、氷のような知的抵抗を崩した。そして治療は継続し、満足な結果を得ることができた。

有益な結果をともなう超常事象に関してここで述べているのは、セレンディピティの現象である。ウェブスター辞典はこの言葉を、「求めずして価値あるものよきものを見いだす才能」と定義している。この定義にはいくつか興味深い特徴がある。そのひとつは、これを才能としている点である。それによって、それが備わっている人とそうでない人があり、運のいい人とそうでない人がある、という含みが出てくる。「求めずして見いだされた価値あるものよきもの」は、部分的に恩寵を表している。第Ⅳ部の主旨は、恩寵はすべての人に開かれているのに、それを利用する人としない人がいる、ということである。甲虫を部屋に入れて捕まえ患者に与えたユングは、明らかに恩寵を利用した。なぜ、またどのようにして恩寵を利用しそこなうかについては、後で「恩寵に対する抵抗」という主題で考察する。しかしとりあえず恩寵を十分に利用しないひとつの理由は、その存在に十分気づいていないことであるとしておく——つまり、与えられたものの価値がわからないために、求めずして得られた価値あるものが見えない。言い換えれば、予期しないありがたいできごとはみんなに起こるのだが、ありがたみのわからぬことが多い。たいしたことではないと思って、十分に利用することができないのである。

五カ月ほど前、ある町で二時間の余裕があったので、その町に住む同僚に、彼の書斎で本書の第I部を書き直させてもらえないか、と頼んだことがある。彼の家に着くと、その妻が出迎えてくれた。彼女はよそよそしくうちとけぬ女性で、私にはたいして好感をもっているようではなかったし、事実、何度か私に反感を示したことがある。五分ばかり、われわれはぎこちなく話をした。そのうちに彼女は、本を執筆なさってるそうですけどどんな内容ですの、と訊いてきた。精神的成長に関する本なのだが、まだ十分に推敲できていない、と私は答えた。それから書斎に入って仕事にかかった。しかし、半時間もしないうちに暗礁に乗り上げた。責任について書いたところの一部分が、まったく満足できなかった。そこで述べた考えをすっきりさせるためには、大幅に書き足さねばならないのが明らかだった。しかしそこまで広げると、全体の流れからそれる感じがした。他方、その章を全部削ってしまう気にはならなかった。そういう考え方について、何か触れておく必要を感じていたからである。このジレンマに一時間ほど苦しみ、結論の出ないままだんだんといらいらしてきて、どうしてよいかわからなくなっていった。

そんなとき、同僚の妻がそっと書斎に入ってきた。物腰はおずおずとためらいがちで、慇懃《いんぎん》だったがどこか温かく優しい感じで、これまでとはまったく違っていた。「スコッティ、お邪魔じゃなければいいんだけど」と彼女は言った。「もしそうだったら、言ってくださいね」。私は、邪魔ではない、ちょうど暗礁に乗り上げて今のところ進みそうにないから、と答えた。彼女は小さな本を手に持っていた。「たまたまこの本を見つけたの。どういうわけか、あなたがおもしろがるかなと思って。そうじゃないかもしれないわね。でもあなたのお役に立つような気がして。なぜだかわからないんだけれど」と彼女は言った。

ふだんなら、いらいらと押しつけられた感じになって、読まないといけない本がたまっているので――事実そうだった――いつ読めるかわからない、というところであった。しかしいつにない彼女の謙虚さが、別な反応を引き起こした。私は彼女の親切に感謝し、できるだけ早く目を通すと答えたのである。そしてその本を持ち帰ったが、「できるだけ早く」がいつのことやら、考えてはいなかった。ところがその晩、どういうわけか読もうとしていたほかの本をさし置いて、彼女の本を読む気になった。それは、アレン・ウィリスの *How People Change*（人はどのように変わるか）という薄い本だった。それが、大部分責任の問題を扱っていた。私が困っていた章を書き足すとしたら述べようとしていたことが、ひとつの章で深く掘り下げられていた。翌朝、私はその章を簡潔な短いパラグラフにまとめ、注に、この問題の理想的な考え方としてウィリスの本をあげておいた。そして私のジレンマは解消した。

これはびっくりするほどの話ではない。明らかな前ぶれもなかった。何なら無視してもよかったかもしれない。それでも何とかなったと思う。にもかかわらず、私は恩寵に触れたのである。これは稀有のできごとであり、ありふれたことでもある——めったにない点では稀有のことであり、そういうことがしょっちゅう起こっているという点ではありふれている。それは、甲虫が窓ガラスをコツコツ叩いたように、意識の扉をひかえめにノックする。同僚の妻が本を貸してくれてから、数カ月の間に似たようなことが何十回も起こった。そういうことがしょっちゅう私に起こっていたのである。いくつかには私も気がついた。気づくことなく利用したこともあろう。どれだけ見逃したかは知るよしもない。

恩寵の定義

第Ⅳ部ではこれまで、次のようなさまざまな特性を共有する現象を論じた。

①それらは人間の生活と精神的成長を培う——支え守り高める——のに役立つ。
②それが働くメカニズムは、現在の科学的思考にもとづく自然の法則によっては、完全に理解できないか（身体の抵抗力や夢のように）、まったくあいまいである（超常現象のように）。
③それらはひんぱんに日常茶飯事的に生じ、本質的に人間に普遍的なものである。
④潜在的には意識に影響されるが、その源は意識的な意志の外にあり、意志決定の力はおよばない。

一般には別々に思われているが、これらの共通点は、それらがひとつの現象のさまざまな現れであることを示している、と私は感ずるようになった。意識の外に発する強い力が、人間の精神的成長を培う。何百年、いや何千年ものあいだ、免疫グロブリン、夢見の状態、無意識などと科学的に概念化される以前から、宗教家はつねにこの力に気づいており、それを恩寵と名づけていた。そしてこれを讃えて「何という恩寵、その甘美な響き……」と歌ったのである。

この、人間の意識の外から来る強い力について、われわれ――適当に懐疑的で、科学的な心をもっている――は何をなすべきなのだろうか。この力に触れることはできない。測定するしかるべき方法もない。しかしそれは存在する。現実なのである。そこでわれわれは、それが伝統的な科学的概念に容易にあてはまらないからと、無視すべきなのだろうか。それは危険なことと私は思う。恩寵という現象を考えに入れることなしに、宇宙およびそのなかの人間の位置、したがって人類の性質を理解することなど望むべくもない、と考える。

この力がどこにあるのかさえ、われわれにはわからない。それが人間の意識にないことだけは言える。それではどこにあるのか。今まで論じてきたいくつかの現象、たとえば夢から、恩寵が無意識の心にあることが示唆される。ほかの現象、たとえば共時性やセレンディピティなどは、この力が個人の境界を超えて存在することを示している。恩寵の所在をつきとめるのが難しいのは、われわれが科学者だからだけではない。宗教家は、恩寵を神に帰しそれを文字通り神の愛と信じているが、時代を通して、神の所在については同じ困難にぶつかっていた。神学の内には、これについて対立するふたつの古い伝統がある。

ひとつは外在論で、恩寵は外在する神から人間に注ぎこまれるとする。もうひとつは内在論で、恩寵は人間の中心にある神から注ぎ出されるという。この問題は――そのかぎりすべてパラドックスである――そもそも、ことの所在を明らかにしようとするわれわれの望みから発している。人間には、個々の実体を概念化したがる根深い傾向がある。世界は船、靴、封蝋《ふうろう》、その他もろもろの実体からなりたっている、とわれわれは考える。ある現象をあるカテゴリーにあてはめて、つまりこれは何々だと言って理解できたと思いやすい。それはあれかこれかのどちらかで、あれでもこれでもある、ということにはならない。船は船であって靴ではない。私は私、君は君である。私という実体が私のアイデンティティであり、相手の実体は相手のアイデンティティである。そこでふたりのアイデンティティが混じりあったり見分けがつかなくなると、すっかり面喰らってしまう。前に指摘したように、ヒンドゥー教と仏教の思想家は、個々の実体の知覚を幻想あるいはマーヤと信じているし、相対性理論や波動粒子現象、電磁気学などを扱う現代の物理学者は、実体という概念的アプローチの限界に次第に気づきはじめている。しかしそれから逃れるのは難しい。実体－思考の傾向が、神や恩寵といったものまでその所在を明らかにするようにわれわれを強いるからである。その傾向が、それらのことを理解するのを妨げているとわかっていても、である。

私は、ひとりの人間をいやしくも真の実体であるとは考えないようにしている。そして私の知的限界のために、どうしても実体という観点から考え（あるいは、書か）ざるをえない場合は、個人の境界を透過性のきわめて高い膜――柵と呼んでもいいが、壁ではない――として考えている。そのあいだ、その下、その上を、他の「実体」がよじ登ったり、這いこんだり、流れこんだりしてもよい柵である。意識的な心が、部分的にはたえず無意識に浸透しているように、無意識も外側の「心」に浸透している。われわれに浸みこむ「心」は、それだけではまだ実体としてのわれわれではない。このような状態について、透過性の膜といった二〇世紀の科学的用語よりも、ずっと優雅で適切な説明がある。それは一四世紀（一三九三年ころ）のノリッジに隠棲していたジュリアン夫人の信仰の言葉で、恩寵と実体としての個人との関係を次のように述べている。「身体が衣服で、筋肉が皮膚で、骨が筋肉で、心臓がすべてに被《おお》われているように、われわれの魂も身体も神の善意に被われ包まれている。それももっと身近に、である。というのは、身につけたものはすべてやがてすり切れるが、神の善意はいつまでも全きままなのだから」[4]

ともかく、それを何に帰しその所在をどこに求めるかにかかわりなく、「奇跡」は、人間としての成長が意識的な意志以外の力によって支えられていることを示している。この力の本質をさらに深く理解するためには、さらにもうひとつの奇跡について考えることが役に立つと、私は信じている。それはわれわれが進化と呼ぶ生命そのものの成長過程である。

進化という奇跡

これまで概念として明確化してこなかったが、本書全体で進化の問題を何らかのかたちで扱ってきた。精神的成長とは個人の進化である。人間の身体はライフサイクルの変化を受ける。しかし進化はしない。新しい身体的パターンが作られるのではない。加齢とともに身体的能力の低下は避けられない。しかし人間の精神は、生涯のうちに劇的に進化する。新しいパターンが創られる。精神的能力は（必ずしもつねではないが）年老いて死に至るまで向上する。人生は最後まで精神的成長に限りない機会を提供する。本書の主題は精神的進化であるが、身体的進化のプロセスが精神のそれとよく似ており、精神的成長のプロセスと恩寵の意味をいっそう理解するためのモデルとなる。

身体的進化のもっとも際立った特徴は、それがひとつの奇跡であることである。宇宙についてわかっていることで言えば、進化は起こるはずがない。そういう現象はそもそもありえない。基本的な自然の法則のひとつは、熱力学の第二法則である。それによると、エネルギーは組織化ないし分化が高い状態から低い状態に流れる。言い換えれば、宇宙は活動を停止しつつある。このプロセスを説明するのに、しばしば水流のたとえが用いられる。水は通常低きにつくのである。この流れをひっくり返してはじめに戻し、水を高きにつかせるためには、ポンプ、堰《せき》、バケツなどのエネルギーないし仕事がいる。このエネルギーはどこかよそからもってこなければならない。このプロセスを維持するためには、別のエネルギーシステムを使う必要がある。熱力学第二法則によれば、この宇宙は何十億年の間に完全に活動を停止し、最後にはもはやなにごとも起こらない、形のない、まったく組織化されない未分化な〝固まり〟となる。完全に未分化未組織の状態をエントロピーと呼ぶ。

エントロピーに向かう自然の下向きの力を、エントロピーの力と言う。ここで進化の〝流れ〟が、エントロピーの力に逆らうことがわかる。進化のプロセスは、有機体が低い状態から複雑化、分化、組織化されたより高い状態へ発展することである。ウィルスは分子に毛がはえた程度の極端に単純な有機体である。細菌は細胞壁とちがったタイプの分子と代謝機能をもち、やや複雑で分化されているゾウリムシには核、線毛、原始的消化管がある。海綿は細胞をもつだけでなく、異なる種類の細胞間に相互作用がある。昆虫、魚類は複雑な動きを可能にする神経系をもち、社会組織すら形成する。そして進化、すなわち複雑さ、組織化、分化、の尺度を人間にあてはめると、われわれの知る限りその頂点にいる人間は、巨大な大脳皮質と途方もなく複雑な行動パターンをもつ。私が進化の過程を奇跡と言うのは、それが組織化ないし増大する分化のプロセスであるかぎり、自然の法則に逆らっているからである。通常のなりゆきにまかせれば、この本を書き読んでいる私たちが存在するはずがない。[5]

進化の過程をひとつのピラミッドに図式化する

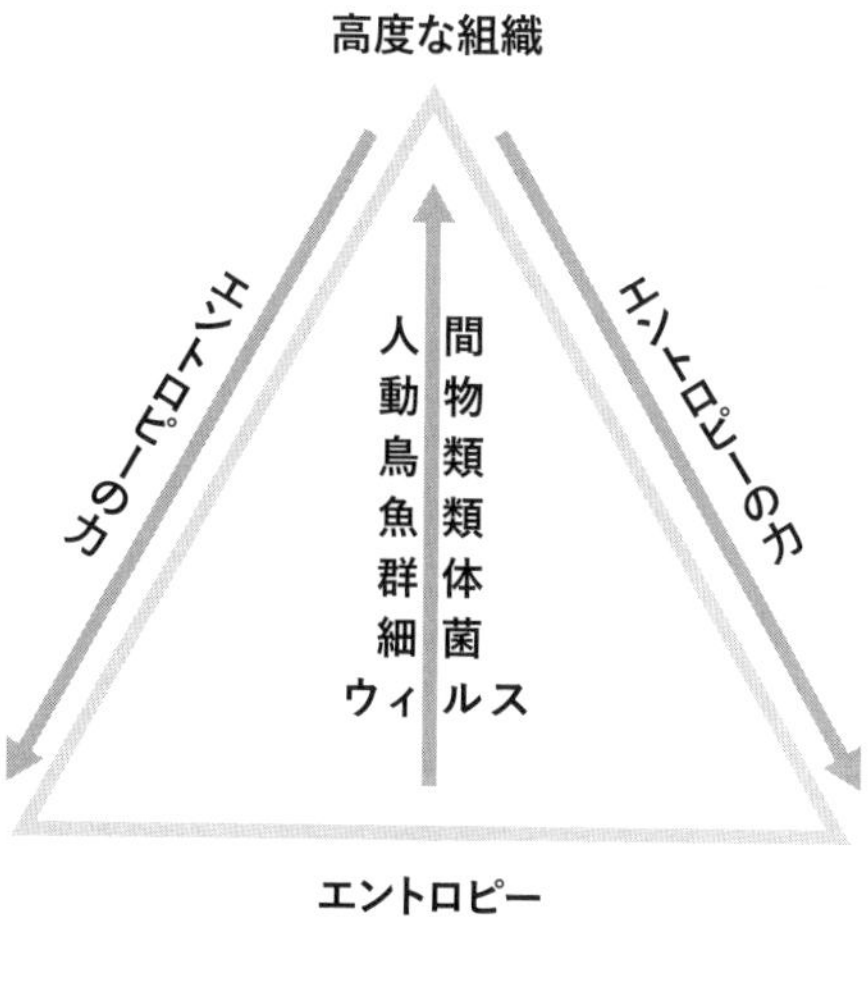

ことができる。頂点には、もっとも複雑だがもっとも個体数の少ない人間が位置し、もっとも単純で個体数の多いウィルスは底辺にくる。

先端はエントロピーの力に逆らって上に突き出ている。ピラミッドの内側に突出する進化の力を象徴する矢印をおいた。この「何か」が何百万世代にわたりみごとにかつ一貫して「自然の法則」に逆らってきた。それ自体がまだ正体のわからぬ自然の法則にちがいない。

人間の精神的進化も同様に図式化できる。

精神的成長が労の多い困難な過程であることは、何度も強調した。これはそれが自然の抵抗、物事をあるがままに保ち、ことを行うのに古い地図古いやり方に固執し、易きにつく自然な傾向に逆らっているからである。われわれの精神生活に働くエントロピーの力、この自然な抵抗、精神生活に働くエントロピーの力について、さらに手短に述べなければならない。身体的進化の場合と同じく、この抵抗が克服されるのが奇跡なのである。われわれは成長する。そのプロセスに抵抗するすべてに逆らい、われわれはよりよい人間になる。みんなというわけではない。やさしくもない。しかしかなりの人が、何とか自分自身とその教養とを高めてゆく。どういうわけかより困難な道を選び、われわれを生まれ落ちた泥沼から這いあがるよう、促す力があるのである。

精神的進化のこの図式が個々人の存在にあてはまる。各人には成長へのおのずからの促しがある。この促しを働かして独力で自らの自然の力と戦わねばならない。この図式は人類一般にもあてはまる。われわれが個人として進化するにつれて、社会の進化が促される。子ども時代にわれわれを育ててくれた文化は、成人したわれわれのリーダーシップによって育てられる。成長をなしとげた者はその果実を楽しむだけでなく、世界に同じ果実をもたらす。個人として進化することで、われわれは人間性を担う。そして人間性が進化するのである。

人間の精神的発達のレベルが上昇しつつあるという考えは、進歩の夢を砕かれた世代にはほとんど現実的にみえないかもしれない。いたるところで戦争や腐敗や公害がある。どうして人間が精神的に進歩しているなどと、賢《さか》しらに言えるのか。しかしまさにその通りなのである。幻滅感そのものが、昔の人と比べ自分への期待が高いことから生じている。現代ではいやらしくとんでもないとされることが、かつてはあたりまえのことと受けとめられていた。たとえば本書の主題のひとつは、子どもの精神的成長に対する親の責任の問題であった。今日、これが過激な考えとはとても思えない。しかし数百年前にはおよそ人の関心をひくことすらなかった。現代の親の養育レベルがひどく

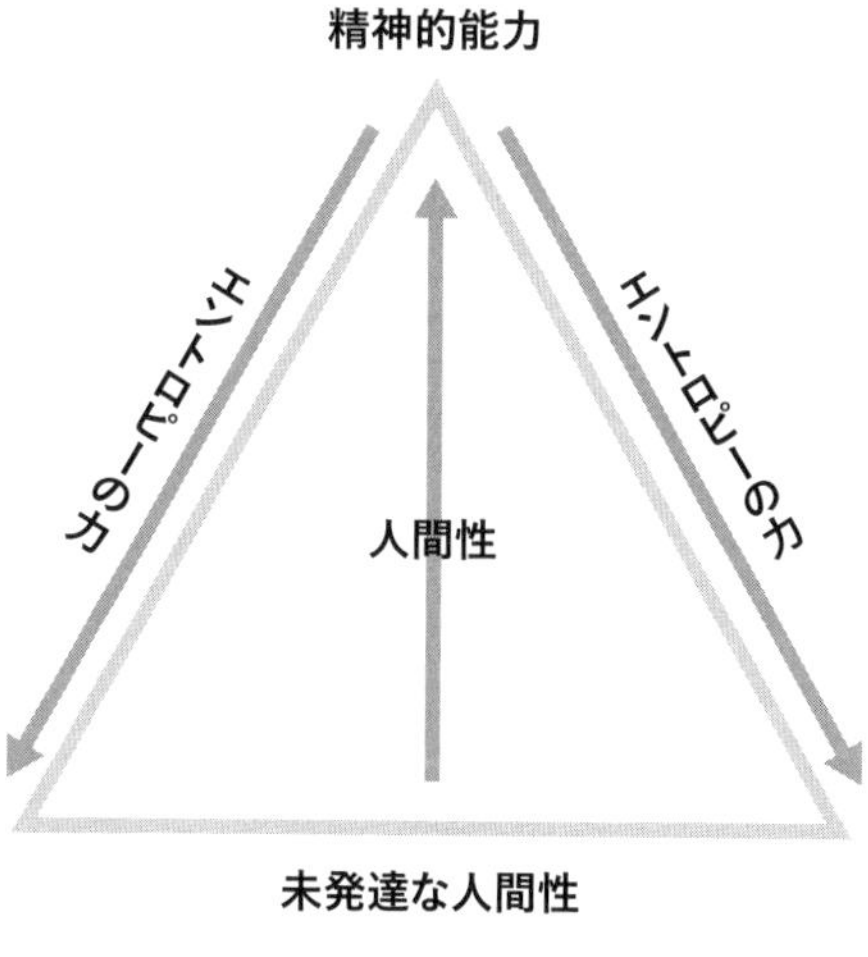

お粗末だとしても、ほんの数世代前よりずっとましと信じていい理由がある。たとえば子育ての一面について概観した最近の論評は、次のような指摘から始まっている。

> ローマ法は父親に絶対的な支配権を認めており、子どもを売ろうが殺そうが罰せられることはなかった。こうした絶対権の観念はイギリスの法に受けつがれ、一四世紀までさしたる変化もなく一般に行われた。中世では、子ども時代が現在考えられているような人生の特別な段階とは見られなかった。七歳になると奉公、見習いに出すのがふつうで、主人のために働くのに勉強は二の次だった。子どもと使用人がどう扱われるか区別がなかったらしい。それぞれにちがった名称をあてることもあまりなかった。一六世紀になって初めて、特別に関心をひく、重要な特定の発達課題をもった、愛情の対象としてみなされはじめたのである。[6]

それにしても、個人としてかつ種としてのわれわれに、内なる無気力という自然な抵抗に逆らって成長することを促す、この力は何なのか。すでに名はつけてある。それが愛である。愛は「自分自身と他者の精神的成長を養うため、おのれを広げようとする意志」として定義されてきた。われわれが成長するのはそのために努力するからであり、努力するのは自分を愛するからである。われわれが自分を向上させるのは愛によってである。他者が向上するのを助けるのは、他者を愛することを通してである。愛すること、おのれを広げてゆくことこそ、進化の行為である。それはまさに進みつつある進化なのである。あらゆる生命体に存在する進化の力は、人間においては愛として顕れる。人間の本性のなかで、愛はエントロピーの自然法則にあらがう奇跡の力なのである。

アルファ、そしてオメガ

さて、愛の部の最後で述べた、愛はどこからくるのか、という問いが残されたままである。ここでやっと、この問いをさらに基本的な問いに広げることができる。進化の全き力はどこからくるのか。そこで恩寵の起源について、いっそう謎が深くなる。愛は意識的であるが、恩寵はそうでないからである。この「人間の精神的成長を培う、人間意識の外に発する力強い力」はどこからくるのか。

これに、小麦粉や鋼鉄やうじ虫がどこからくるのかと同じように、科学的に答えることはできない。ただつかみどころがないからではなく、今の「科学」には基本的にすぎるからである。科学の答えることのできない基本的問題は、これらだけではない。たとえば電気とは何か、われわれは本当に知っているのだろうか。そもそもエネルギーはどこから生じるのか。あるいは宇宙について。いつか科学は、おそらくこのような基本的な問いに追いつく。であるにしても、それまではただ推測し理論化し仮定し仮説を立てうるにすぎない。

恩寵と進化の奇跡を説明するためには、われわれの成長を願う――われわれを愛する、神の存在が仮定される。多くの人に、それはあまりに単純でお手軽、空想的で子どもっぽく無邪気にすぎるようにみえる。しかし他にどんな仮定があるのか。狭い了見でデータを無視しても始まらない。問わずに答えを得ることはできない。どれほど単純であっても、データを観察し問うことがなければ、さらによい仮説、と言うより仮説そのもの、を生み出すことさえできない。誰かが仮説を生み出すまで、愛する神という妙に子どもっぽいこの考えにとどまるしかない。でなければ、理論的空白に陥る。

そして真剣にそれをとり上げると、愛する神というこの単純な考えが、それほど安易な哲学を目指すものでないことがわかる。

われわれの愛の能力、成長と進化へのこの促しが、どういうわけか神によって「吹きこまれた」とするなら、その目的は何か、が問われなければならない。神はなぜわれわれが成長することを望みたまうのか。われわれは何を目指して成長するのか。進化の終着点、その目標は何か。神がわれわれに望んでいるものは何なのか。ここで神学上の細部に入りこむつもりはない。だから、正式の思弁的神学のしかるべき手順をつくしていないことをお許しいただきたい。と言うのは、どれほど避けようとしても、愛する神を仮定しそれについて真剣に考えていくと、必然的にひとつの恐ろしい考えにいきあたるからである。すなわち、神はわれわれが彼（または彼女ないしそれ）自身になることを望んでいる、と。われわれは神性に向かって成長している。神が進化の目標である。進化の力の源は神である。行き先は神なのである。神がアルファでありオメガである、始まりであり終わりである、と言うとき、意味されているのがこれなのである。

これを恐ろしい考えと言ったが、それでも控えめに言っている。それは非常に古い考えであるが、無数の人がたいへんなパニックに陥ってそこから逃げ出したものである。これほど重荷になる考えが、心に浮かぶことはなかったからである。それは人間の歴史でもっとも求められることの多い考えである。思いつくのが難しいのではない。逆に、単純さの極致なのである。しかしその考えを信じれば、われわれは与えうるもの、もてるもののすべてを求められる。とても達することのできない力の高みからわれわれを手厚く見守る古きよき神を信じることと、彼とそっくり同じ高み、同じ力、同じ英知、同じ特性をわれわれに期待する神を信じることとは、まったくの別物である。

人間が神になれると信ずるべきだとすれば、この信仰はその本来の性質上、可能なかぎりなしとげる義務をわれわれに負わせることになる。われわれはそんな義務は望まない。そこまで厳しく努めることはしたくない。神の責任は引き受けたくないのである。いつも考えなければならぬ責任はとりたくない。神性を不可能なものと信じうるかぎり、自分の精神的成長を思い患う必要はない。より高い意識と愛の高みに自分を駆りたてなくてもよい。寛《くつろ》いで人間であることができる。神は天上にわれわれは地上で、両方の出会いがないとすれば、進化の責任や宇宙の運行は彼に任せることができる。みずからの本分をつくして、健康で幸せで喜ばしい快適な老後を目指せばよい。うまくいけば健康で幸せで楽しく子や孫に囲まれて、である。それを越えて思い悩む必要はない。それだけでもたいへんなのだから責めることはできない。ところが人間が神になれることを信じるやいなや、事実上長く休むことはできない。「やれやれ、これでおしまいだ」などとは言えないのである。さらに偉大な英知、さらなる達成に自分を駆り立て続けなければならない。そう信じることで、少なくとも死ぬまで、自己向上と精神的成長という労多い仕事から身動きがとれなくなる。神の責任が自分の責任とならねばならない。人間が神になれるとする考えが忌避されるのに不思議はない。

神がわれわれを積極的に養い、彼と同じように育てようとしているという考えは、われわれを自分自身の怠惰と向きあわせるのである。

エントロピーと原罪

本書が精神的成長についてのものならば、必然的に同じコインの裏側、精神的成長を妨げるものについて問うことになる。つまるところ障害はひとつしかない。怠惰である。怠惰を克服すれば、ほかの障害は克服される。だから本書は怠惰についての本である。訓練について検討しながらわれわれは、必要な苦しみを避け安易な方策を選ぼうとする怠惰について考えた。愛については、愛とは自分を広げようとすることであることも検討した。怠惰は愛の反対である。精神的成長は労が多い。それについてはくどいほど述べた。今やっと、怠惰の本質を大局的にとらえ、それがわれわれみんなの人生に存在するエントロピーの力であることがわかるところまできた。

長いあいだ私は、原罪の考えが無意味であるだけでなく不愉快でさえある、と思っていた。性がとくに罪深いとは思えなかった。その他のさまざまな欲望についてもである。しばしば気ままにごちそうを食べすぎる。それで胃の痛むことはあるが、良心の呵責《かしゃく》はまったく感じない。この世に詐欺、偏見、拷問、残虐といった罪のあるのは知っている。しかし赤ん坊に、生まれながらのどんな罪も認めることはできなかった。先祖が善悪の知恵の木の実をとって食べたから子孫が呪われる、と信じるのは馬鹿げている。しかし歳をとるにつれ、いたるところで怠惰に気づくようになった。

患者の成長を支えようとするうちに、主に彼らの怠惰がきまって邪魔をすることがわかった。そして自分のなかに、思考、責任、成熟の新しい領域に自分を広げたくない、同じ動きのあることに気づくようになった。自分がすべての人と明らかに共有しているものが、怠惰なのである。蛇とりんごの物語が了解できたのはそのときである。

このことの鍵は「なされなかったこと」にある。物語は神の「日の涼しいころ園を歩まれる」習慣を示唆していた。彼と人の間には交流の道があった。しかしそうだとすれば、なぜアダムとイブは、一緒にか別々でか、蛇の誘惑の前あるいはそのあとで、神に言わなかったのか。「どうして善悪の木の実を食べるなとおっしゃるのか、とても知りたいのです。私たちはここがほんとうに好きですし、感謝していないと見られたくはありません。でもこれについての掟《おきて》がよくわからないのです。もしそれについて説明していただければ、ほんとに嬉しいのですが」と。もちろんそうは言わなかった。かわりにそのまま掟を破り、掟にひそむ理由を理解することさえなく、あえて直接神に尋ねたり、理性あるおとなとして、神の権威を問うことも話し合うことさえもしなかった。そして蛇の言葉を聞き、行動に移す前に神の考えを開きそこねたのである。

どうしてそうなったのか。誘惑と行動のあいだにワンステップとらなかったのか。原罪の本質はこの失われた一歩にある。失われた一歩は討論である。アダムとイブは神と蛇の討論をアレンジすることもできたはずである。しかしそうしなかったので、神の思惑も聞きそこなった。蛇と神の討論とは、善と悪の対話を象徴する。それは人間の心のなかで起こりうるし、かつ起こるべきである。善と悪のこの内的討論を――十分にかつ心から――進めなかったのが、原罪を招いた悪しき行いの原因である。とろうとしている行動について思案する際、人間はいつも神の思惑を聞きそこなう。内なる神、あらゆる人間の心のなかに生まれつき備わる正邪の知恵、に相談したり、耳を傾けることをしない。怠惰であるがゆえにその失敗を犯す。こうした内的討論を続けるのはひと仕事である。ちょっとやるにも時間とエネルギーを消耗する。もし真摯にそれをやる――〝内なる神〟のこの声を聞く――ならば、通常は困難な道、いっそう労の多い道を選ぶべく促されているのがわかる。討論を行うことは苦難と戦いに自分を開くことである。われわれのおのおのは、多くの場合、この仕事に尻ごみし、この辛い一歩を避けようとする。アダムとイブ、われわれの先祖のすべて同様、われわれはみんな怠惰なのである。

だから原罪はまさしく存在する。それはわれわれの怠惰なのである。それは非常に現実的である。そしてわれわれみんな、幼児、子ども、若者、おとな、老人、賢者も愚者も、不自由な者も全き者も、それらすべての内にある。ある者は他の者よりましかもしれない。しかし、われわれはみんなある程度怠惰である。精力的、野心的、賢明であってさえも、内面を本当に見つめれば、あるレベルの怠惰がひそんでいることがわかる。これこそが内なるエントロピーの力であり、われわれをおしとどめ精神的進化を妨げる。

読者のなかにはつぶやく人があるかもしれない。「でも私はなまけ者じゃない。週六〇時間働いている。夕方と週末には疲れていてもがんばって妻と出かけるし、子どもを動物園につれていく。家事も手伝い雑用もやっている。ときどき、それが自分のしているすべて――仕事、仕事、仕事って思うよ」。こういう読者には同情できる。しかし結局、探せば自分のなかの怠惰が見つかる、と指摘できるだけである。怠惰は仕事についやしたり他者に対する責任を果たしたり、ただの時間とは違うかたちを取るからである。怠惰の取る主たるかたちは恐れである。アダムとイブの神話をここでも利用できる。たとえば、アダムとイブに神の掟の背後にある理由を尋ねさせなかったのは、怠惰ではなく恐れ――神のすさまじさに直面する恐れ、神の怒りに触れる恐れ――だったと言えるかもしれない。すべての恐れが怠惰とは限らないが、多くの恐れはまさにそうである。恐れのほとんどは、現状の変わる恐れ、今あるところから一歩踏み出して、もてるものを失う恐れである。訓練についての箇所で、人々が新しい情報をとりわけ脅威に感じることを述べた。それを取り入れれば自分の現実の地図を改める大仕事をしなければならないので、本能的にそれを回避するのである。結局、たいていの場合新しい情報を受け入れずに排斥する。この抵抗は恐れに動機づけられているが、その底に怠惰がある。やらねばならぬ仕事に対する恐れである。同様に愛のところで、新しい領域、新しいかかわり、責任、新たな関係、存在の新しいレベルに自分を広げる危険性、について述べた。これも現状喪失の危険であり、新しい状態に達するのに必要な仕事に対する恐れである。アダムとイブは、大っぴらに神に問えば何が起こるのか、を恐れた。そこで易きについてこっそり掟破りの近道を取り、努力せずに知識を手に入れてうまく逃げおおせられたら、と望んだ。しかしそうはいかなかった。神に問うことはやっかいな仕事をもたらす。しかしこの物語は、そうすべきだったことを教えている。

心理療法家は、患者が何らかの変化を望んでやって来ながら、実際には変化――変化にともなう仕事――を恐れていることを知っている。治療のプロセスを始めた患者の大多数――たぶん一〇人中九人まで――が、プロセスの終了するずっと前にやめていくのは、この恐れないし怠惰のためである。こうした中断（逃避）の多くは、治療の初期の数セッションないし数カ月のうちに起こる。そのダイナミクスは夫婦の事例でしばしばもっとも明らかになる。はじめの数セッションで、自分たちの結婚がおそろしく混乱し破壊的であること、したがって心の健康を守るには、離婚するか、一からやり直すたいへんな難しく辛いプロセスを引き受けるか、が見えてくる。実際には、患者たちは治療を求める以前にしばしばこのことを潜在的に知っており、最初の数セッションは、すでに知りひどく恐れていたことを裏づけるのに役立つにすぎない。いずれにせよ彼らは、ひとりで生きていく、一見とても耐えられない困難か、明らかに同じくらい難しいふたりの関係を一からやり直すための、何カ月も何年も続く困難に直面する恐れに圧倒される。それで数回、あるいは一〇回ないし二〇回程度で面接を中断する。「料金は何とかなると思ってたんですが、無理とわかったんです」というような口実でやめたり、「面接が結婚生活にどう響いてくるのか、怖いんです。逃げだとはわかってるんです。また、勇気が出たら戻ってきます」と正直に言う人もある。とにかく、くされ縁から抜け出すのに必要と考えられるたいへんな苦労に比べると、みじめな現状にしがみついているほうがましなのである。

精神的成長の初めの段階では、自分の怠惰にほとんど気づかない。「もちろんみんなと同じように、私だってなまけることはあるよ」というようなことを口先では言う。これはおのれの中の怠惰な部分は――実際に悪魔なのかもしれないが――悪魔のように恥知らずで、人を欺くうわべにたけているからである。合理化のあらゆる手立てを使っておのれの怠惰をおおい隠す。自己のもう少し成長した部分もまだひ弱で、それを見破ったり戦ったりできない。そこで、この領域ではこういう新しい知識を取り入れたほうがいいよ、という提案には、「あの分野はたくさんの人が研究しているんですが、はっきりとしたことはまだわかってないんですよ」とか、「あれに夢中になってアルコール依存症になり、とうとう自殺した人がいました」とか、「新しい技術を覚えるには年をとりすぎてるんです」とか、「先生は私を自分のコピーに仕立てあげようとしてるんですよ。そんなの心理療法家がすべきことじゃありませんよ」などと言う。こういった反応はすべて患者や学生の怠惰をおおい隠すものであり、治療者や先生と言うより、自分自身を欺くためのものである。怠惰をあるがままに認め自分の内にそれを見いだすことが、克服の始まりである。

そういうわけで、精神的成長のかなり進んだ人は、自分自身の怠惰に一番よく気づいている人である。自分の無精を知っている人がもっとも怠惰ではない。成熟を目指して努めながら、私は徐々に新しい洞察にいっそう気づくようになっている。しかしそれらは、まるでひとりでに私から離れたがっているようである。あるいは、新しい建設的な考えの筋道をかいま見ても、私の足どりは気づいたところで自然に遅れはじめる。これらの貴重な考えはたいていの場合知らぬまにすべり落ちて、私は自分のしていることに気づかぬまま、その大切な筋道をはずれているのか、とも思う。しかし足どりが遅れてきたのに気づくと、ペースを早めて避けてきたその方向へ自分を駆りたてる。エントロピーとの戦いに終わりはない。

誰にでも病的な自己と健全な自己がある。神経症であろうと精神病であってさえも、たとえすっかり怯えたり完全にこわばってるように見えていても、なおわれわれのなかには小さいけれども、成長を望み、変化と発達を好み、新しいものの未知のものにひきつけられる部分がある。それが、喜んで精神的成長のための仕事や危険を引き受ける。また、見たところどれほど健康で精神的に進化しているかどうかにかかわりなく、自分を広げることをせず、古く慣れ親しんだものにしがみつき、いかなる変化や努力をも恐れ、何としても安楽さを求めて苦しみを逃れようとする部分が、小さくともまだある。そのため無能、停滞、退行が生じてさえも、である。健康な部分が痛ましいまでになく、途方もない病的な自己の怠惰と恐れに支配されている人がいる。急速に成長しつつある人もいる。健康な自己が支配的で、神性を目指してひたむきに努めているのである。しかし健康な自己は、なお内にひそむ病的自己の怠惰につねに用心深くなければならない。この点で、われわれ人間はすべて平等である。われわれみんなのなかにはふたつの自己がある。病的なのと、健康なのと——お望みならこれを生の衝動と死の衝動と呼んでもよい。われわれ一人ひとりが全人類を代表する。一人ひとりのなかに、神性への本能と人類への希望がある。一人ひとりのなかに怠惰という原罪、われわれを子ども、子宮、われわれがそこから進化してきた混沌、に押し戻すエントロピーの力が働き続けている。

悪の問題

怠惰が原罪であり、病的自己のかたちの怠惰は悪魔でさえありうることを示唆した。そこで悪の性質についていくらか述べて、問題をしめくくるのが筋であろう。おそらく悪の問題は、神学上最大の問題である。しかしほかの多くの「宗教的」論点についてと同じく、科学としての心理学は、少数の小さな例外を除いてまるで悪が存在しないかのようにふるまってきた。しかし心理学は、この主題についてずいぶん寄与する可能性をもっている。いつかある程度詳しく考察してお役に立てたら、と思っている。さしあたって、本書のテーマからは周辺的にすぎないので、悪の性質について私のたどりついた四つの結論を簡単に述べるにとどめたい。

まず私は、悪が実際にある、と結論するに至った。それは、原始的な宗教心が未知の事柄を何とか説明しようとする、架空の想像ではない。事実、善性の現れには憎しみで応え、できる限り善を破壊しようとする人、およびそういう人からなる組織がある。彼らは意識的な悪意をもってそうするのではなく、盲目的でおのれの悪に気づいていない――実は、そうした気づきを避けているのである。宗教書が悪魔について述べているように、彼らは光を憎み、それを避けるためには本能的に何でもする。それを消そうとさえする。自分自身の子どもや自分の力に従うすべての人々にある光を滅ぼそうとする。

悪人が光を憎むのは、それが自分の姿を自分に明らかにするからである。善を憎むのは、おのれの悪を明らかにするからである。愛を憎むのは怠惰を明かすからである。こういう自己覚知の苦しみを避けるため、彼らは光、善性および愛を破壊しようとする。そこで第二の結論は、悪は究極の途方もなく極端になった怠惰ということである。すでに定義したように愛は怠惰の対極である。ふつうの怠惰は愛の消極的な欠如である。ふつうの怠惰な人は、強いられない限り自分を広げるために指一本あげない。彼らの存在は、愛の欠如の現れである。それでも悪ではない。一方本物の悪人は、消極的と言うより積極的に、自分を広げることを避ける。そして、自身の怠惰を守り、おのれの病んだ全一性が保つために、できることは何でもする。そのため他人を養うよりも実際に破壊しようとする。必要なら、自身の精神的成長の苦しみから逃れるため、殺しさえする。病んだ自分の全一性が周囲の精神的に健康な人たちに脅かされるので、近くにある精神的健康をあらゆる手段を使って押しつぶし、うち砕こうとする。そこで私は、悪を政治的権力の行使――すなわち、自分の意思を、明らさまにまたはひそかに強制的に他者におしつけること――として定義する。精神的成長力を養う目的で自己を広げることを避けるためにである。ふつうの怠惰が愛の欠如とすれば、悪は愛に反するものである。

第三の結論は、少なくとも人間進化の現段階では、悪の存在は避けられないということである。エントロピーの力と人間に自由意思があることを考えると、怠惰をうまく自制できる人とまったくできない人がいるのはしかたがない。一方でエントロピーの力、他方、愛の進化への憧れは相反する力だから、たいていの人で、その力が比較的バランスがとれているのは当然のことにすぎない。ただ一方の極に純粋な愛を体現する少数の人、他方の極に、エントロピーないし悪そのものを現わしている少数の人がいる。それらは葛藤しあう力だから、両極端の人たちが戦いあうことも避けられない。悪が善を憎むのは善が悪を憎むのと同じように、当然のことである。

最後に私は、エントロピーは巨大な力であるが、人間悪の究極のかたちとしては不思議と社会的に無力である、という結論に達した。私自身、悪の力が何十人という子どもの心を攻撃し破壊するのを見てきた。しかし悪は、人間の進化という大きな枠組みのなかでは力を失う。それが破壊する魂が――その数は多い――他者を救済する手立てになるからである。はからずも悪は、人々を悪魔自身の落とし穴から遠ざけるのろしとして役立つ。たいていの人は、法外な悪に対するほとんど本能的な怖れの感覚に恵まれているので、それを認めると、その存在に気づくことで自分の人格は磨かれる。それを意識することが、自分を浄化する合図になる。たとえば、悪はキリストを十字架にかけたが、そのおかげでわれわれは遠くから彼を見ることができるようになった。個人としてこの世の悪との戦いに個人的にうちこむことは、成長するひとつの方法である。

意識の進化

「気づく」、「気づき」という言葉を、くり返しあちこちで使ってきた。悪しき人々は、自分の状況に気づくことに抵抗する。精神的に進んだ人の目安は、自分の怠惰に気づいていることである。人々はしばしば自分の宗教や世界観に気づいておらず宗教的に成長するにつれて、思いこみや偏りやすい傾向に気づくことが必要になる。愛による括弧づけ《ブラケティング》ないし注目により、愛するものや世界についての気づきが進む。訓練の本質的部分は、われわれの責任および選択する力への気づきを発展させることである。気づきの能力は、われわれが意識ないし意識性と呼ぶ心の働きに帰せられる。

「意識《コンシャス》」という言葉は、ラテン語で「ともに《ウィズ》」を意味する接頭辞「コン」と、「知る」を意味する「スキーレ」からきている。意識しているとは「ともに知る」ことを意味する。この「ともに」をどう理解するのか。「何」とともに知るのか。われわれの心の無意識部分は知識の宝庫、と言われている。われわれが知っている以上のことを知っているからである。ここでの「われわれ」は、意識的自己とされる。われわれが新しい真実に気づくようになるのは、それを真実と認めるからである。以前から知っていたことを再び知るのである。だから、意識するとは無意識と「ともに」知ること、と言ってよい。意識の発展は、無意識の心と「ともに《アロング・ウィズ》」、それがすでにもっている知識を意識的な心の気づきとして発展させてゆくことである。それが意識的な心が無意識との共時性に入りこむ過程である。これは心理療法家にとって目新しい考えではない。彼らはしばしばセラピーを、「無意識を意識化する」、または意識の領域を無意識領域とのかかわりで広げてゆく過程、と定義している。

しかし、意識的に今まで習ったことのないもののすべてを、どうして無意識が知っているのか、をまだ説明していない。ここで再び、その疑問はあまりに基本的なので、科学的な答えがないのである。やはり仮説をたてることしかできないのである。そして私もまた、われわれと親しく結びついた神——あまりに親しいのでわれわれの一部になっている——という仮定より満足な仮説を知らない。恩寵を求める最も身近な場所を知りたければ、それは自分自身の内である。自分自身のそれを超える偉大な知恵は、自分の内に見いだされる。これは、神と人との境界が少なくとも部分的には、意識と無意識の界面であることを示唆している。やさしく言えばわれわれの無意識が神である。それが内なる神なのである。われわれはつねに神の一部分である。神はわれわれとともにあった。そして今も、これからもつねに。

どうしてそれが可能なのか。もし、無意識が神であるという考えにショックを受けるなら、それが決して異端の考えでないことを思い起こしてほしい。聖霊はわれわれすべての内に宿るというキリスト教の概念は本質的にこれと同じである。神とわれわれとの関係を理解するのに、無意識を地下茎、とてつもなく大きくて豊かに地下に広がる地下茎と考えるのが、一番わかりやすいと思う。それが意識という小さい植物の出芽を養うのである。このたとえを私はユングに負っている。彼は自分を「限りない神性のひとつのかけら」と述べ、さらに言っている。

一生は、私にはいつも地下茎によって生きている植物のように思われたのである。その本当の生命《いのち》は地下茎の中にかくれていて見えない。地上にみえる部分が一夏だけ生きつづけるにすぎない。かくて、それは衰えていくつかのまの現われなのである。いのちと文明との果てしない興亡を考える時、我々は全くつまらないことという印象をうける。けれども永遠の推移の下に生き、もちたえている何かについての感覚を私は決して失ってはいなかった。我々が見ているのは花であり、それはすぎ去る。しかし根は変らない。

（『ユング自伝　1』河合隼雄他訳、みすず書房、一九七二年[7]）

ユングは、神が無意識のなかに在《あ》る、と実際に言うまでにはいっていないが、著述は明らかにその方向を指している。彼のあえてしたことは、無意識をより表層的個別的な「個人的無意識」と、人類に共通するより深層の「集合的無意識」に分けたことである。私のイメージでは集合的無意識は神である。意識は個人としての人であり、個人的無意識がその中間にある。この境界であることで、個人的無意識がある種の混乱、神の意志と個人の意志とがせめぎあう場となることは避けられない。私は以前、無意識を優しく愛のこもった領域として述べた。これはその通りと信じている。しかし夢は、愛のこもった賢明なメッセージを含むけれども、多くの葛藤のサインをも含む。それらは気持ちよく自分をリフレッシュするけれども、混乱した恐ろしい悪夢でもある。この混乱のゆえに、心の病は無意識にあると思っている人が多い。まるで無意識が病理の座であり、症状は地下の鬼が現れて人に憑《と》りついた、と言うかのようである。しかしすでに述べたように、私自身の考えは正反対である。私は意識が病理の座であり、心の障害は意識の障害と信じている。病になるのは意識的な自己が無意識の知恵にあらがうからである。意識と癒しをもとめる無意識との間に葛藤が生じるのは、まさしく意識が障害されているからである。言い換えれば、心の病は個人の意識的な意志が、神の意志、その人自身の無意識の意志から大きくずれているから生じるのである。

精神的成長の究極の目標は、個人が神とひとつになることと述べた。それは神とともに知ることである。無意識はそもそも神なのだから、われわれは精神的成長の目標は意識的な自己が神性をさらに獲得することだ、と定義してもよい。それは個人がすっかり丸ごと神になることである。とすると目標は、意識が無意識と溶けあってすべて無意識になることだろうか。今や問題は核心に近づきつつある。肝心なのは、意識を保ちながら神になることである。無意識の神の地下茎から育つつぼみがそれ自体神になりうるとすれば、神は新しい生のかたちを取ることになろう。これが個人的存在の意味である。われわれは、意識的個人として、神の新しい生のかたちを取るべく生まれている。

意識はわれわれの全存在を司る部分である。決定し行動にうつすのは意識である。まったくの無意識になれば、事実上新生児と変わらない。神とひとつであるが、神の存在をこの世に知らしめるいかなる行動もとれない。前述したように、ヒンドゥー教や仏教の秘教的な考えには退行的な性質がある。そこでは自我境界のない幼児の状態が涅槃《ねはん》にたとえられ、涅槃に入る目標は子宮に帰ることと同じように見える。しかしここに示される神学、大部分の神秘家たちのそれ、の目標はまったく反対である。自己のない無意識の赤ん坊になることではない。むしろ、成熟した意識的自我を発達させ、神の自我たろうとするのである。おとなとして二本の足で歩き、世界に影響を与える独立した選択が可能となり、おのれの成熟した自由意思を神の意志と重ねあわせうるとき、神はわれわれの意識的自我を通して新しく力ある生のかたちをとることになる。われわれは神の代理、いわばその腕となり、それゆえ神の一部になる。そして意識的な決定を通して、神の意志に従って世界に影響を与えられるかぎり、われわれの生そのものが神の恩寵の現れとなる。われわれ自身が神の恩寵のひとつのかたちとなり、人々のあいだで神のために働き、今まで愛のなかったところに愛を創り出し、同胞をわれわれと同じ気づきのレベルに引きあげ、人間進化のレベルを前進させるのである。

力の性質

ここでやっと、力の性質を明らかにできるところにきた。これは、ひどく誤解されてきた主題である。その理由のひとつは、力には二種類――政治的なものと精神的なものと――あることである。宗教的神話が、このふたつを区別しようと苦労している。たとえば釈迦の生まれる前、占い師が彼の父に語った。彼はこの国でもっとも力のある王になるか、さもなければ、貧しいがいまだかつてない偉大な精神的指導者になるか、そのどちらかで両方ではない、と。またキリストも、悪魔に、「この世のすべての王国とその栄光を与えよう」と申し出られていた。しかしキリストはこの申し出を拒み、表向きは力なく十字架の上で死ぬことを選んだ。

政治的な力とは、ひそかにまたはあからさまに、他人を自分の意のままに動かす力である。これは王や大統領の座ないし富に備わる力である。それは、その座を占めたり富を持つ人に備わるものではない。したがって善や英知とはかかわりがない。たいへん愚かでたいへんな悪人が王としてのし歩くことがある。しかし精神的な力は、もっぱら個人の内にあり、他者を支配する力とはまったく関係がない。優れた精神的な力のもち主が、裕福で指導者の座を占めることはある。しかしたいていは貧しく政治的な権威をもたない。精神的な力が人を意のままにすることでないとすれば、それはどんな能力なのか。それは、最大限の気づきをもってものごとを決定する能力である。それが意識なのである。

たいていの人は多くの場合、何をしているのかほとんど気づかずにことを決めている。自分自身の動機を理解せず、選択のなりゆきを知ろうともせず行動にうつす。われわれは、新しい患者を受け入れるとき、自分が何をしているのか本当に知っているだろうか。子どもを叩くとき、部下を昇進させるとき、異性を誘うときはどうか。長らく政治に携わった人なら、最良の意図をもって行ったことがしばしば裏目に出て結局は有害となったり、下劣な動機から推進した、とんでもないと思われた事業が、最後には建設的なものになることを知っている。子育てもそうである。まちがった理由で正しいことをするのと、正しい理由からまちがったことをするのとでは、どちらがよいのだろう。自分は正しいと確信しているときが、しばしばもっともわかっていない。一番混乱しているときが一番理解しているのである。

無知の海に漂うとき、われわれはどうすればよいのだろう。ある人は虚無的に「何もない」と言う。大海にひたすら漂い続けることしか言わない。まるで、こういう大海でははっきりした見通しやちゃんとした目的地に導く航路など、見つかるはずがないかのように、である。しかし航路を見失っていることを十分に自覚しながら、その自覚をさらに広げることによって無知から抜け出せる、と気力を充実させる人もいる。その人たちは正しい。それは可能である。しかしそういうより大きな気づきは、一瞬の目もくらむような気づきでもたらされるものではない。ゆっくりと少しずつやってくる。その一つひとつが、自分自身も含めてあらゆることを十分に観察して見極める、しんぼう強い努力によって勝ち取られねばならない。こういう人たちは謙虚な学び手である。精神的成長の道は一生かかる学びの道なのである。

この道を十分に長くかつ真摯に歩めば、断片的な知識があるべきところに収まりはじめる。そして徐々にことの次第が明らかになる。行き止まり、失望があり、せっかくの考えも結局手離さなければならない。しかし徐々に、自分の存在がいったい何にかかわるのかについて、より深くさらに深く理解することが可能になる。そしてだんだんと、自分が何をしているのかを実際にわかるところにたどりつくことができる。力に達することができるのである。

精神的な力の経験は、基本的には喜び多いものである。達成にともなう喜びである。実際、達人《エキスパート》であること、自分のしていることを本当に知ることほど、心の満たされるものはない。精神的にもっとも成長した人は、人生の達人《エキスパート》である。そして、さらに大きな別の喜びがある。神と交わる喜びである。自分のしていることを本当に知るときは、神の全知にあずかっているからである。状況、そこに働きかける自分の動機、その結果やなりゆき、それらにすっかり気づいているとき、われわれは、通常神にしか期待しない気づきのレベルに達している。意識的な自己が神の心に同調できている。神とともに知るのである。

しかも精神的成長のこの段階、偉大な気づきの状態に達した者は、決まって喜びあふれる謙虚さにとらえられる。彼らのそうした気づきのひとつが、たぐいまれなその英知は無意識に由来している、というものだからである。彼らは地下茎とのつながり、その知識がそのつながりから流れ出していることに、気づいている。学びへの努力は、つながりを開く努力にすぎない。そして、地下茎、自分の無意識は、自分だけでなく全人類、神のものであることに気づいている。その知識と力の源を尋ねられると、本当に力のある人は決まって答える。「それは私の力ではない。何ともちっぽけな私の力は、はるかに大きな力のささやかな現れです。私はただの仲介役です。私の力なんてとんでもない」と。私は、このような謙虚さは喜びが多いと言った。それは、神との結びつきを感じると、真に力のある人は自分が小さくなる感覚を経験するからである。「私でなく、あなたの意志のなされますように。あなたの僕《しもべ》とならしめ給え」と彼らはひたすら望む。このような自己放棄は、それとともにつねにある種の穏やかな恍惚感をもたらし、それは愛の経験に似ていなくもない。神との親しい結びつきに気づいて、孤独感の消えることが経験される。神との交わりがあるのである。

喜び多いにもかかわらず、精神的な力を経験することは恐ろしくもある。気づきが大きくなればなるほど、行動することが難しくなるからである。このことは第Ⅰ部の終わりで述べた。そして師団を戦場に投入するかどうか決断しなければならないふたりの将軍の例をあげた。師団を作戦単位としてひたすら戦う道具と見る将軍は、決断後枕を高くして眠るかもしれない。しかしもうひとりの、部下の兵一人ひとりの生活に気づいている将軍の場合、その決断は苦悩にみちている。われわれはみなこの将軍たちなのである。われわれがどんな行動をとっても文明のゆくえに影響する。ひとりの子どもをほめるか叱るかという決断が、たいへんな結末をもたらすかもしれない。限られたデータだけに気づいて行動し、なりゆきにまかせるのはたやすい。しかし気づきが大きくなるにつれ、しだいに増えるデータを取り入れ決断を下さねばならない。多く知るほど決断は複雑になる。しかしだんだん多く知るにつれて、ことがどうなるかについてうまく予測することができはじめる。もしことのしだいをぴったり予測しなければと思うと、仕事の複雑さに圧倒され何もできない気分に落ちこみやすい。しかし行動しないこと自体、行動のひとつのかたちである。何もしないことがある種の状況では最善の行動になることがある。別な状況では悲惨かつ破壊的かもしれない。だから精神的な力は単なる気づきではない。それはますます増大する気づきを踏まえて、なお決断する能力を保つ力である。そして神のような力とは、すべてを知ったうえで決断する力である。一般的に信じられている考えとは異なり、全知が決断を容易にすることはない。むしろいっそう困難になる。人は神性に近づけば近づくほど、神に共感する。神の全知にあずかるとは、その苦悩を分かつことでもある。

力についてはもうひとつの問題がある。孤高である。[8]これには、少なくともある次元で政治的な力と似たところがある。精神的進化の頂点に近づきつつある者は、政治的権力の頂点に立っている者に似ている。責任を転嫁する上の者、責める相手がいない。どうすればよいか言ってくれる者もいない。苦悩ないし責任を分かちあえる、同じレベルの人がいないのである。助言する人はいる。しかし決断は自分ひとりのものである。自分だけに責任がある。別の次元では、精神的な途方もない力にともなう孤高は、政治的な力のそれに勝りさえする。政治的に力のある者の気づきのレベルは、高いその地位と同程度であることはめったにない。だからほとんどつねに話の合う同じ精神レベルの人がいる。だから大統領や王たちにも友達や昔なじみがいる。しかし最高の気づきないし精神的な力のレベルに達した人のまわりには、そこまで深い理解をわかちあえる人はまずいない。福音書のもっとも痛ましいテーマのひとつは、本当に彼を理解できる人がいないことを見いだすキリストにつきまとう不満である。どんなに努力しどんなに自分を広げようと、彼自身の弟子の心さえ自分のレベルに引き上げることができなかった。もっとも賢明な人がキリストに従ったが、彼と肩を並べることはできなかった。彼の愛のすべてをもってしても、まったくのひとりで先を歩み導かねばならぬ必然性から、彼を救い出すことができなかった。この種の孤高は精神的成長の道をもっとも遠く歩んだ人によって分かたれる。それは、仲間の人たちから遠ざかるにつれ神とのかかわりが必然的にその分近くなることがなければ、耐えがたいような重荷なのである。広がった意識ないし知恵による神との交わりのうちに、自分を支えるのに十分な喜びがある。

恩寵と精神疾患――オレステスの神話

心の健康および病の性質について、これまで一見あい容《い》れない多くのことが言われてきた。「神経症はつねに、当然の苦しみのすりかえである」、「心の健康は、あらゆる犠牲を払って現実に献身することである」、「心の病は、個人の意識が、神の意志、つまり自分自身の無意識の意思から大きくずれたときに生じる」など。ここで心の病の問題をいっそう綿密に検討し、これらの諸要因を筋の通った全体にまとめてみたい。

われわれは現実世界の生を生きている。うまく生きるためには、世界の現実をできるかぎり理解するようにならねばならない。しかし、こういう理解は容易には得られない。世界の現実、世界との関係の多くの側面は、苦しみ多いものである。努力と苦悩を通して初めて、それらを理解することができる。われわれはみんな多かれ少なかれ、この努力と苦悩を避けようとする。いやなことは気づきの外に追いやって、現実の苦しい諸側面を無視する。言い換えれば、自分の意識ないし気づきを現実から守るのである。これを、精神科医が防衛機制と呼ぶ多様な手段を用いて行う。われわれはみんなこのような防衛を用い、それによって気づきをせばめている。怠惰と苦悩を恐れてひどく気づきを限ると、世界の理解は世のなかの現実とほとんど、あるいはまったくかけ離れることになってしまう。われわれの行為は現実理解に基づいているので、そうなるとその行動は非現実的になる。それがある程度をすぎると、まわりから「現実離れしている」とみなされる。自分ではまったくまともと思っているのに、心的には病んでいると思われるのである。[9] しかしその状態が極端になる前に、人々から病んでいることを知らせてもらえるし、まわりと合わなくなることが増えて、無意識的に気づかされる。そういう気づきは無意識によって悪夢、不安発作、うつなどの多彩な症状として示される。意識的な心が現実を否定しても、全知の無意識は本当のところを知っており、症状を出すことで意識を刺激し、何かがおかしいことに気づくように仕向ける。言い換えれば、心の病の苦しい望まれない症状は、恩寵の顕現である。それらは、「われわれの精神的成長を育む、意識の外に発する力強い力」の生みだすものなのである。

　訓練についての最初の項の終わり近く、うつについて手短に論じ、うつ症状が、悩んでいるその人にとって必ずしもすべてがうまくいってないことがあり、大幅な調整がなされねばならないしるしであることを指摘した。ほかの考え方を説明するために引用した事例の多くは、このことを明らかにするためにも使うことができる。つまり、心の病の不快な症状は、あなたが誤った道を歩んでいる、あなたの精神が成長を止めて重大な危機に瀕している、と伝えているのである。ここでもうひとつのケースを簡単に取りあげて、症状の役割を具体的に示したい。

　ベッツィは二二歳の女性で、愛らしく知的であるがたいへんうぶな感じのはにかみがあり、ひどい不安発作のために来談した。両親は労働者階級のカトリック信者で、こつこつ金を貯めてひとり娘を大学にやった。しかし一年後、成績優秀にもかかわらず、彼女は大学をやめ隣に住む機械工と結婚することに決めた。そしてスーパーの店員として就職した。二年間はうまくいっていた。それから突然、不安発作がおきた。前ぶれはなくまったく予測できなかった。ただ、いつもアパートの外、夫のいないときであった。買いものをしているとき、スーパーで働いているとき、道を歩いているときにだけ起こった。こういうときに感じるパニックの激しさは圧倒的であった。何をしていても放り出して、いつもアパートか夫の働いている修理工場に、文字通り逃げ帰らねばならなかった。夫と一緒か家に戻るときだけ、パニックはおさまった。そしてこの発作のため、仕事をやめねばならなかった。

開業医の処方した安定剤は、発作をおさめるどころか増悪させた。それで私のところへ来て、「どこが悪いのかわからないんです」と嘆いた。「何もかもすばらしいし、夫は私に優しくとっても愛しあってます。仕事も楽しかった。今じゃ何もかもめちゃくちゃです。どうしてこんなことになったのかわかりません。たぶん頭がおかしくなりかけてるって感じなんです。どうか助けてください。以前みたいに万事うまくゆくように」。もちろん彼女は、面接を通して、以前のありさまがそれほど「うまく」いってなかったことを見いだした。ゆっくりとしかし辛い思いをしながら、まず、夫は彼女に優しいが、いろんな面で彼女をいらいらさせること、が浮かび上がってきた。彼はマナーが悪かった。趣味の幅が狭く、彼の好む娯楽はテレビを見ることだけだった。それで彼女を退屈させていた。それから、スーパーのレジの仕事も彼女を退屈させていたことに気づきはじめた。そこでわれわれは、そんなはりあいのないことのためにどうして大学をやめたのか、質《ただ》すことを始めた。「そうですね。だんだんそこで居心地が悪くなってきたからだと思います」と彼女は認めた。「みんなドラッグやセックスにはまってました。それがよいこととは思えませんでした。みんな不思議がりました。私と寝たがった男の子だけじゃなく、女の子までです。私のことを奥手だと思ったんです。自分までそうかなあ、と思いはじめてるのに気づきました。教会や両親の価値観までおかしいかな、って。それでこわくなったんだと思います」。治療を通して今や、大学をやめることで逃げていたのではないか、という疑問を追究しはじめたのである。そして結局は大学に戻った。幸いにこの場合、夫には彼女とともに成長する気があることがわかった。そして彼自身が大学に進んだ。ふたりの世界は急速に広がった。もちろん彼女の不安発作はおさまった。

このかなり典型的な事例にはさまざまな見方がある。ベッツィの不安発作は明らかに広場恐怖《アゴラフォビア》（字義通りには市場恐怖。しかし、通常は広場恐怖《オープンスペース》）と言える。それは外、彼女にとっては自由への、恐怖を象徴している。夫に妨げられず自由に動き回り人とかかわれるときに生じた。自由への恐れが、彼女の心の病の本質であった。また、自由への恐れを表す不安発作が彼女の病だ、と言う人もあろう。しかし私は、別のとらえ方をするほうが役に立つし啓発的だと思う。ベッツィの自由への恐れが、不安発作のずっと前からあったからである。彼女が大学をやめ成長を抑えることを始めたのは、この恐れのためだった。私の判断では、彼女は症状の出る三年前から病気だった。しかも自分の病気や、自分を抑圧して痛めつけていることに気づいていなかった。とうとう自分の病に気づき、自分を変えて成長への道に無理にも踏み出させたのは、彼女の症状、望みもせず求めもしない「やぶから棒に」彼女に「取りついた」この不安発作だったのである。このパターンがたいていの心の病にあてはまる、と私は信じている。症状と病とは同じものではない。病は症状のずっと前からある。症状は病というよりも、治癒の始まりなのである。症状が望まれていないそのことが、それらをそのぶん恩寵の現れたらしめている――神の贈りもの、もし欲するなら自己探索ないし修復を始めるようにという、無意識からのメッセージ、なのである。

恩寵についてはたいてい、ほとんどの人はこの贈りものを拒み、そのメッセージに心をとめない。いろんなやり方でそうするのだが、それらはすべて病の責任を避けようとする試みである。そして誰しも、こういう軽い発作をときどき起こして――それらは本当の症状ではない――と言いわけして、無視しようとする。仕事をやめたり、運転をやめたり、新しい街に移ったり、ある種の活動をやめることで何とかしようとする。痛み止めや医師にもらった小さな錠剤で、あるいはアルコールやドラッグで自分を麻痺させて、症状をとろうとする。症状を受け入れてさえ、通常は多くの巧妙な方法でまわりの世界――冷たい身内、不誠実な友人、欲深な企業、病んだ社会、さらには運命まででも――のせいにして非難する。症状の責任を受け入れ、自分自身のたましいの障害の現れと悟った少数の者だけが、無意識のメッセージを受けとめて恩寵を受け入れる。彼らは自分自身の不完全さ、自分を癒すのに必要な辛い仕事を受け入れる。しかし彼らには、ベッツィや心理療法の苦しみに進んで立ち向かう人々と同じように、大きなむくいが訪れる。キリストが山上の垂訓の始めに語った「心貧しき者は幸いである。彼らの魂が天国にあるからである[10]」という言葉は、彼らについてのことであった。

私が述べている恩寵と心の病とのかかわりは、オレステスとフューリーの偉大なギリシャ神話[11]に見事に描かれている。オレステスは、アトレウスの孫であった。アトレウスは向こう見ずにも自分が神より力のあることを証そうとした男である。彼は神々に逆らう罪のゆえに罰せられ、彼のすべての子孫に呪いがかかった。アトレウス一家への呪いの現れのひとつとして、オレステスの母クリテムネストラは、オレステスの父であり自分の夫であるアガメムノンを殺した。この罪が、順にオレステスに呪いをかけることになる。ギリシャ刑法では、息子は何にもまして父を殺した者を殺すことが、義務づけられていたからである。しかも、ギリシャ人の最大の罪は、母殺しの罪であった。オレステスはこのジレンマに苦悩した。そしてついに、建前上やらねばならぬことをやり、母を殺した。この罪により、神々はオレステスを罰し、フューリーたちが彼に取りついた。フューリーは三人の幽鬼のような女神ハルピュイアで、彼にしか見えぬ怖ろしい姿と彼にしか聞こえないかん高い声で責めたてて、昼となく夜となく苦しめ続けた。

どこに行ってもフューリーたちにつきまとわれ、オレステスは罪をあがなうために地をさまよった。そして長年の孤独な自己反省と自己否定の後、自分は母殺しの罪を償ったと信じると述べ、アトレウス家の呪いとフューリーたちによる災いからの解放を神々に乞うた。神々による審判が開かれた。アポロは、母を殺すよりほかない状況にオレステスを追いやったのは自分であり、だからオレステスは事実上責任はない、と主張した。そのときオレステスは飛び上がり、彼自身の弁護人に反論した。「母を殺したのは私です。アポロではありません！」と。神々は驚いた。アトレウス家の一員で、このようにいっさいの責任をかぶって神々を責めなかった者はいなかったのである。そこで審判をオレステスに有利に決定し、アトレウス家の呪いから解放したばかりか、フューリーたちを愛の精のユーメニデスに変容させ、その賢明な導きにより彼が引き続き幸運に恵まれるようにしたのである。

この神話の意味は明らかである。ユーメニデス、「優しいものたち」は、「恩寵をもたらすもの」とも言われている。オレステスにだけ見えた、幻覚的なフューリーは症状を表しており、心の病の個人的な地獄である。フューリーからユーメニデスへの変容は、心の病の幸運への変容である。それについては今述べてきた。この変容は、オレステスが心の病の責任を喜んで引き受けようとしたことによって生じた。彼は最後には症状から解放されることを求めたのだが、フューリーを不当な罰と見たり、自分を社会や何かの犠牲者とは思わなかった。アトレウス家へのもともとの呪いの避けられぬ結果としてのフューリーは、心の病が家族の病理であり、父の罪が子どもたちにおよぶように、両親や祖父母からうけつがれていることを象徴している。しかしオレステスは、家族――父や祖父――を恨んでもよいのにあえて恨まなかった。神々や「運命」を非難することもなかった。すべての状況を自身のこととして受けとめ、それを癒すことに努めたのである。それはほとんどの治療と同様、長いプロセスであった。しかし、その結果彼は癒され、自らの努力による治癒の過程を通して、かつて苦悩をもたらしたそれと同じものが、英知をもたらすものとなったのである。

経験を積んだ心理療法家ならすべて、自分の実践でこの神話の演じられるのを見ている。より成功した患者の心や生活のなかで、フューリーがユーメニデスに変容するのを実際に目撃する。これはたやすい変容ではない。治療が進んで、自分の状況ないし治癒に対するいっさいの責任を、究極的には自分がとらねばならないと認識するやいなや、はじめどんなに熱心そうだったかどうかにおかまいなく、たいていの患者は治療を中断する。そして、誰も非難することなくよくなるよりは、むしろ病気のままで神を責めるほうを選ぶのである。治療にとどまる少数例の場合、治療のためには、自分で全責任を取るようになお教えこまなければならない。この教え――「訓練」と言うほうがいっそう正しい――は骨の折れる仕事である。方法として治療者が、くり返しくり返しセッションごとに、毎月、毎年、患者をその責任回避傾向に直面させることになるからである。全責任が自分にあるという考えに導かれるので、彼らはしばしば、聞き分けのない子どものように足をばたつかせたり叫んだり、あらゆる手をつくす。しかし結局はわかってくる。初めからすべての責任を引き受ける覚悟で来る患者は、ほんのひと握りである。こういう場合の治療は、それでもなお一年や二年はかかるが比較的短期間でスムーズであり、双方にとって楽しいプロセスであることが多い。比較的容易か難しく長びくかはともかく、フューリーのユーメニデスへの変容が生じるのである。

心の病に直面し全責任をうけ入れ、それを克服するために必要な自己変革をなしとげた人は、子ども時代、および先祖の呪いから解放されるだけでなく、自分がまったく新しい別世界に生きていることを見いだす。かつての問題と見えたものが今やチャンスに見える。かつてはいまわしい障壁と思われたことが、今やありがたい試練となる。かつて望まなかった考えが役に立つ洞察になる。以前は拒んだ感情が、エネルギーや導きのもととなる。以前は重荷に見えていたことがらが、回復した症状そのものも含めて今は贈りもののように見える。成功した治療の終わるとき、「うつと不安発作が、今まで私に起こった最良のできごとでした」と言うのが常である。神を信じることなく治療を離れても、こうした成功例では、まさしく真の意味で恩寵に触れたことで、一般的にはやはり神を信じているのである。

恩寵への抵抗

オレステスが心理療法家を訪れることはなかった。自分で治したのである。古代ギリシャに優れた精神科医がいたとしても、自分で治さねばならなかった。というのは、すでに述べたように、心理療法は道具――訓練にすぎないからである。その道具を選ぶのかどうかは患者が決める。そしていったん選んでも、どのような目的でどこまで利用するかを決めるのは患者である。治療を受けてできる限りの利益を引き出すためにあらゆる種類の障害――たとえばお金不足、精神科医や心理療法家との以前のひどい経験、親戚の反対、冷たく不愛想なクリニック――を乗り越えようとする人がいる。しかし、治療が銀の大皿にのせてさし出されてもそれを拒んだり、治療関係に入っていてさえ、でくの棒のように座っているだけで、治療者のどんなに優れた腕も努力も情愛にもおかまいなく、ほとんど何も引き出さない人もいる。治療がうまく終わると、私は、自分が治したと思いたくなるが、本当のところはただの触媒にすぎない――それがありがたいのだが――ことはわかっている。結局人々は、心理療法という道具があろうとなかろうと自分で治すのだから、なぜほんの一握りの人だけがそうして、非常に多くの人はしないのか。精神的成長の道は、困難とはいえ万人に開かれているのに、その道を選ぶ人はなぜこれほど少ないのか。

キリストが「招かれる人は多いが、選ばれる人は少ないのだ」[12]と言って語りかけたのは、この問題に対してである。しかし、なぜほんの少数の者だけが選ばれるのか。そしてこれらの人々をその他大勢と分けるものは何なのか。心理療法家のワンパターンな答えは、病理の深さが違うという考えに基づいている。言い換えれば、彼らは、たいていの人は病気であり、ある人は他の人よりも重い、と信じている。そしてより重い人は治すとなるといっそう難しいのである。そのうえ、心の病の深刻さは、幼少時に経験したひどい養育剥奪《はくだつ》の程度と時期によって直接決まる。とりわけ精神病の人は、生後九カ月まで極端にひどい養育を受けたと考えられ、その病気はあれこれの治療により改善しても、治癒することはほとんどありえない。性格障害の人は、生後まもなくの養育はまずまずであるが、ほぼ九カ月から二歳の間が非常に悪く、精神病よりましであるがなお病は実に深く治癒は非常に難しい、と考えられている。神経症の人は、幼少時の養育はまずまずであるが、二歳、通常は五歳以後のある時期にひどい養育を受けた、とされる。だから神経症者は精神病や性格障害より病の程度が軽く、したがって治療や治癒はずっと簡単だ、と考えられている。

この図式には多くの真実が含まれている、と私は信じている。いろんな面で心理療法家にたいへん役立つ精神医学理論の根幹をなしている。だから安易に批判されるべきではない。にもかかわらず、これですべて説明できるわけではない。とりわけこれは、子ども時代の後半および思春期の養育の重要性を軽視している。こうしたその後のまずい養育がそれ自体で心の病を生み出したり、また、その後のよき養育が以前の劣悪な養育による傷の多く、たぶんすべて、を癒すと信じるだけの理由がある。さらにこの図式は統計学的な意味で予測的価値がある――平均して神経症は性格障害より治療しやすく、性格障害は平均的に精神病より治療しやすい――が、個々の事例における成長のプロセスをうまく予測しているとは言えない。だからたとえば、私が今までにやった完全に成功した分析例でもっとも早く終結したのはメジャーな精神病の男性で、治療は九カ月で終結した。一方、明らかに「ただの」神経症の女性とは三年間やって、わずかな改善をもたらしただけだった。

心の病の深刻さの違いの図式《シェーマ》が勘定に入れそこなっている要素のなかに、個々の患者にある「成長への意志」とも言えるつかみどころのない何かがある。個人は、病が極端に重くかつ同時に極端に強い「成長への意志」をもつことが可能であり、その場合に癒しが起こる。一方、せいぜい精神疾患と呼べるくらいの穏やかな病状で、成長への意志が欠けている人は、不健康な状況から一歩も動こうとしない。だから私は、心理療法が成功するかどうかの決定的要因は、この成長への意志である、と信じている。しかしそれは、まったく解明されていない、現在の精神医学理論では認められてもいない要因である。

成長へのこの意志の極端な重要性を認めながら、その理解にどの程度私が寄与できるか、自信がない。この考えが再びわれわれを神秘の縁に導くからである。成長への意志が、本質的に愛と同じ現象であることはすぐにわかる。愛は精神的成長へ自分を広げていく意志である。純粋に愛している人は、定義によって、成長する人である。これまで、愛の能力は愛のある養育によって培われることを述べてきた。しかしこの能力があらゆる人に備わっていることを、養育だけで説明することのできないことにも触れた。読者はこの本の第Ⅱ部が、愛についての四つの疑問で終わっていることを覚えていると思う。そのうちのふたつをここでとりあげよう。なぜある人たちは、最良の愛に満ちた治療者の治療に反応しないのか。なぜある人々は、心理療法の助けのあるなしにかかわらず、まったく愛の欠けた子ども時代を乗り越えて自ら愛のある人になるのか。これらの疑問に、誰しもがすっかり納得するように答えられる自信はない、と私が述べたことも読者は覚えているだろう。しかし、恩寵の概念を考慮することで、この問題にいくぶん光をあてられるだろうことは示唆した。

人々の愛する能力、したがって成長への意志は、幼少時の親の愛のみならず、一生を通じての恩寵、神の愛、によっても培われる、と私は信じるようになり、それを示そうと努めてきた。これは彼らの意識外の強い力で、無意識の働きや両親以外の愛のある人の働き、さらにわれわれの理解しがたい別の方法で作用する。人々が愛のない養育のトラウマを超え、人間進化の尺度ではるかに親のレベルをこえる、愛のある人間になるのは恩寵のゆえである。それではなぜ限られた人が精神的に成長し、養育環境を超えて進化するのか。私は、恩寵はあらゆる人に与えられており、われわれはみな神の愛に包まれ、誰しもが同じように気高い、と信じている。だから私にできる唯一の答えは、ほとんどの人が恩寵の招きを気にとめようとせず、その助けを拒んでいる、ということである。私は、「招かれる人は多いが、選ばれる人は少ないのだ」というキリストの言葉を、「われわれのすべては、恩寵によって恩寵へと招かれている、しかもほとんどの人がその招きに耳を傾けようとしない」という意味に解釈したい。

そこで問題は、「なぜ一握りの人しか恩寵の招きに気をとめようとしないのか」である。なぜわれわれのほとんどは実際恩寵に抵抗するのだろう。以前、恩寵が何かしら無意識にわれわれを病から守ることを述べた。では、ほとんどそれと同じようにどうして健康に抵抗するのだろう。この疑問の答えは実はすでに出ている。それが怠惰、われわれみんなが呪われているエントロピーという原罪である。恩寵に人間進化の階段をわれわれに登らせる究極の力があるように、その力にあらがって、ぬくぬくと現状に甘んじ、さらにはより低次の存在のかたちへとひきずり落とそうとさえするのが、エントロピーである。自分自身を鍛え、純粋に愛し、精神的に成長するのがいかに難しいかについて、長々と述べてきた。その難しさにひるむのは当然のことにすぎない。エントロピーないし怠惰の基本的な問題を論じてきたが、それには、もう一度とくに述べておくべきひとつの側面がある。力の問題である。

精神科医や多くの一般人も、より高い権力と責任の座に昇進してすぐに精神医学的な問題が驚くほどひんぱんに生じることに気づいている。この「昇進神経症」をよく経験している軍の精神科医は、非常に多くの兵士が何よりも昇進をうまく断るので、その問題がそれほど多く生じないことにも気づいている。一等軍曹、曹長、上級曹長に昇進したくないために、知性と実力はありながら、下士官にとどまっている者が非常に多い。昇進するくらいなら死んだほうがましだという理由から、十分に資格のある昇進への訓練プログラムを拒否し続け、下士官にとどまっているのである。

同じことが精神的成長についても職業生活についても言える。恩寵への招きとは昇進、より高い力と責任を伴う地位への招き、だからである。恩寵に気づき、その存在をつねに人間として経験し、自分が神に近いことを知るのは、ほとんどの人が持たぬ内的な落ち着きと安らぎを知り、かつつねに経験することである。他方、この知識と気づきには莫大な責任が伴う。神の傍《かたわ》らにいる経験は、神、その力と愛の代行者であることの負い目を経験することでもあるからである。恩寵への招きは、労の多い気配り、奉仕、必要とあらば犠牲を厭わぬ生活への招きである。それは精神的な子どもからおとなへの、人類の親になることへの、招きなのである。T・S・エリオットは、「寺院の殺人」

という戯曲でトーマス・ベッカーに、クリスマスの説教としてこのことをみごとに語らせている。

さて、この「息ぎ」といふ言葉の意味に、しばらく心をとゞめていたゞきたい。世界は絶えまなく戰爭に見まはれ、戰爭の恐怖におびえてゐるといふのに、天使たちの口から「息ぎ」といふ言葉が發せられたのは、ずゐぶんをかしなことだと思はれないだらうか？　天使はまちがつたのだ、約束は水の泡となり欺瞞と化した、そんなふうに思はれないだらうか？

こゝで、主みづからが「息ぎ」についてどう語りたまうたかを想起していたゞかう。主は弟子たちに向つて、かういつた、「われ息ぎを汝らに殘す、われ息ぎを汝らに與ふ。」この主の語りたまうた息ぎの意味は、われわれが考へてゐるのとおなじ意味であらうか、イングランドが隣邦諸國と平和を保ち、領主達が王と相和し、家長がその平和な所得の勘定をし、きれいに掃き清められた爐ばたで、テーブルの友人に最上の酒をふるまひ、妻は子供等に歌つてきかせる、さういふ息ぎとおなじものであらうか？　かの弟子たちには、さういふものはいつさい許されてゐなかつた、かれらは遠く旅に出で、陸に海に苦艱を越え、迫害、投獄、絶望のはて、つひには殉教の死を選ばなければならなかつたのだ。では、主の意味したまうたものはなにか？もしそれを知らうとするならば、つぎのことばをおもひだしていたゞきたい、主はまたかうもいつてゐる、「わが與ふるは世の與ふるごときにあらず。」これで明かであらう、主は弟子たちに息ぎを與へたまうた、が、それはこの世の與へる息ぎとはちがつたものなのだ。[13]

（「寺院の殺人」福田恆存訳、中央公論社、一九八〇年）

そういうわけで、恩寵のもたらす平和には痛ましい責任と義務と負い目がともなう。資格十分の軍曹が将校マントを着たくないのは驚くにあたらない。そして心理療法の患者が、本当の心の健康に伴う力にほとんど食指を動かさないのも不思議ではない。一年ほど治療で私と一緒だった、広汎性うつの若い女性は、家族病理について多くのことを理解して、ある日、家族の状態を落ち着いて利口にそつなく対処できることに有頂天で言った。「それってとってもいい気分ですわ。もっとこんなふうに感じられたらねえ」。もちろんできるよ、と私は答えた。そして、彼女がたいへんいい気分を感じたのは、家族とかかわるのにはじめて力の座についたからだ、と伝えた。つまり、彼らの歪んだコミュニケーションや、彼女を操って自分たちの現実離れした要求を果たさせようとするいかがわしいやり方にすっかり気がついて、それで状況を把握できるようになったんだ、と。そして、他の場面にもそういう気づきを広げることができたら、だんだん状況が「把握」できて、もっといい気分を味わえるよ、と言った。彼女はぞっとしたような顔をして私を見た。そして「でもそれじゃ、しょっちゅう考えなくちゃいけないじゃありませんか！」と言った。「その通り」と私は答えた。「力が進化しかつ維持されて、うつの底にある無力感を取り去るのは、ものすごく考えることによってなんだ」。彼女はかっとなった。そして「そんな、ずっと考え続けるなんて、ごめんだわ」と叫んだ。「人生をよけい難しくするためここに来てるんじゃありません。ちょっと楽になって楽しめたらいいんです。先生は、私が神様か何かにでもなれっておっしゃるんですか！」。悲しいことに、この素晴らしい可能性を秘めた女性が、治療を中断したのはその後まもなくのことであった。まだまだという時点で、心の健康が求めることにおじけづいたのである。

一般の人には妙に聞こえるかもしれないが、心理療法家は、人々が心の健康にお決まりのように脅かされるのになじんでいる。心理療法の仕事の主な部分は、患者に心の健康を経験してもらうことだけでなく、なだめたり励ましたり厳しくしたりして、いったん到達した経験から逃げ出さないようにすることでもある。この恐れは一面ではむしろ当然で、それ自身不健康ではない。力がつくと力を誤用することがあるからである。聖アウグスティヌスは言っている。「あなたに愛と勤勉さがあれば、したいことは何をしてもよい」と。[14] 心理療法が十分に進展すると、おしまいに、無残で圧倒的な世界に対処できないという気持ちを乗り越えてしまう。ある日突然、したいことを何でもする力のあることに気づくのである。この自由の認識は恐ろしい。「もししたいことを何でもできるのなら」と彼らは思う。「ひどいまちがいをしたり罪を犯したり、不道徳であったり自由と力を濫用することから、何が私を守ってくれるのか。私の愛と勤勉さだけで私を律するのに十分なのか」

もし自分の力と自由の認識が、しばしばそうであるように恩寵への招きとして経験されるのなら、その答えも、「おお主よ、私はあなたの信頼に値しないのでは、と恐れます」であろう。この恐れはもちろん、それ自体、勤勉と愛の不可欠の一部であるが、だからこそ力の濫用を防ぐ自己統制に役立つ。それゆえ退けられるべきではない。しかしそれが大きくなりすぎて、恩寵への招きに心を配り自分に備わった力を引き受けるのを妨げるほどになってはいけない。恩寵に招かれた人のなかには、その恐れを超えて自分の神性を受け入れるために、何年も躊《ため》った人がいる。この恐れとそれだけの価値がないという感覚が大きくていつも力を引き受けないのは神経症的問題である。そしてそれを扱うのが肝心のこと、心理療法では中心的なテーマでさえある。

しかしたいていの人にとって、力の濫用を恐れるのは恩寵に対する抵抗の中心テーマではない。彼らに消化不良を引き起こすのは、聖アウグスティヌスの「汝の欲するところをなせ」の部分ではなく、「勤勉であれ」の部分である。われわれのほとんどは、子どもか若者に似ている。おとなの自由と力は当然の権利だがその責任と訓練はごめんだ、と思いこんでいる。親——あるいは社会や運命——に抑えつけられていると感じているのと同じくらい、現実には、自分の状態をその人のせいとして文句を言える目上を必要としているようにみえる。自分以外に文句を言える人のいないほど、力のある地位に登るのは恐るべき状態である。すでに述べたように、そのような高い地位で、われわれとともにある神がいなければ、われわれは孤独に打ちのめされる。さらに、多くの者は力の孤独に耐える能力に乏しいので、自分を自分自身の唯一の主人として経験するよりも、神の存在を拒む。ほとんどの人が、力の孤独抜きの平安を望む。そして、成長はせずに、おとなの自信をほしがるのである。

成長することがいかに困難なことか、さまざまな観点から述べてきた。ごく少数の人が、一途にためらいなく成人を目指し、新しいより大きな責任をあえて切望しさえする。ほとんどの人はいやいやで、事実、部分的なおとなにしかならず、いつも全きおとなとしての責任から尻ごみしている。精神的成長についても同じである。それは心理的成熟の過程と分けることができない。なぜなら恩寵への招きは、究極のかたちでは神とひとつになること、神の仲間たることを引き受けることへの招きだからである。だからそれは、全きおとなへの招きなのである。回心あるいは突然の恩寵への招きの経験は、「ああ、嬉しい」現象と思われがちである。私の経験では、たいていの場合「こんな畜生」現象である。とうとう招きを聞いたときは、「ああ主よ、感謝いたします」と言うかもしれない。あるいは、「おお主よ、私はふさわしくありません」とか、「主よ、どうしてもなのでしょうか」と言うかもしれない。

だから、「招かれる人は多いが、選ばれる人は少ないのだ」ということは、恩寵への招きに応じることにつきものの難しさを考えれば、容易に説明できる。そこでわれわれに残された疑問は、なぜ人は心理療法を受け入れるのにしくじり、優れた治療者にかかってもうまくいかないのか、なぜ決まって恩寵に抵抗するのか、ではない。エントロピーの力が彼らの反応をまったくあたりまえのことにしている。問題はむしろ逆なのである。ごく少数の者がそれほど困難な招きにどうして気を配れるのか。何が少数の者を多数の者と分けるのか。この疑問に私は答えられない。これらの人は裕福で教養ある家庭の出身であったり、貧しく迷信的な家庭の出かもしれない。根本的に優しい養育を受けた人、あるいは、親らしい愛や本当の思いやりにひどく欠けていた人も同じくらいいる。ちょっとした適応障害や圧倒的な心の病で心理療法を受けるかもしれない。あるいは抵抗し呪いながら、苦労して徐々に一歩一歩招きに応じるかもしれない。その結果、長年の経験から、私は治療しようとする人を決めるのに、事実上、だんだん選り好みしなくなった。私の無知から治療を拒んだ人たちにお詫びする。というのは、心理療法のはじめの段階で、どの患者がうまく治療に応えられないか、かなりではあるが部分的な成長にとどまるか、あるいは奇跡的にすっかり成長して恩寵の状態にまで至るか、を予測する力を私がまったく持たないことを知ったからである。キリスト自身、恩寵の予測できないことについて、ニコデモスに次のように語っている。「あなたはその（風）の音を聞いても、それがどこから来て、また、どこへ行くのかを知らない。精霊から生れた者も皆その通りである。次に誰の所に天からこの命《いのち》が下されるか、我々には知る由もない」[15]。恩寵という現象についてさまざまに語ることはできても、結局はその不可思議な性質を認めざるをえない。

恩寵を迎え入れること

ここでまたパラドックスに直面させられる。この本を通して私は、精神的成長がまるで整然と予測可能な過程であるかのように述べてきた。それは精神的成長が、博士課程プログラムによってある分野の知識を学ぶように学べるかのような含みがあった。授業料を払い、十分に努力すれば、必ずや学位はうまく取れる。私は、キリストの「招かれる人は多く、選ばれる人は少ないのだ」という言葉を、それにともなう困難のため、恩寵の招きに気をとめることを選ぶ人は数少ない、と解釈してきた。この解釈で私は、恩寵によって祝福されるかどうかは、われわれの選択にかかっていることを示してきた。本質的に、恩寵とはわが手でかち取るものだ、と言ってきたのである。そしてそれが本当であることを知っている。

しかし同時に、それがそういうものではまったくないことも知っている。われわれが恩寵に至るのではなく、恩寵がわれわれのほうに来るのである。恩寵を手に入れようと試みても、それはわれわれをすり抜ける。求めていなくても、それがわれわれを見いだす。意識的には、精神的な生き方を渇望しているのに、あらゆる種類の躓《つまず》きの石に道をふさがれているのを見いだす。あるいは、見たところ、精神的な生き方にほとんどひかれていないのに、意に逆らって強力にそこに招かれているのに気づくことがある。ある面では、恩寵の招きに気をとめるかどうかを選ぶのは自分自身であると言えるが、もうひとつのレベルでは、選択するのは明らかに神のように思われる。恩寵の状態を成就し、「天から下された新しい命」を授けられた人々の共通の経験は、自分の状態に対する驚きである。彼らはそれを勝ち取ったものとは感じない。自分の特別な善性に現実的に気づくことはあっても、その性質を自分自身の意図したものとはしない。むしろ自分の善性は、自分よりも賢明で巧みな手によって創られた、と感じている。恩寵に最も近い者が、彼らの授かった贈りものの不可思議な性格を一番わかっているのである。

このパラドックスをどう解決するのか。それはできない。せいぜい言えることは、われわれの意志で恩寵を招くことはできないが、その不可思議な訪れに自分の意志で自分を開くことはできる、ということである。自分自身を豊かな土壌、迎え入れる場として準備することはできる。もし自分を完全に律して全き愛の人とすることができれば、神学にうとく神に思いを致すことをまったくしなくても、恩寵の到来に応じる準備は立派にできている。逆に神学の研究は、準備としては比較的まずいやり方で、それ自身はまったく役に立たない。にもかかわらずこの章を書いているのは、恩寵の存在に気づくことが、精神的成長の困難な道を行くことを選んだ人々に大きな助けになる、と信じているからである。この気づきが、少なくとも三つの面でその旅を促すのである。すなわち、道すがらそれがずっと恩寵を利用するのを助けてくれる。よりたしかな方向感覚を与えてくれる。励ましを用意する。

恩寵を選びかつ恩寵に選ばれるパラドックスは、セレンディピティ現象の本質である。セレンディピティは「求めもしない貴重な、また嬉しい贈りもの」と定義される。釈迦は悟りを求めるのを諦め——その訪れにまかせ——て、初めて悟りを開いた。

他方、悟りが、少なくともそれを求めて生涯の一六年を捧げたこと、一六年の準備があったからこそ訪れたことを、誰が疑えるだろうか。釈迦はそれを求めねばならなかったが、同時に求めてはならなかった。フューリーたちも、オレステスが神々の好意を得ようと苦労すると同時に、神々が彼の運命を容易なものにするのを期待しなかったからこそ、「恩寵の担い手」に変容した。彼がセレンディピティの贈りものと恩寵の祝福を手に入れたのは、求めて求めない、同じこのパラドックスを通して、であった。

同じ現象が、心理療法で患者が夢を利用するやり方に決まって現れる。夢が問題に対する答えを含んでいるのに気づいて、その答えを必死に求める。ある患者は、じっくりと几帳面にたいへんな手間をかけてすべての夢を逐一細かく記録し、文字通り夢の一大記録を面接にもちこむ。しかしその夢が役に立つことはほとんどない。実際これらの夢材料がすべて治療の妨げになることがある。ひとつは、これらの夢をすべて分析するのに十分な面接時間がない。もうひとつは、莫大な夢材料が分析のより実りある領域での仕事を妨げる。それに、材料全体が際立ってあいまいになりやすい。

こういう患者は、夢を追いまわすのをやめ、その自然な訪れにまかせ、無意識にどの夢を意識化するか選ばせることを教わらねばならない。この教え自体がまったく難しい。患者にかなりのコントロールを諦め、自分自身の心にもっとよりそう態度をとること、を求めるからである。しかしいったん、夢をつかまえようとする意識的な努力をやめると、覚えている夢材料は量的に減るけれども、質的には劇的に増大する。その結果、患者の夢で——今やもう求められない無意識からの贈りもの——は、望まれた治療のプロセスをみごとに進めてくれる。他方、コインの裏側を見ると、夢のもつすばらしい価値にまったく気づかず理解もしないで面接を始める患者が多い。その結果、すべての夢材料をくだらないものとして意識から切り捨てる。こういう患者はまず、夢を憶え、それから夢のなかの宝をどのように評価し認めるかを教えられねばならない。夢を有効に利用するためには、その価値に気づき、それが訪れたときうまく利用するように努めねばならない。かつ、ときには夢を求めたり期待しないようにする必要もある。それを本当の贈りものとして受けとめるようにしなければならないのである。

恩寵についても同じである。夢が、われわれに授けられる恩寵の贈りもののほんのひとかけら、ないしありようであることはすでに見てきた。あらゆるほかのかたち、突然のひらめき、虫の知らせ、たくさんの共時的、セレンディピティ的なできごとのすべてに対して、同じパラドックス的な対応がとられねばならない。そして愛についてである。誰もが愛されたいと望んでいる。しかしまず愛すべき存在にならねばならない。愛されるように用意しなければならない。自ら愛すべき訓練された人間にならねばならない。愛されることを求めれば——愛されることを期待すれば——それは叶えられない。依存し、しがみつき純粋に愛することをしなくなるからである。しかし、報酬を求めるそもそもの気持ちなしに、自他を育めば、われわれは愛すべき存在となり、求めてもいなかった愛されるむくいがわれわれを見いだすのである。それは人間の愛について言えることである。神の愛についても同じである。

恩寵についての本項の主な目的は、精神的成長の道をゆく人々がセレンディピティの能力を学ぶのを助けることであった。そして、セレンディピティを贈りものそれ自体としてでなく、われわれの意識的な意志の向こうから授けられる恩寵の贈りものであることに気づき利用する、学習される能力として再定義したい。この能力でわれわれは、精神的成長の旅が神の見えざる手と想像もつかない知恵によって導かれているのを見いだす。われわれの意識だけでは不可能なはかりしれない正確さで、である。そのように導かれて、旅はいつまでもさらに速くなる。

このような考えは、これまでもさまざまな方法——誰よりも釈迦、キリスト、老子によって——明らかにされてきた。本書の独自性は、私が二〇世紀のとくに個人的な脇道を生きてきて、同じ考えに達したことである。現代的な注釈が提供する以上の理解を求める方は、何としても原典にあたる、あるいは立ち帰っていただきたい。理解をいっそう広げてほしい。しかしいっそう詳しくとは期待しないことである。多くの人が、受動性、依存性そして恐れと怠惰から、その道を一センチずつたしかめ、一歩一歩が安全で、しかも価値あるものだと保証を求める。しかしそうはいかない。精神的成長の旅は、勇気と主体性、独立した思考と行動が必要だからである。預言者の言葉や恩寵の助けはあっても、なおたったひとりで旅しなければならない。教師がそこまで導くことはできない。決まったやり方はない。儀式は学ぶ方便にすぎず、学びではない。オーガニック食品を食べ、朝食前に五回アベマリアを唱え、西や東に祈りを捧げ、日曜日に教会に行くことで、目的地に達することはない。精神的な旅人は自分自身の道を選び、自分自身の生の独自の状況を通して個人的な自己と神との同一化を目指して力をつくし、不安にかられながらおのれの道をやり抜く。その必然性から、彼らを救う言葉が語られることはないし、教えが与えられることもない。

こういうことを本当にわかっていてさえ、精神的成長の旅はなお孤独で難しく、しばしばくじけそうになる。われわれが科学の時代に生きていることは、ある点で助けになるが、他の面ではがっかりさせられる。われわれは宇宙の物理的原理を信じるが、奇跡は信じない。科学を通してわれわれは、われわれの住むところが、あまたあるうちのひとつの銀河系にあるひとつの星のひとつの惑星にすぎないこと、を知るようになった。われわれが外的には、宏大な宇宙のなかに消え入るかのようであるのと同様、科学の発展は、われわれの意志に従わない内的な力に一方的に定められ支配されているという自己イメージ――脳内の化学分子や無意識の葛藤によって、何をしているのか気づきさえせずに、ある種のやり方で感じたり行動させられている――を押しつける。科学的情報の人間的神話との置きかえが、われわれを人間的な無意味感で苦しめている。個人として、種族としてさえも、理解できない内的な化学的ないし心理学的な力に打ちのめされ、今の科学でさえはかりしれない広い宇宙で見分けのつかなくなっているわれわれに、何らかの意義がありうるのか。

しかし、私が恩寵という現象の現実を認識するのを助けたのが、ある意味でまさにその科学なのである。そして私は、その認識を伝えようとしてきた。ひとたび恩寵の現実に気づくと、自分たちが意味もなく取るに足らないという自己理解が砕《くだ》かれるからである。われわれの成長と進化を育む、われわれとその意識的な意志を超える力強い力が存在する事実は、とるに足らないという自己概念をひっくり返すのに十分である。この力の存在が、（いったん気づけば）有無を言わさぬたしかさで、人間の精神的成長がわれわれを超える何かにとってこのうえなく重要であることを示すからである。

この何かを、神と呼ぶ。恩寵の存在は、神の実在の何よりの証であるだけでなく、神の意志が個々の人間の精神的成長に捧げられている証でもある。かつておとぎ話のように見えたものが現実であることがわかる。われわれは神のまなざしのなかでわれわれの生を生きる。しかも、視野のはしではなく中心、神の関心の中心にいる。もしかしたら、われわれが認識している宇宙は、神の王国の入口へのひとつの踏み石にすぎないかもしれない。しかしわれわれが宇宙で迷うことはほとんどない。逆に恩寵という現実は、人間が宇宙の中心であることを示している。この時間と空間とはわれわれが旅するためにある。患者が自分の意義を見失い、ふたりの共同作業にがっかりするとき、私は、人類が革命的な飛躍をとげている最中だ、と語ることがある。私はこう語る。「われわれがその飛躍に成功するかどうかはあなたの肩にかかっているんだ」。そして私の肩にも、と。宇宙、この踏み石は、われわれに道を用意するために置かれている。しかしわれわれ自身が、一つひとつ越えていかねばならない。われわれがつまずかないように恩寵が手を差しのべ、われわれを喜んで迎え入れてくれるのを知る。これ以上、何を望むというのだろう？

おわりに

本書の第一版が出てから、幸運なことに多くの読者からお便りをいただいた。どれもがすばらしい手紙だった。例外なく知的で理路整然としており、しかもきわめて愛に富んでいた。お認めいただいたうえに、たいていに贈りものが添えられていた。ぴったりの詩、ほかの書物からの参考になる引用、金言や体験談などである。これらの手紙は、私の生活を豊かにしてくれた。精神的成長という、往く人の少ない路を、静かにずっと歩き続けている人たちの全国的なネットワーク——私の想像をはるかに越えた——の存在が、私には明らかになってきた。彼らは、旅の孤独感が減じたことを、私に感謝している。私も同じ理由で、彼らに感謝する。

二、三の読者が、心理療法の効果について私の考えを訊いてきた。私は心理療法家の質の多様性を示唆した。有能な心理療法家にかかってうまくゆかない人の大部分は、この仕事の厳しさを引き受ける気持ちも意志もないからだ、と私は今も信じている。しかし少数の人々——おそらく五パーセント程度——の場合、心理療法にはなじまないたちの精神医学的問題を抱えており、深い内省がかえって症状を悪化させることのあることを、指摘していなかった。

本書を精読し理解した人が、その五パーセントに入ることはまずないと思う。いずれにせよ、精神分析的作業に導くべきでない少数の患者を、慎重に、ときにはゆっくりと見分けて、ほかのもっと役に立つ方法を取れるようにするのは、有能な治療者の責任である。

しかし、どんな人が有能な治療者なのか。心理療法を受ける気になった数人の読者は、適切な治療者を選ぶのに、有能かどうかをどう判断すればよいのか、尋ねてきた。まず言うべきことは、真剣に選ぶことである。これは生涯に行うもっとも重要な決断のひとつである。心理療法は大きな投資、それも金銭的にとどまらぬ、貴重な時間とエネルギーの投資である。それは株式仲買人の言うハイリスクの投資なのである。選択が正しければ、精神的な配当は夢にも思わなかったほどすばらしい。選択を誤っても、実際に損害をこうむることはない。しかし、それにつぎこんだ貴重な金と時間とエネルギーのほとんどが無駄になる。

だからどんどん吟味することである。自分の感じや直観に頼るのをためらってはいけない。一回会えば、たいていよいか悪いか「ぴんとくる」はずである。悪いとなれば、一回分の料金を払って次に移るのがよい。こういう感じは通常つかみどころがないが、ちょっとした手がかりから引き出せることがある。一九六六年に私が教育分析を受けはじめたとき、私はアメリカのヴェトナム戦争介入の道義性にたいへん関心があり、またそれに批判的であった。待合室で私は *Ramparts* と *New York Review of Books* を見つけた。どちらも反戦の立場から編集されているリベラルな雑誌である。治療者に会う前から、私にはよい感じがぴんときた。

しかし、治療者が純粋に配慮する人かどうかのほうが、その政治的傾向や年齢や性別よりも大切である。もし治療者が配慮する人なら、注意深く自制心があって、通常控え目である。そして、控え目の背後に温かさがあるか冷淡さがあるかは、直観でつかむことができる。

治療者は患者を引き受けるかどうか決めるために会うのだから、患者のほうも、治療者を受け入れるかどうか決めるために会えばよい。そして自分にかかわりがあれば、女性解放や同性愛や宗教といった問題を治療者がどう感じているか、遠慮せずに訊くことである。患者には、正直でオープンで慎重な答えを求める権利がある。それ以外の質問――たとえば、治療がどのくらい続くか、皮膚の湿疹は心身症なのかどうかなど――をしたとき、わからないと答える治療者は、だいたい信用してまちがいがない。事実、どのような職業であれ、教育もあり成功もしていながら自分の無知を認める人は、一般に最高のエキスパートと信用できるものである。

治療者の能力は、彼らのもっているライセンスとはあまり関係がない。愛と勇気と知恵は、学位では決められない。たとえば、「国の認定を受けた」精神科医、つまりもっとも高い資格をもった治療者ならば、厳しい訓練を十分に受けてきているので、無能な治療者である心配はまずない。しかし、治療者として精神科医のほうが、心理臨床家やソーシャルワーカーや牧師より優れているとは――あるいは同程度とさえも――必ずしも言えない。実際、私の知っているもっとも優れたふたりの治療者は、大学さえ卒業していない。

心理療法家を捜すには、口コミに頼るのが最善であることが多い。もし、特定の治療者を信用している信頼できる友人がいれば、その人の勧めに従うことである。症状が重かったり、身体症状がひどい場合には、まず精神科医にかかるのがとくに望ましい。医学的訓練を受けている精神科医の場合、料金は高いことが多い。しかし、患者の状態をあらゆる面から理解する最良の立場にいるのも、彼らである。面接が終わって、医者が患者の問題のおよそを知ったところで、できればもっと料金の安い、非医師の治療者を紹介してくれるように頼んでもよい。優れた精神科医なら、地区で開業しているカウンセラーで誰が有能かどうか、喜んで教えてくれる。もちろん患者が精神科医によい感じを持ち、医師が患者を引き受けようとするのなら、引き続き通えばよい。

もし経済的余裕がなく、外来の心理療法が健康保険でカバーできない場合、政府か病院の援助による精神科外来か精神衛生相談所に行くしかない。そこでは収入に応じて治療費が決められるし、やぶ医者にひっかかる心配はまずない。反面、相談所の心理療法は表面的なものにとどまるきらいがあり、治療者を選ぶにも限度がある。とは言え、うまくいくことも多い。

以上の簡単なガイドラインは、読者が望むほど詳しいものではないかもしれない。しかし一番言いたいことは、心理療法はふたりの人間のあいだの集中的な、心理的に密度の濃い関係を必要とするので、導き手として信頼のできる人を自分で選ぶ責任から逃れることができない、ということである。ある人にとって最善の治療者が、別の人にとってもそうだとはかぎらない。治療者と患者、そのどちらもがユニークな存在である。患者は自分自身の直観的判断に頼らねばならない。そこにはいくらか危険性が含まれており、ある程度幸運をまつしかない。いずれにしろ心理療法を始めることは、そこに含まれるさまざまなことをひっくるめて勇気ある行為なのだから、そういう人に心から敬意を表する。

一九七九年三月

M・スコット・ペック

ブリースロード　ニュープリストン　コネティカット

14. 1 Jn. 7. *Patrologia Latina*, 35, 2033.

15. ヨハネ伝3-8. この訳は「生きた聖書」からとられている. 私にはそれがキングジェームズ版より優れているようにみえるからである.

4. *Revelations of Divine Love*, Grace Warrack, ed.（New York: British Book Centre, 1923）, Chap. VI.

5. 進化が自然法則に逆らうという考えは，新しくも独自的でもない．学生時代に私の研究した人が，「進化は熱力学第二法則の逆流である」と述べているのをかすかに覚えている．しかし不幸にも出典を明らかにできていない．最近，この考えはフラー・バックミンスター（Buckminster Fuller）が，著書*And It Came to Pass——Not to Stay*（それは通りすぎるために来た——とどまるためにではない）（New York: Macmillan, 1976）で明確に説明している．

6. André P. Derdeyn, "Child Custody Contests in Historical Perspective," *American Journal of Psychiatry*, Vol. 133, No. 12（Dec. 1976）, p. 1369.

7. C. G. Jung, *Memories, Dreams Reflections*, Aniela Jaffe, ed.（New York: Vintage Books, 1965）, p. 4.

8. 私は孤高と孤独を区別している．孤独とはどんなレベルででも通じあう人のいないことである．力のある人は，ひたすら通じあうことを求める人に囲まれている．だからめったに孤独にならない．ひとりになりたいと思うことさえあろう．しかし孤高とは，自分と同じ気づきのレベルで通じあえる人のいない状態である．

9. 心の病のこのような図式化が，いくらか単純化しすぎていることは認める．たとえば，ある種のケースでは大きい主要な意味さえ担う身体的，生化学的要因を考慮していない．人によっては，「病める社会」にあって彼または彼女を「狂気」とみなす仲間の人たちよりも，ずっと現実に根をおろしていることも認める．にもかかわらず，ここに示した図式が，心の病の大多数については真実なのである．

10. マタイ伝5-3.

11. この神話には多くの異本があり，お互いのあいだには重要な相異がある．どの版が正しいとは言えない．ここで引用する版は，ほとんどエディス・ハミルトンの*Mythology*（New York: Mentor Books, New American Library, 1958）からの要約である．私はロロ・メイの著書*Love and Will*（愛と意志）とT・S・エリオットの戯曲*The Family Reunion*（一族再会）でそれが用いられているので，この神話にひかれた．

12. マタイ伝22-14. 20-16も参照.

13. *The Complete Poems and Plays, 1909-1950*（New York: Harcourt Brace, 1952）pp. 198-99.

その世界観の中核は,「最初の記憶」に左右されている. それで私は,「覚えていることで, 一番古いときのことを言ってください」とよく尋ねる. 彼らは, とてもできない, 最初の記憶といってもいくつもあるので, と文句を言うことがある. そこで無理にもひとつ選ばせると「そうですね, 母が私を抱き上げて外に連れて行き, きれいな夕日を見せてくれたのを覚えています」というものから,「台所の床に座り込んでいたのを覚えています. おもらしをしてしまって, 母が前に立ちはだかり, 大きなスプーンを振りまわして私をどなりつけています」というものまでさまざまである. このような最初の記憶は, 記憶をふるいにかける場合はたいていそうなのだが, 幼少時代の性質を正確に象徴するからこそ思い出されてくる. だからこれらの記憶が, 存在の本質に関する患者の深い感情としばしば同じニュアンスをもつのは, 不思議でない.

2. Bryant Wedge and Cyril Muromcew, "Psychological Factors in Soviet Disarmament Negotiation," *Journal of Conflict Resolution*, 9, No.1 (March 1965), 18-36. (Bryant Wedge, "A Note on Soviet-American Negotiation," *Proceedings of the Emergency Conference on Hostility, Aggression, and War*, American Association for Social Psychiatry, Nov. 17-18, 1961も参照).

3. *Journey Into Christ* (New York: Seabury Press, 1977), pp. 91-92.

4. Idries Shah, *The Way of the Sufi* (New York: Dutton Paperback, 1970), p.44から引用.

5. *Science and the Common Understanding* (New York: Simon and Schuster, 1953), p.40. [邦訳：ロバート・オッペンハイマー『科学と人間社会――科学と一般の理解』矢島敬二・矢島文夫訳, 新評論社, 1956年, 55頁].

6. Michael Stark and Michael Washburn, "Beyond the Norm: A Speculative Model of Self-Realization," *Journal of Religion and Health*, Vol.16, No.1 (1977) pp. 58-59.

第Ⅳ部　恩 寵

1. "Amazing Grace," by John Newton (1725-1807).

2. "An Experimental Approach to Dreams and Telepathy: II Report of Three Studies," *American Journal of Psychiatry* (March 1970), pp. 1282-89.　ESPの実際やその科学的実証性に疑いをもたれている方は, この論文を読むべきである.

3. *The Portable Jung*, Joseph Campbell, ed. (New York: Viking Press, 1971), pp. 511-12.

れている.理解にはさまざまなレベルがある.本書では,あるレベルの愛を扱っている.不幸にして私の表現が不十分なので,同時にふたつ以上のレベルをカバーすることができない.またここで述べている以外のレベルについては,ときおり軽く触れる以上のこともできない.

4. *Love and Will* (New York: Delta Books, Dell Pub.,1969), p.220.[邦訳:ロロ・メイ『愛と意志』小野泰博訳,誠信書房,1972年].

5. カルロス・カスタネダの『呪術師と私——ドン・ファンの教え』(真崎義博訳,二見書房,1974年),『呪術の体験——分離したリアリティー』(真崎義博訳,二見書房,1973年),『呪師に成る——イクストランへの旅』(真崎義博訳,二見書房,1974年),『未知の次元』(青木保監訳,名谷一郎訳,講談社,1979年)を参照.これらは主に心理療法の過程を扱った書物である.

6. 生物学上の親と心理学上の親とを区別することの重要性は,Goldstein, Freud and Solnit, *Beyond the Best Interests of the Child* (Macmillan, 1973)[邦訳:ジョセフ・ゴールドスティン,アンナ・フロイト,アルバート・J・ソルニット『子の福祉を超えて——精神分析と良識による監獄紛争の解決(子の最善の利益1)』島津一郎監修,中沢たえ子訳,岩崎学術出版社,1990年]のなかで,みごとに説明,具体化されている.

7. *The Cloud of Unknowing*, trans, Ira Progoff (New York: Julian Press, 1969), p. 92.

8. "Love Is Everywhere," by John Denver, Joe Henry, Steve Weisberg and John Martin Sommers.

9. *The Prophet* (New York: Alfred A. Knopf, 1951), pp. 17-18.[邦訳:カリール・ジブラン『預言者のことば』有枝春訳,サンマーク出版,2008年,31-32頁].

10. "To My Dear and Loving Husband," 1678, contained in *The Literature of the United States*, Walter Blair *et al.*, eds. (Glenview, 111. : Scott, Foresman, 1953), p.159.

11. *The Prophet*, pp. 15-16.[『預言者のことば』27-28頁].

12. Peter Brent, *The God Men of India* (New York: Quadrangle Books, 1972)を参照.

第Ⅲ部 成長と宗教

1. しばしば(いつもいつもというわけではない)患者の子ども時代の本質,したがって

6. こういう分析ではとくに経験の深いCIAは，当然もっときめ細かい分類システムを用いており，宣伝を白，灰色，黒に分けている．灰色の宣伝とはただの黒い嘘のことで，黒い宣伝とは黒い嘘の出所を別のように偽ることである．

7. 諦めの過程を妨げる要因は数多い．それがノーマルで健全なうつを長引かせ，慢性の病的うつにしてしまっている．あらゆる要因のうち，最もありふれていてしかも強力なもののひとつは，心理的にそれを手離す準備，あるいはその喪失を本当に受けとめる強さが子どもにでき上がっていないのに，両親ないし運命が，子どものニーズに応えることなく「そのもの」をとりあげたという，子ども時代の経験のパターンである．そのようなパターンが喪失体験に過敏にさせ，より幸福な人よりも「もの」に執着し，失ったり辞めたりする苦痛を避ける傾向を強める．この理由から，すべての病的なうつには，諦めの過程の障害がつきものである．私は，基本的な諦め能力に対する外傷体験が根本原因であるような，慢性の神経症的うつのタイプがある，と考えている．うつのこの下位タイプを，「喪失神経症」と名づけたい．

8. New York: Harper & Row, 1970, p. 28.

9. *The Complete Poems and Plays, 1909-1950* (New York: Harcourt Brace, 1952), p. 69.

10. Erich Fromm, *The Sane Society* (New York: Rinehart, 1955) [邦訳：エーリッヒ・フロム『正気の社会』加藤正明・佐瀬隆夫訳，社会思想社，1958年] での引用より．

第Ⅱ部　愛

1. オニールの『オープン・マリッジ——新しい結婚生活』(河出書房新社，1975年) を読んだ人なら，これが，閉ざされた結婚に対する開かれた結婚の基本的な心情であることがわかるだろう．オニール夫妻は，開かれた結婚に転向するのに，実際にはたいへん穏やかで控えめであった．夫婦のグループセラピーに携わって，私は次のように明確な結論をもつようになった．健全で，個々のパートナーの精神的健康と成長を大きく損なわないような成熟した結婚は，開かれた結婚だけである．

2. *Religions, Values, and Peak-Experiences* (New York: Viking, 1970), preface.

3. この考えが誤りかもしれないことは承知している．生物も無生物も，すべてのものに精神があるかもしれない．神秘主義の枠組みでは，われわれ人間を「下等な」動物や植物，無生物である地球や岩石と区別するのはマーヤ，つまり幻想，の表われとさ

原注

第Ⅰ部　訓練

1. 釈迦の説いた四諦の第一は「苦諦」である．

2. *Collected Works of C. G. Jung*, Bollingen Ser., No. 20, 2d ed.（Princeton, N. J. : Princeton Univ. Press, 1973），trans. R. F. C. Hull, Vol II, *Psychology and Religion: West and East*, 75.

3. 私の知るかぎり，いやなもののうちましなほうを選ぶ自由という問題を，精神科医アレン・ウィリスの著書 *How People Change*（人はどのように変わるか）（New York: Harper & Row, 1973）の "Freedom and Necessity"（自由と必然性）の章ほど，雄弁かつ詩的に述べたものはない．その章全体を引用したいほどである．この問題に関してもっと深く考えたい人に一読をすすめる．

4. Cambridge, Mass. : Harvard Univ. Press, 1974, p. ix.

5. 個人だけでなく組織も，真実に対して防衛的であるのは周知の事実である．かつて，マイ・レーの残虐行為と引き続き起こった隠蔽行為の，心理学的原因の分析を陸軍参謀長から指示されたことがある．今後そのような行為を防止するのに役立つような研究をしてもらいたい，ということであった．しかし，この種の研究は秘密裡には行えないという理由で，参謀グループによって却下された．「このような研究は，さらに大きい問題にわれわれを直面させる恐れがある．大統領および軍には，現時点で新たな問題を抱える必要はない」，と私は言われた．このようにして，隠蔽された事件の原因の解明も隠蔽されてしまった．こうした行動は，軍隊やホワイトハウスに限ったことではない．それどころか，議会，各連邦局，企業，さらには大学や慈善団体に至るまで——つまり人間のあらゆる組織，に及んでいる．個人がおのれの知恵と能力を伸ばそうとすれば，自分の地図に合わぬ現実を受け入れ，歓迎することさえしなければならないように，組織も，それが活力のある発展的な機関であるためには，受け入れがたい現実を受け入れ歓迎する必要がある．この事実は『コモン・コーズ——開かれた政治を求めて』（サイマル出版会，1977年）を著したジョン・ガードナーのような人たちによって次第に認められつつある．彼によれば，今後数十年のうちに，われわれの社会が，次のような刺激的かつ重大な課題に直面するのは明白である．すなわち，現代の組織の官僚的な構造のなかにさしあたって典型的な，変化に対する防衛的な制度にかわって，変化に応える開かれた制度を組むことである．

著者紹介

M・スコット・ペック　M. Scott Peck

精神科医、作家、思想家。ハーバード大学卒業。ケース・ウェスタン・リザーブ大学で医学博士号を取得。米軍医療部隊に所属したのち、精神科の個人診療所を開業。1978年に刊行された本書の原書 *The Road Less Traveled* が世界的ベストセラーに。非営利団体 The Foundation for Community Encouragement の活動に20年以上携わる。著書に『平気でうそをつく人たち』(草思社)、『死後の世界へ』(集英社)、『窓ぎわのベッド』(世界文化社)、『人生を解き明かす石を探し求める旅』(リブロス)などがある。

訳者紹介

氏原寛　Hiroshi Ujihara

1929年大阪生まれ。1953年京都大学文学部卒業。元帝塚山学院大学大学院人間科学研究科教授。著書に『カウンセラーは何をするのか』『心とは何か』(以上、創元社)、『カウンセリング実践史』(誠信書房)、『ユングを読む』(ミネルヴァ書房)、『カウンセリングは専門職である』(人文書院)、訳書にフォン・フランツ『おとぎ話の心理学』(創元社)、同『おとぎ話における悪』(人文書院)、フォーダム『ユング派の心理療法』(共訳、誠信書房)などがある。

矢野隆子　Takako Yano

1955年大阪生まれ。1980年京都大学文学部卒業(英語英文学専攻)。1984年大阪公立大学大学院生活科学研究科前期博士課程修了。1996年兵庫医科大学卒業。元医療法人森矢野クリニック理事長。現在、関西で特別養護老人ホームの管理医師をしている。著書に『教育・仕事・家庭』(共著、啓文社)がある。

愛《あい》と心《しん》理《り》療《りょう》法《ほう》　完《かん》訳《やく》版《ばん》

2024年 2 月20日　初版第 1 刷発行

著　者　M・スコット・ペック
訳　者　氏《うじ》原《はら》寛《ひろし》／矢《や》野《の》隆《たか》子《こ》
発行人　淺井亨
発行所　株式会社実務教育出版
〒163-8671　東京都新宿区新宿 1-1-12
電話　03-3355-1812（編集）
03-3355-1951（販売）
振替　00160-0-78270
印刷・製本　図書印刷株式会社

ISBN978-4-7889-0834-5　C0011